权威·前沿·原创

皮书系列为
"十二五""十三五""十四五"时期国家重点出版物出版专项规划项目

BLUE BOOK

智 库 成 果 出 版 与 传 播 平 台

广州蓝皮书
BLUE BOOK OF GUANGZHOU

广州国际商贸中心发展报告
（2024）

ANNUAL REPORT ON INTERNATIONAL COMMERCE AND
TRADE CENTER DEVELOPMENT OF GUANGZHOU (2024)

组织编写／广州市社会科学院
　　　　　广州市商务局

主　　编／张跃国　魏　敏
副 主 编／伍　庆　陈彦川
执行主编／何　江　魏　颖

社会科学文献出版社
SOCIAL SCIENCES ACADEMIC PRESS (CHINA)

图书在版编目(CIP)数据

广州国际商贸中心发展报告 . 2024 / 张跃国，魏敏
主编；伍庆，陈彦川副主编；何江，魏颖执行主编 .
北京：社会科学文献出版社，2024.7. -- （广州蓝皮
书）. --ISBN 978-7-5228-3922-6

Ⅰ. F752.865.1

中国国家版本馆 CIP 数据核字第 202494H1Q1 号

广州蓝皮书
广州国际商贸中心发展报告（2024）

主　编／张跃国　魏　敏
副 主 编／伍　庆　陈彦川
执行主编／何　江　魏　颖

出 版 人／冀祥德
组稿编辑／任文武
责任编辑／高振华
文稿编辑／张　爽　李惠惠　王　娇
责任印制／王京美

出　　　版／社会科学文献出版社·生态文明分社 （010）59367143
　　　　　　地址：北京市北三环中路甲 29 号院华龙大厦　邮编：100029
　　　　　　网址：www.ssap.com.cn
发　　　行／社会科学文献出版社 （010）59367028
印　　　装／天津千鹤文化传播有限公司

规　　　格／开本：787mm×1092mm　1/16
　　　　　　印张：24.25　字数：362 千字
版　　　次／2024 年 7 月第 1 版　2024 年 7 月第 1 次印刷
书　　　号／ISBN 978-7-5228-3922-6
定　　　价／138.00 元

读者服务电话：4008918866

主要编撰者简介

张跃国 广州市社会科学院党组书记、院长，广州大学客座教授。主要研究方向为城市发展战略、创新发展、传统文化。主持或参与中共广州市委九届四次全会以来历届全会和党代会报告起草、广州市"十三五"规划研究编制、广州经济形势分析与预测研究、广州城市发展战略研究、广州南沙新区发展战略研究和规划编制以及市委市政府多项重大政策文件制定起草工作。

魏　敏 广州市商务局党组书记、局长。先后在商务部、中共广州市委政策研究室、中共广州市委改革办、广州市商务局、广州市南沙区政府等部门工作，熟悉经济发展运行治理，政策理论水平高，国际视野开阔，在国际贸易管理、商贸业发展、营商环境改革、高水平对外开放等领域有丰富的理论研究和实践经验。

伍　庆 博士，研究员。现任广州市社会科学院副院长，是广州市宣传思想文化优秀团队——广州城市国际交往创新团队负责人、广州市人民政府决策咨询专家。主要研究方向为全球城市、国际交往。主持国家社会科学基金项目 1 项、省部级课题 6 项、决策咨询课题 50 余项。出版专著 3 部，发表各类论文 30 余篇。担任广东省第十四届人大代表。

陈彦川 广州市商务局党组成员、副局长。长期从事商贸领域工作，先后在广州市经济贸易委员会、广州市对外贸易经济合作局、广州市商务委员会等单位任职，有较强的经济运行分析和综合管理经验，主要研究方向为对外贸易、商贸服务业发展、市场规划与建设等，参与制定与培育国际消费中心城市、促进外贸稳定发展等相关的多项政策文件。

何　江　广州市社会科学院国际商贸研究所所长，副研究员。主要从事应用经济学研究，研究方向包括产业经济学、数量经济学、流通经济学等。主持和参与省、市各类课题数十项，公开发表论文 20 余篇，研究成果曾获广东省哲学社会科学优秀成果奖二等奖和广州市哲学社会科学优秀成果奖二等奖。

魏　颖　广州市社会科学院国际商贸研究所副研究员，兼任广州市公共绩效管理研究会常务理事，系第四届广州市宣传文化思想优秀人才第二层次培养对象。主要研究方向为城市经济、现代服务业和商贸流通业等。出版专著 2 部，参与编写 4 部，在国内核心期刊公开发表论文 20 余篇。近年来主持省、市级社会科学规划委托课题 6 项，承担和参与各级政府委托的应用对策研究课题 60 余项，10 余项决策咨询课题获得市委、市政府领导肯定性批示。

摘　要

《广州国际商贸中心发展报告》作为"广州蓝皮书"系列之一，由广州市社会科学院和广州市商务局联合组织编写，由社会科学文献出版社出版，被列入"中国皮书系列"并在全国公开发行，每年出版一册。本书是社会各界了解广州国际商贸中心发展情况、特点和趋势的重要参考读物，也是专家学者、业界人士和政府工作人员探讨广州国际商贸中心发展情况、总结经验、相互交流的重要平台。

《广州国际商贸中心发展报告（2024）》由7个部分组成，依次是总报告、扩大消费篇、商圈建设篇、融合发展篇、对外开放篇、市场运行篇及附录。全书共收录了广州市科研机构、高等院校和政府部门及业界专家学者的研究报告或论文21篇。

第一部分为总报告，由广州市社会科学院国际商贸研究所组织撰写。报告回顾了2023年广州国际商贸中心建设的主要成效、重要进展，对2024年及未来一段时间广州面临的全球环境、国内环境及区域环境做出分析，并对其形势和趋势进行研判，在此基础上报告采用建模预测与经验分析相结合的方法，对广州商贸业的主要指标进行预测，最后提出促进广州国际商贸中心建设的对策建议。

第二部分为扩大消费篇，包括5篇文章。其中，《2023年广州市居民消费情况问卷调查分析报告》《广州老龄友好型消费环境建设情况调查分析》两篇文章均采用了问卷调查和访谈的方法，分别对广州市居民消费和老龄消费问题进行研究。《广州国际消费中心城市建设中期评估及提升策略》分析了近两年广州培育建设国际消费中心城市的成效、问题和对策。《广州城市消费力对比及系统提升研究》从城市宏观层面对广州城市消费力进行了横向比较。《从低空经济发展看广州消费业态升级》研究了低空经济与消费新业态协同发展的现状和对策。

第三部分为商圈建设篇，包括《全球智慧商圈建设的经验借鉴与广州对策》《广州一刻钟便民生活圈业态特征：地理空间大数据分析》《广州打造具有全球影响力标志性商圈研究》《以城市更新加快广州世界级纺织时尚商圈建设研究》4篇文章。这4篇文章分别采用了经验借鉴、大数据分析、对标对比、案例研究等方法，探讨了广州智慧商圈、社区商圈、标志性商圈、专业市场商圈建设问题。

第四部分为融合发展篇，包括4篇文章。其中，《推动广州文商旅体服融合发展　建设国际消费中心城市研究》《元宇宙技术赋能广州文旅产业高质量发展研究》两篇文章分别从"文商旅体服"及"数字技术+文旅"视角探讨商贸业跨界融合发展问题。《中国时尚都市指数解读及广州时尚产业生态研究》《广州商贸产业链韧性评价及提升对策》两篇文章均采用了综合评价指数方法，从产业生态和产业链视角分析评价广州商贸业融合发展现状。

第五部分为对外开放篇，包括《广州打造粤港澳大湾区全球贸易数字化领航区的路径探索》《从跨境电商到数字贸易：广州外贸高质量发展路径研究》《广州数字贸易发展面临的挑战与应对策略》3篇文章。这些文章探讨了当前广州数字贸易发展的基本情况、面临的挑战和发展路径。

第六部分为市场运行篇，包括4篇文章。主要分析了广州市消费、外贸、会展、餐饮等不同商贸领域的发展形势，并提出了促进其高质量发展的对策。

第七部分为附录，收录了2012~2023年广州商贸业发展指标。

Abstract

As one of Guangzhou Blue Book series, Guangzhou Commerce and Industry Report into *Guangzhou International Business Center Development Report* is compiled under the joint organization of Guangzhou Academy of Social Sciences and Guangzhou Bureau of Commerce , published by Social Sciences Academic Press, listed in "China Red Data Book" series and published in public throughout China. One volume is edited and published every year. This book is an important reference reading book for government staffs, vast science researchers and social public to comprehend the construction and development conditions, characteristics and trends of Guangzhou International Business Center, and one important platform for specialists and scholars, experts of the industry to discuss the development of Guangzhou International Business Center, summarize experience and have mutual communication.

Guangzhou International Business Center Development Report (2024) comprises seven major sections: the General Report, Expansion of Consumption, Business District Construction, Integrated Development, Opening-up, Market Operation and Appendix. The book contains 20 research reports or papers of experts and scholars from scientific research institutions, colleges and universities and government and industry in Guangzhou and around the world.

Part I: General Report, presented by the Research Group of the Guangzhou Academy of Social Sciences, mainly examines the key achievements and advancements in establishing the Guangzhou International Commerce and Trade Center in 2023. This part examines the global, domestic, and regional context Guangzhou will face in 2024 and beyond and assesses trends and developments. The report combines modeling predictions and empirical analysis to predict key indicators of Guangzhou's commerce and trade industry. Finally, it proposes strategic plans for further developing the Guangzhou International Commerce and Trade Center.

Part II: Expansion of Consumption includes five articles. The "Analysis Report on Guangzhou Residents' Consumption Survey in 2023" and "Survey and Analysis of the Construction of an Age-friendly Consumption Environment in Guangzhou" were based on responses to questionnaires and interviews on general consumer behavior and the consumption environment for the elderly. These studies identified existing problems and suggested alternatives to boost consumption. The article "Mid-term Assessment and Enhancement Strategy for the Construction of the Guangzhou International Consumption Center City" analyzes the achievements, problems, and countermeasures of Guangzhou's efforts to cultivate an international consumption center city in the past two years. The article "Comparative Research on Urban Consumption Capacity and Systematic Enhancement in Guangzhou" provides a horizontal comparison of Guangzhou's urban consumption power from a macro perspective. The article "Research on the Development of New Low-altitude Consumption Business Models in Guangzhou" deals with the emerging low-altitude economy as a strategic new industry. It examines the synergy between a low-altitude economy, new consumption models, and future priorities.

Part III: Business District Construction comprises four articles: "Global Smart Business Districts' Construction Experience and Guangzhou's Countermeasures," "The Characteristics of Guangzhou's 15 - Minute Convenience Life Circles: Geospatial Big Data Analysis," "Research on Creating Globally Influential Iconic Business Districts in Guangzhou," and "Accelerating the Construction of a World-Class Textile and Fashion Business District in Guangzhou through Urban Renewal." These articles use various methods, including drawing reference fromexperience, conducting big data analysis, benchmarking, and examining case studies to discuss issues related to developing smart business districts, community business districts, and world-class business districts and renovating and upgrading business districts in Guangzhou.

Part IV: Integrated Development includes four articles: "Research on

Promoting the Integrated Development of Culture, Commerce, Tourism, Sports, and Services in Building an International Consumption Center City in Guangzhou" and "Research on High-Quality Development of Guangzhou's Cultural Tourism Industry Empowered by Metaverse Technology" examined multi-industry diversification from the perspectives of "culture-commerce-tourism-sports-services" and "digital + cultural tourism," respectively. "Interpretation of China's Fashion City Index and Research on Guangzhou's Fashion Industry Ecology" and "Resilience Evaluation of Guangzhou's Commerce and Trade Industry Chain and Improvement Countermeasures" analyzed the integrated development of Guangzhou's commercial and trade industry from the perspective of industrial chains and ecosystems using Comprehensive evaluation index method.

Part V: Opening-up comprises three articles: "Path Exploration for Guangzhou to Create a Global Trade Digital Leadership Zone in the Greater Bay Area," "From Cross-border E-commerce to Digital Trade: Research on the High-Quality Development Path for Guangzhou's Foreign Trade," and "Challenges and Countermeasures for Guangzhou's Digital Trade Development." These articles explore the basic situation, challenges, and development path of digital trade development in Guangzhou.

Part VI: Market Operation includes four articles, mainly discussing the development trends of various sub-sectors within Guangzhou's commerce and trade industry (consumption, foreign trade, exhibitions, and catering). Key issues within the industry are broadly examined, and relevant suggestions are proposed.

Part VII: Appendix includes the key development indicators of Guangzhou's commerce and trade industry from 2012 to 2023.

目 录 ⤷

Ⅰ 总报告

Ⅱ 扩大消费篇

Ⅲ 商圈建设篇

附　录

皮书数据库阅读**使用指南**

CONTENTS ⟍⟍

I General Report

II Expansion of Consumption

III   Business District Construction

IV   Integrated Development

总报告

B.1

2023年广州国际商贸中心发展状况分析与2024年展望

何江 魏颖 张小英*

摘 要： 2023年，广州积极落实稳增长系列政策，着力推动商贸业恢复向好，国际商贸中心发展水平继续位居全国前列。国际消费中心城市建设取得阶段性成效，消费市场稳步恢复向好，全年社会消费品零售总额增长6.7%。电子商务发展态势良好，线上消费品零售额占比持续提高，电商直播场次、直播商品数、直播销售额均居全国第一位，跨境电商进出口额首次突破2000亿元。会展业强劲复苏，展会规模超越疫情前水平，全年办展场次和面积位居全国第二，广交会规模创历史新高，新增展会数量创新高，展会国际化水平显著提升。商品进出口总值稳中有升，外贸新业态蓬勃发展，外贸发展环境持续优化。餐饮业快速复苏，多元化、品质化、数字化发展特征明显。专业市场保持平稳发展，转型升级取得显著成效。客运量快速回

---

* 何江，广州市社会科学院国际商贸研究所所长，副研究员；魏颖，广州市社会科学院国际商贸研究所副研究员；张小英，广州市社会科学院国际商贸研究所副所长，研究员。

升，货运量稳步增长，综合交通枢纽功能进一步增强。展望 2024 年，广州商贸业主要指标有望实现稳步增长，预计 2024 年广州社会消费品零售总额增长 6.0%，商品进出口总值增长 2.6%。今后广州要在国际消费中心城市建设、外贸高质量发展、"数字商都"建设、国际会展之都建设、世界级航空航运枢纽打造等方面发力，推动国际商贸中心高质量发展。

关键词： 国际商贸中心　国际消费中心　商贸业　广州

一　2023年广州国际商贸中心发展状况分析

2023 年，面对经济恢复波浪式发展、曲折式前进的新形势新挑战，广州坚持以习近平新时代中国特色社会主义思想为指导，深入贯彻省委"1310"具体部署及市委"1312"思路举措，积极落实落细稳增长系列政策，强化政策统筹协调，以务实举措着力推动商贸业恢复向好，国际商贸中心发展水平继续位居全国前列。2023 年，广州消费和外贸规模稳步扩大，社会消费品零售总额、商品进出口总值连续三年双双超过 1 万亿元，社会消费品零售总额和商品进出口总值的国内排名分列第四和第七；展会规模超越疫情前水平，全市举办展览场次和面积均居全国第二位；白云国际机场旅客吞吐量连续四年蝉联单个机场客流量冠军，广州南站旅客发送量居全国车站首位；港口货物吞吐量居全国第三位，集装箱吞吐量居全国第五位、全球第六位。

（一）国际消费中心城市建设成效显著，消费市场稳步恢复向好

1.国际消费中心城市建设取得阶段性成效

广州紧扣国际知名度、消费繁荣度、商业活跃度、到达便利度和政策引领度"五大维度"，构建具有广州特色的"产业型、流量型、服务型"三大消费体系，彰显"韧性、活力、开放"三大特色，推进国际消费中心城市

建设并取得阶段性成效。国际知名度更高，广州在"科尔尼"全球城市综合排名中由 2020 年的第 63 位提升至 2023 年的第 55 位，在国内城市中排名第三。消费繁荣度更强，2023 年广州社会消费品零售总额突破 1.1 万亿元，迈上新台阶。各大平台数据显示，广州常年稳居十大国内热门旅游目的地。商业活跃度更高，广州市场主体数量连续三年正增长。世界级地标商圈加快建设，2021 年以来新增优质商业载体总面积超 130 万平方米，新鸿基 ICC、超级万象城、SKP、太古里等高端商业项目先后落户广州。2021 年以来，广州获评 1 条全国首批示范步行街、2 个全国首批示范智慧商圈、4 个全国首批示范智慧商店，新增 14 个国家级绿色商场创建单位。① 到达便利度更优，白云国际机场旅客吞吐量连续四年居全国第一位，广州高铁班次、广州南站客流量均居全国第一位，全市地铁总里程超过 600 公里。2023 年广州白云站正式投入运营，成为亚洲最大的铁路综合枢纽之一。政策引领度更强，广东省政府出台 32 条支持广州市加快培育建设国际消费中心城市的政策措施。广州市政府出台《广州市加快培育建设国际消费中心城市实施方案》，11 个区制定行动方案，形成"1+1+11"工作方案体系，并于 2023 年 2 月出台《广州市建设国际消费中心城市发展规划（2022—2025 年）》，是全国首部国际消费中心城市建设专项规划。

2. 消费市场稳步恢复向好

商务部将 2023 年定为"消费提振年"，广州陆续出台一系列促消费政策，并组织开展丰富多彩的促消费活动，全力恢复和扩大消费，广州消费供给日益优化，消费环境日益完善，消费场景不断丰富，居民消费意愿不断增强，促进消费市场稳步恢复向好。2023 年广州实现社会消费品零售总额 11012.62 亿元，同比增长 6.7%（见图 1），增速比广东省高 0.9 个百分点。从累计增速看，2 月（2.0%）为 2023 年最低，3 月（5.5%）、4 月（8.2%）、5 月（9.2%）逐月攀升，恢复进程加快，随后在 6 月（8.7%）有所放缓，

---

① 《连续三年社零"破万亿" 广州激活消费"新势能"》，"南方日报"百家号，2024 年 1 月 23 日，https://baijiahao.baidu.com/s? id=1788845047355988612&wfr=spider&for=pc。

7月以来保持在6.3%~7.6%区间中，最终实现全年社会消费品零售总额同比增长6.7%。从当月增速看，3月、4月、5月、11月受上年基数较低等因素叠加影响实现了两位数以上增长，同比分别增长13.1%、18.4%、13.3%和10.4%，其他月份均保持正增长，7月（0.7%）为全年最低当月增速（见图2）。

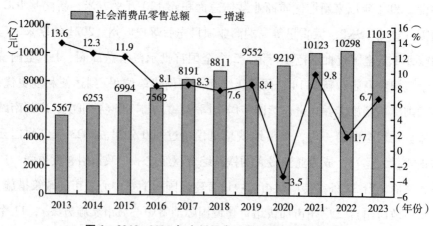

图1 2013~2023年广州社会消费品零售总额及增速

资料来源：根据历年《广州统计年鉴》和《2023年广州市国民经济和社会发展统计公报》整理。

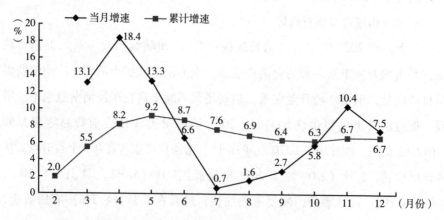

图2 2023年广州社会消费品零售总额当月增速及各月累计增速

资料来源：广州市统计局网站。

3. 消费市场结构持续调整优化

2023年，广州消费市场结构呈现一些新特征新态势。一是批发和零售业市场运行提质增效，住宿和餐饮业消费品零售额增长势头明显好于批发和零售业。2023年批发和零售业实现零售额10067.92亿元，首次超过1万亿元，同比增长5.4%，占社会消费品零售总额的91.4%。2023年住宿和餐饮业实现零售额944.70亿元，同比增长23.3%，占社会消费品零售总额的8.6%。二是基本生活类商品消费稳健增长，健康类消费增长放缓。粮油食品等基本生活类消费品保持稳健增长，2023年广州市限额以上批发和零售业粮油食品类商品实现零售额530.61亿元，同比增长8.9%。中西药品类商品实现零售额493.04亿元，同比增长1.8%。三是居民消费升级特征明显，时尚消费、耐用品消费增势良好。穿戴美妆类消费快速增长，2023年广州市限额以上批发和零售业化妆品类、服装鞋帽针纺织品类、金银珠宝类商品分别实现零售额290.26亿元、442.92亿元和153.25亿元，同比分别增长15.8%、15.3%和6.2%，合计拉动全市社会消费品零售总额增长1.1个百分点。家电家具类商品增势良好，2023年广州市限额以上批发和零售业家用电器和音像器材类、家具类商品分别实现零售额283.14亿元和35.32亿元，同比分别增长8.6%和8.7%，增速较上年分别提高12.9个和5.0个百分点，合计拉动全市社会消费品零售总额增长0.2个百分点。四是汽车类消费持续回暖，新能源汽车市场占有率提升。在鼓励汽车消费政策和产品迭代等多重积极因素的助力下，汽车类消费潜力持续释放，2023年广州市限额以上批发和零售业汽车类商品实现零售额1370.26亿元，同比增长5.3%。其中，新能源汽车零售额大幅增长35.1%，达497.78亿元，占全市限额以上批发和零售业汽车类商品零售额的比重为36.3%，较上年提高7.0个百分点，市场占有率显著提升。

（二）电子商务发展态势良好，跨境电商继续领跑全国

1. 电子商务保持蓬勃发展态势

近年来，广州网络购物、直播电商等电子商务新业态新模式快速发展，

对广州商贸业的贡献越来越大。以网络购物为例，2023年广州市限额以上批发和零售业通过公共网络实现商品零售额2835.20亿元，同比增长8.9%，占全市社会消费品零售总额的比重达25.7%，较上年提高1.3个百分点。电子商务带动快递业持续快速发展，2023年广州快递业务量达114.50亿件，同比增长13.0%，占广东省快递业务量的33.1%，广州快递业务量仅次于浙江金华（含义乌），排名中国城市第二。2023年，广州举办了"2023全国网上年货节"全国统一启动仪式和系列配套活动、第二届夏日网购节、第五届双品网购节广州专场等系列促消费活动，主要电商平台和品牌商家开展了多种形式的线上促销活动，有力提振了广州消费市场。广州直播电商持续引领国内行业发展，成功举办了粤港澳大湾区消费季暨第三届直播电商节，根据欧特欧公司（商务部数据提供商）数据，直播电商节主流平台直播销售额超86.38亿元（同比增长53.27%），带动实现网上零售额776.8亿元（同比增长13.75%），同期直播场次、直播商品数、直播销售额均居全国第一。另外，电子商务示范创建取得新进展，一批国家级电子商务示范企业陆续涌现，成为广州电子商务生态的关键力量和重要基石。2023年8月，唯品会（中国）有限公司、广东高捷航运物流有限公司、广东卓志跨境电商供应链服务有限公司、广州若羽臣科技股份有限公司以及广州探途网络技术有限公司5家电商企业入选国家电子商务示范企业，使广州成为全省（深圳单独统计）入选最多的城市。

2. 跨境电商继续领跑全国

广州自2016年设立跨境电商综合试验区以来，持续以改革创新思维推动多项全国首创举措引领行业发展，已累计参与制定国家、行业标准13项、出台便利化政策150项、促发展政策325项。在商务部"2022年跨境电子商务综合试验区评估"中蝉联全国第一档。2023年5月，在全国跨境电商综合试验区现场会上，商务部公布的"外贸新业态优秀实践案例"评选结果显示，中国（广州）跨境电商综合试验区共有5个案例入选，入选数量占全国的1/6。根据广州跨境电商公共服务平台统计，2023年跨境电商进出口额首次突破2000亿元，同比增长超45%，占全市外贸进出口额近20%。

广州创新产业生态，首创全球跨境电商"三中心"（生态创新服务中心、卖家服务中心、超级供应链中心），打造全国首个跨境电商产业综合地标和城市产业会客厅，助力企业"一站出海，跨境无忧"。搭建交流平台，成功举办2023年跨境电商大会和全国规模最大的中国跨境电商交易会（秋季），全年开展21场"广州电商走全球""电商名企进各区"双IP活动，举办100余次"产业集群+跨境电商"供需对接活动。跨境电商市场主体不断壮大，产业集聚效应不断增强，目前全市共有跨境电商产业园区22个，智汇PARK获评2022年度广东省跨境电商产业园区，广东高捷航运物流有限公司获评2022年度广东省级公共海外仓。

（三）会展业实现强劲复苏，国际展会能级全国领先

1.展会规模超疫情前水平

2023年，广州会展业强劲复苏。全市重点场馆举办展览合计373场，展览面积1089.50万平方米，参展参观人数达1769.11万人次。展览数量、展览面积、参展参观人数同比分别增长1.0倍、2.5倍、4.6倍，其中展览面积、参展参观人数比2019年分别增长6.4%和28.7%。全年展览数量、展览面积居全国第二位。其中，经贸类展会展览面积达1084.68万平方米，首次突破千万平方米，比2019年增长9.0%。全市全年单展面积5万平方米以上经贸类展览38场，展览面积合计738.24万平方米，占全市经贸类展览总面积的68.1%。其中，单展面积超10万平方米的展览16场，展览面积合计597.61万平方米，占全市经贸类展览总面积的55.1%。面积超20万平方米的展览（含关联题材展）共7场，展览面积合计486.32万平方米，占全市经贸类展览总面积的44.8%。其中，两届中国进出口商品交易会（以下简称"广交会"）展览面积合计305万平方米，占全年展览总面积的28.0%。

2.展会规模、国际化水平显著提升

2023年，广交会规模创历史新高，展览题材不断拓展。第133届广交会首次启用新建落成的展馆D区，总展览面积从以往的118万平方米增至150万平方米，展位数量从6万个增至近7万个，线下参展企业约2.4万

家，新参展企业超过 9000 家，新增了工业自动化和智能制造、新能源及智能网联汽车、智慧生活、"银发经济"等题材。第 134 届广交会展览总面积扩至 155 万平方米，展区增至 55 个，参展企业 28533 家，拓展了新能源汽车及智慧出行、新材料及化工产品等展览题材。① 新增展会数量创新高，展会结构持续优化。全年新引进或新举办展会 43 场，较 2019 年增加 12 场，创 2019 年以来新高，合计展览面积 51.08 万平方米。新增展会项目涉及生物医药、新一代信息技术、医疗器械、集成电路、轨道交通、宠物用品等新兴产业领域，进一步优化了展会结构。境外参展参观人数大幅增加，展会国际化水平显著提升。展览活动全年接待境外人员 203 万人次，比 2019 年增长 64.6%，占展览接待人数的 11.48%，占比较 2019 年上升 5.17 个百分点。第 133 届广交会共有来自 229 个国家和地区的境外采购商线上线下参展，其中线下参展的境外采购商 12.9 万人，来自 213 个国家和地区。第 29 届迪培思广州国际广告标识及 LED 展吸引海外观众 3261 人，同比增长 398.1%。第 48 届广州（锦汉）家居用品及礼品展览会到访 3.36 万人次，欧美买家占比 54%。2024 年广州家居用品及五金采购交易会接待买家 17566 人次，港澳台及海外买家占比 38.5%。

3. 会议业实现快速增长

2023 年，全市重点展馆举办会议场次和参会人次均大幅增长。全年合计接待会议 5636 场次，同比增长 42.2%；参会 93.15 万人次，同比增长 120.6%，其中境内 92.64 万人次、同比增长 119.6%，境外 5078 人次、同比增长 12.72 倍。100 人以上跨市会议 2036 场次，同比增长 121.5%；参会 72.45 万人次，同比增长 158.3%，其中境内 72.11 万人次、同比增长 156.9%，境外 3391 人次、同比增长 7.72 倍。广州作为国际会议目的地城市表现亮眼，先后举办了国际金融论坛 2023 年全球年会、博鳌亚洲论坛第二届创新与知识产权保护会议、第 16 届中国邮轮产业发展大会、2023 年跨

---

① 《共享商机 共谋发展》，"光明网"百家号，2023 年 9 月 29 日，https：//baijiahao.baidu. com/s？id=1778317174659642093&wfr=spider&for=pc。

境电商大会等一系列国际会议。财富、胡润、福布斯、CNBC（美国消费者新闻与商业频道）等纷纷在广州举办论坛、会议。招商会议成效显著，第九届中国广州国际投资年会（黄埔）暨2023年全球独角兽CEO大会、2023年粤港澳大湾区全球招商大会相继举办，粗略统计，2023年粤港澳大湾区全球招商大会共达成投资贸易项目859个，总金额超2.24万亿元。

（四）对外贸易稳中有升，外贸强市建设取得新进展

1. 外贸进出口平稳发展

2023年，广州货物进出口总值10914.3亿元，同比增长0.1%，增速略低于全省（0.3%）和全国（0.2%），高于苏州（-4.6%）和东莞（-8.2%），但不及北京（0.3%）、上海（0.7%）、深圳（5.9%）和宁波（0.9%）等城市。其中，出口6502.6亿元，同比增长5.8%，进口4411.6亿元，同比下降7.2%。在2023年全国进出口贸易额十强城市中，广州继续排名第七位（见表1）。按照美元计价，2023年广州货物进出口总值1553.04亿美元，同比下降4.8%。其中，出口925.53亿美元，同比下降0.1%；进口627.51亿美元，同比下降12.0%。进口收缩幅度大于出口，贸易顺差进一步扩大，达298.02亿美元。从进出口产品结构看，高新技术产品的出口和进口、机电产品进口均大幅下降，占进出口的比重显著降低。机电产品出口428.44亿美元、下降4.0%，占出口比重为46.3%、下降2.4个百分点；高新技术产品出口103.21亿美元、下降21.9%，占出口比重为11.2%、下降3.11个百分点。机电产品进口205.42亿美元、下降18.7%，占进口比重为32.7%、降低2.7个百分点；高新技术产品进口132.96亿美元、下降18.2%，占进口比重为21.2%、降低1.5个百分点。从贸易伙伴看，广州对外贸易多元化格局进一步显现，2023年欧盟反超东盟成为广州第一大贸易伙伴，前五大贸易伙伴贸易额从高到低依次是欧盟、东盟、美国、日本和拉丁美洲，占比分别是16.5%、15.2%、13.1%、7.5%和6.5%，占比合计58.8%、同比下降0.7个百分点。中国香港和非洲分别居第六和第七位，贸易额占比分别为5.9%和5.7%。从贸易方式看，广州一般贸易比重持续增加，加工贸易呈下

降趋势。2023年广州一般贸易规模达1073.00亿美元，同比增长2.3%，一般贸易比重从64.0%提升至69.1%；加工贸易规模达304.13亿美元，同比下降8.8%，加工贸易比重从20.3%下降至19.6%（见表2）。

表1　2023年国内主要城市货物贸易进出口额及增速

单位：亿元，%

城市	进出口		出口		进口	
	金额	同比增长	金额	同比增长	金额	同比增长
上海	42121.6	0.7	17377.9	1.6	24743.7	0.1
深圳	38711.0	5.9	24552.0	12.5	14159.0	-4.0
北京	36466.3	0.3	6000.1	2.8	30466.3	0.0
苏州	24514.1	-4.6	15081.6	-2.5	9432.5	-7.9
东莞	12823.6	-8.2	84609.0	-8.9	4362.7	-6.8
宁波	12779.3	0.9	8287.8	0.7	4491.5	1.1
广州	10914.3	0.1	6502.6	5.8	4411.6	-7.2
厦门	9470.4	2.7	4474.49	-3.9	4995.9	9.4
青岛	8759.7	4.6	4713.6	0.3	4046.1	10.1
杭州	8030.0	6.1	5339.0	3.7	2691.0	11.3

资料来源：各城市2023年国民经济和社会发展统计公报。

表2　2023年广州货物进出口情况

单位：亿美元，%

指标	本年累计			同比增长		
	进出口	出口	进口	进出口	出口	进口
进出口总值	1553.04	925.53	627.51	-4.8	-0.1	-12.0
其中:一般贸易	1073.00	660.24	190.52	2.3	11.3	-9.3
加工贸易	304.13	190.52	113.61	-8.8	-2.8	-17.4
其中:农产品	115.66	13.03	102.63	—	9.6	-0.5
机电产品	633.86	428.44	205.42	—	-4.0	-18.7
高新技术产品	236.17	103.21	132.96	—	-21.9	-18.2

资料来源：广州海关。

2. 外贸新业态蓬勃发展

近年来，广州加快布局跨境电商、市场采购、保税物流等外贸新业态，外贸新业态发展位居全国前列。在2023年商务部遴选的30个"外贸新业态优秀实践案例"中，广州占据5席，入选数量占全国的1/6。根据广州海关数据，2023年前11个月，广州海关累计监管跨境电商零售进出口清单7.6亿票，同比增长约44%。其中，进口清单5920.9万票，出口清单7亿票。2023年广州保税物流进出口147.56亿美元，占进出口比重近10%。加快市场采购贸易试点集聚区拓展，为希音（Shein）创新打造"外综服+跨境电商零售出口"服务模式，破解跨境电商行业数据归集、出口退税、收结汇和小单货品大规模出口难题。积极推动汽车平行进口和二手车出口试点，二手车出口数量和金额居全国前列，广州港南沙汽车码头成为全国最大的内贸滚装汽车枢纽和第二大平行进口汽车口岸。

3. 外贸发展环境持续优化

2023年，广州围绕外贸新业态，以体制机制创新推动外贸高质量发展。不断提高市场采购贸易便利化水平，启动市场采购贸易方式出口预包装食品试点，推动市场采购贸易创新、规范、高质量发展。践行跨境电子商务综合试验区先行先试的国家使命，广州跨境电商公共服务平台在全国率先实现境外资金结汇后智能清分，成为首个打通"关—税—汇—清"全链路的公共服务平台。全球跨境电商生态创新服务中心、卖家服务中心和超级供应链中心落地广州，成功举行跨境电商高质量发展暨高水平对外开放高峰论坛。积极推进二手车进出口便利化措施落地，广州市商务局等八部门联合印发《广州市进一步提升二手车出口便利化促进外贸高质量发展的若干措施》，支持与优化二手车出口业务。广州市商务局、广州市汽车服务业协会联合举办了二手车出口业务宣讲会，并发布了全国首个《二手车出口一本通》，广州200多家二手车出口企业以及上下游供应链企业负责人参加了宣讲会。广州积极推动中欧班列提质扩容，中欧班列日渐壮大，2023年开行中欧班列626列，从广州开往西欧、东欧、西亚、中亚、东南亚等地区20多个国家的40余个城市。广州海关、广州市商务局联合举办"政策直通车"系列活动 AEO 政策专场宣讲会，辅导企业申报海关 AEO 认证，截至 2023 年 3 月累计培育 AEO 企业 868 家，数量居全国首位，贡献全市外贸进出口额的四成。2023 年，广州海关出台优化营商环境 20 条措施，聚焦促进跨境物流畅通、促进外贸扩大进出口、促进跨境贸易便利化、促进企业减负增效和促进外贸创新发展五个方面，服务外贸高质量发展。①

（五）餐饮业快速复苏，多元化品质化数字化发展特征明显

1. 餐饮消费快速复苏

2023 年，人员流动逐步复苏，商务交流、旅游休闲活动明显增多，促进了餐饮业快速复苏。尤其是下半年，餐饮企业积极开展各类促销、新品发布活动，展会、演唱会、体育赛事等节事赛事活动增多，带动餐饮消费强势回升。"咖势"精品咖啡文化节、国际美食节、广州精品美食周等各类行业活动进一步催热餐饮消费市场，餐饮消费在第四季度达到全年高峰。2023 年广州市住宿和餐饮业零售额达 944.7 亿元，同比增长 23.3%，占社会消费品零售总额比重由 2020 年的 7.3% 上升至 2023 年的 8.6%。住宿和餐饮业增加值同比增长 10.5%，拉动全市 GDP 增长 0.2 个百分点。

2. 餐饮业继续走向多元化品质化

截至 2023 年，广州餐饮业市场主体超 23 万家，总量居全国第一，行业业态丰富多元，品质不断提升，并向细分市场发展，形成了地方菜系、融合菜系与西餐、日料、东南亚菜等外国料理多元化发展新格局。广州作为粤菜发源地和大本营，全市粤菜餐厅数量达 3.4 万家，位列全国第一，粤菜龙头地位显著。广州各色粤菜品牌锐意创新，炳胜、陶陶居、广州酒家、惠食佳、半岛餐饮等广州粤菜餐饮企业持续焕发新活力，还涌现了跃系列、好酒好蔡、岁集院子等本地新锐粤菜品牌，为广州粤菜餐饮不断注入创新活力。除粤菜之外，广州拥有来自全国、全世界的餐厅超 14 万家，

---

① 《下半年外贸有压力也有信心》，"南方日报"百家号，2023 年 7 月 14 日，https://baijiahao.baidu.com/s？id=1771359839510387776&wfr=spider&for=pc。

其中亚洲餐厅在广州门店数达4000家，仅次于北京和上海，位列全国第三，拥有"不出广州，食遍世界"的饮食环境，极大地满足了消费市场多元化需求。近年来，知名甜品Châteraisé、新加坡的鳗几等国际品牌，麻六记、邮局咖啡等国内品牌首店陆续落户广州，进一步丰富了广州饮食文化和餐饮业态。广州是米其林指南进入中国的第二座城市。《2023广州米其林指南》共收录119家餐厅，包括3家二星餐厅、16家一星餐厅、42家必比登推介餐厅和58家米其林指南入选餐厅，米其林星级餐厅数量排名全国第三。

3. 餐饮数字化转型升级加快

2023年广州市限额以上住宿和餐饮业通过公共网络实现餐费收入152.46亿元，同比增长27.3%，增速较上年提高4.4个百分点，高于全市住宿和餐饮业零售额增速4.0个百分点，餐饮线上消费保持快速增长态势。餐饮业场景数字化创新步伐加快，涌现无人餐车、送餐机器人、机器人餐厅、元宇宙咖啡馆等丰富多样的数字化餐饮新业态。广州餐饮供应链管理数字化进程加快推进，进入与互联网、物联网深度融合的智慧供应链新阶段，餐饮业态和消费体验持续革新。餐饮业跨界发展态势进一步凸显，餐饮预制菜、"餐饮+跨界产品"、"餐厅服务+零售"等方式转型加速，数字技术赋能为餐饮企业带来了更高效的管理方式，不断创造新的餐饮业态和发展模式。

（六）专业市场保持平稳发展，转型升级取得显著成效

1. 积极开展商品市场优化升级试点工作

广州专业市场发展一直处于全国领先地位，目前全市共有510家专业市场，市场占地面积约880万平方米，经营面积约1089万平方米，经营商户超16万家，专业市场体系健全，覆盖国民经济行业分类35个中类中的28个，在纺织服装、皮革皮具、鞋业、果蔬、水产品、茶叶、化妆品等行业具有全国影响力。广州专业市场现已形成享誉全国的流花矿泉服装、站西鞋材、狮岭皮革、三元里皮具、中大布匹、增槎路农副产品和新塘服装等10

多个产业集群。集群内有专业市场 277 家，占全市专业市场总数的 54%，集聚发展态势明显。2021 年 9 月，广州入选商务部等 7 部门全国首批商品市场优化升级试点名单，此后广州结合区内专业市场发展特点，积极开展优化试点工作，聚焦七大优势行业（纺织、服装、皮具、农产品、花卉、小商品、咖啡饮品）选取了 16 家市场作为首批优化升级试点。

2. 持续探索专业市场数字化转型

近年来，广州市政府大力支持专业市场数字化转型发展，广州市商务部门及广州专业市场商会依托广州专业市场行业数字化创新联盟，连续多年举办专业市场转型升级成果展、行业模式创新论坛，并将经验模式在全市宣传推广。当前，广州仍在积极探索专业市场数字化转型并取得阶段性成效，实现了数字化技术为专业市场"赋能"、实体市场为互联网行业"赋场"的良性互动。积极探索数字技术赋能产业链，孵化了致景科技等一批数字化产业服务商，形成"纺织生产—原料交易—服装设计—产品分销"的数字化平台。积极探索传统产业配套服务的数字化提升，如广州轻纺交易园孵化打造"广州·设界"项目，提供智能设计、柔性供应、版权交易、产学一体等纺织服装供应链全套解决方案。充分运用数字技术完善产业服务平台功能，如黄沙水产市场建设黄沙水产线上商城，以自营加工贸易为基础，搭建面向全产业链的 B2C、B2B 线上交易服务平台。专业市场商户广泛应用"淘抖快"、速卖通、一手、阿里巴巴国际站、eBay、TikTok 等电商平台开展业务，助力广州以强大的货源地优势和供应链优势打造"跨境电商之城""直播电商之都"。

3. 创新发展新业态新模式

近年来，广州专业市场积极探索发展新业态新模式，加快发展市场采购贸易、跨境电商等新业态，推动内外贸一体化发展，积极打造体验式场景，推动时尚化发展。大力拓展市场采购贸易试点，目前万菱广场、中港皮具城、新大地服装城、流花服装批发市场、步云天地、南方大厦、广大商贸城、西城鞋业 8 家专业市场被纳入市场采购贸易试点。条件成熟的专业市场积极发展跨境电商，通过与互联网企业合作或自建平台等方式，多管齐下建设和拓宽流通渠道。广州流花服装批发市场建设了首个由专业市场自行开发运营的垂直服饰类跨境电商平台"LIUHUA MALL"，赋能商户拓展线上出口新通道；万菱广场通过"线上引流+线下交易+N服务平台"创新商业经营模式，汇集"一带一路"沿线25个国家的代表企业、特色商品，为商家开辟更加宽广的贸易通道。专业市场积极打造体验式、时尚化场景，紧抓线下消费复苏时机，培育艺术体验、时尚创意、个性定制等新业态，增设直播间、艺术主题场景、共创空间、休闲轻餐饮等线上线下互动空间，打造新兴消费群体探店、视频创作的社交新平台，逐步衍生出新的社群营销，充分融入时尚消费互联网。例如，apM时代服装国际城签约韩国apM集团，建设以韩国东大门时装商户直营为主的apM Luxe项目，引入年销售额过亿元的时尚饰品品牌旭平，通过整合行业资源向时尚全品类一站式体验基地转型。广州美博城开设线上展厅、线上平台、国际馆，多渠道支持商户转型升级，打造美妆行业的时尚产业基地和时尚网红打卡地。

（七）客运量快速回升，综合交通枢纽功能进一步增强

1.客运量快速回升

2023年，各类出行需求持续释放，广州客运量快速回升，其中白云国际机场旅客吞吐量和广州南站旅客发送量双双居全国首位。全年实现客运量3.05亿人次，同比增长76.3%，其中，航空旅客吞吐量大幅增长，白云国际机场旅客吞吐量迈上6000万人次台阶，达6317.35万人次，同比增长1.4倍，连续4年蝉联单个机场客流量冠军；铁路客运量1.31亿人次，同比增长95.2%；公路客运量7838万人次，同比增长17.9%。广州南站全年发送旅客9127.57万人次，同比增长92.7%，旅客发送量居全国车站首位。12月26日，广州白云站正式投入运营，进一步提升了广州铁路枢纽的客运能力。白云站总占地面积达263万平方米，从规模体量来看，是亚洲最大的铁路综合枢纽之一，承担着京广高铁、京广铁路、广梅汕铁路、广茂铁路等多条线路列车的始发终到作业。12月31日，白云国际机场东四西四指廊投入

运营，实现了 T1、T2 两座航站楼的贯通，机场运营能力显著提升。

2. 货物运输量稳步增长

2023 年，广州货物运输规模稳步扩大，主要货运指标均实现正增长（见图 3、图 4 和表 3）。全年货物运输量 92861.92 万吨，同比增长 2.6%，货运周转量 22908.32 亿吨公里，同比增长 3.3%。分运输方式看，铁路、航空货运表现较好，全年完成铁路货运量 2524.63 万吨，同比增长 7.0%，全年完成航空货运量 133.08 万吨，同比增长 21.1%。水路、公路货运量平稳增长，分别达 37316.84 万吨和 50516.43 万吨，分别增长 0.9% 和 3.4%。港口货物吞吐量 67498.45 万吨，同比增长 2.9%；港口集装箱吞吐量 2541.44 万标准箱，同比增长 2.2%，港口集装箱吞吐量位居全国第五、全球第六。白云国际机场货邮吞吐量 203.11 万吨，同比增长 7.8%，单个机场货邮吞吐量继续排名全国第二。从整体上看，全市货物运输有序运转，货运总量稳中有升，为维护国内和全球物流畅通、供应链稳定做出了广州贡献。

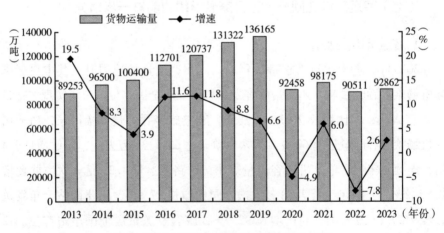

图 3　2013~2023 年广州货物运输量及增速

资料来源：广州市进度统计数据"交通邮电完成情况"，广州市统计局网站，https://tjj.gz.gov.cn/yx-report/ureport/preview？_u=file：JDBB10.ureport.xml&token=84fa2db7992644b5a230bfa5534edb75&sum_date=202312。

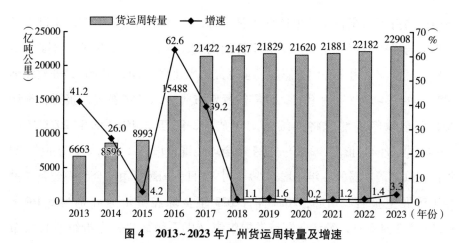

图4　2013~2023年广州货运周转量及增速

资料来源：广州市进度统计数据"交通邮电完成情况"，广州市统计局网站，https：//tjj. gz. gov. cn/yx-report/ureport/preview？_u＝file：JDBB10. ureport. xml&token＝84fa2db7992644b5a230bfa5534edb75&sum_date＝202312。

表3　2023年广州主要货运指标

指标	单位	绝对值	比上年增长(%)
货物运输量	万吨	92861. 92	2. 6
货运周转量	亿吨公里	22908. 32	3. 3
港口货物吞吐量	万吨	67498. 45	2. 9
港口集装箱吞吐量	万标准箱	2541. 44	2. 2
机场货邮吞吐量	万吨	203. 11	7. 8

资料来源：广州市进度统计数据"交通邮电完成情况"，广州市统计局网站，https：//tjj. gz. gov. cn/yx-report/ureport/preview？_u＝file：JDBB10. ureport. xml&token＝84fa2db7992644b5a230bfa5534edb75&sum_date＝202312；《2023年全国民用运输机场生产统计公报》。

二　2024年广州国际商贸中心发展环境分析

（一）全球环境分析

1. 2024年全球经济难以根本好转，将在中低速增长轨道运行

2023年以来，全球经济逐步复苏，但全球产业链供应链加速区域化、韧性化重组，世界经济增长下行压力加大，主要国际机构对2024年世界经

济增长均持不乐观态度。2024 年 1 月 4 日，联合国发布的《2024 年世界经济形势与展望》报告指出，受利率持续高企、冲突进一步升级、国际贸易疲软、气候灾害增多等因素影响，全球经济增速将从 2023 年的 2.7%放缓至 2024 年的 2.4%。[①] 1 月 9 日，世界银行发布《全球经济展望》报告，预计 2024 年全球经济增速将连续第三年放缓，降至 2.4%，低于 2023 年的 2.6%。报告同时指出，2020~2024 年全球经济将增长 2.2%，为 20 世纪 90 年代初以来最疲弱的五年期增速。[②] 1 月 30 日，国际货币基金组织公布《世界经济展望报告》，预计 2024 年、2025 年全球经济增速分别为 3.1%和 3.2%。[③] 2 月 5 日，经济合作与发展组织（以下简称"经合组织"）发布经济展望报告，预测 2024 年全球经济增长 2.9%，2025 年将增长 3.0%。[④] 综合来看，2024 年世界经济没有根本好转，仍将在中低速增长轨道上运行，未来一年我国外贸仍然面临外需不足的挑战。

表 4　主要国际组织对 2024 年全球经济增速的预测

单位：%

	联合国	世界银行	国际货币基金组织	经合组织	平均值
预测增速	2.4	2.4	3.1	2.9	2.7

资料来源：根据联合国、世界银行、国际货币基金组织及经合组织的预测整理。

2. 基期因素影响下国际贸易有望回升，但会低于历史平均水平

2023 年全球货物贸易量下跌 1.2%[⑤]，这是自 1995 年世界贸易组织成立以来出现的第三次全球贸易萎缩。在 2023 年基数较低的情况下，2024 年全

① 《联合国调降 2024 年世界经济预期》，"中国发展网"百家号，2024 年 1 月 11 日，https：//baijiahao. baidu. com/s？ id＝1787760526134033196＆wfr＝spider＆for＝pc。

② 《世行预计 2024 年全球经济增长 2.4%》，"光明网"百家号，2024 年 1 月 12 日，https：//baijiahao. baidu. com/s？ id＝1787842535369246237＆wfr＝spider＆for＝pc。

③ 肖立晟等：《全球经济的六大特征和四大风险》，《中国改革》2024 年第 2 期。

④ 《经合组织上调 2024 年世界经济增长预期至 2.9%》，"光明网"百家号，2024 年 2 月 6 日，https：//baijiahao. baidu. com/s？ id＝1790103965735376237＆wfr＝spider＆for＝pc。

⑤ 2024 年 4 月 10 日世界贸易组织公布数据。

球货物贸易有望实现正增长。2024年1月9日，世界银行发布的《全球经济展望》预计，2024年全球货物贸易增速仅为疫情前10年平均增速的一半。1月30日，国际货币基金组织公布的《世界经济展望报告》预计，2024年全球货物贸易增长率为3.3%，2025年为3.6%，低于4.9%的历史平均增长率。① 4月10日，世界贸易组织发布《全球贸易展望与统计》报告，预计2024年全球货物贸易增长率为2.6%，较2023年提高3.8个百分点。综合来看，2023年全球货物贸易出现萎缩后，预计2024年将有所回升并实现正增长，但增速低于历史平均水平，而且面临主要经济体宏观政策变化、地缘政治冲突、"超级大选年"、大宗商品价格不稳定、全球贸易碎片化等较多不确定性。在全球货物贸易增长乏力的大背景下，广州要稳住外贸基本盘将面临较大挑战。

（二）国内环境分析

1.国内经济预期转好，有利于商贸业继续回升向好

2024年国务院《政府工作报告》明确2024年中国的经济增长目标是5%左右。从国际来看，三大国际组织对2024年中国经济增长前景保持乐观，国际货币基金组织、世界银行、经合组织于2023年底预计2024年中国经济增速分别为4.2%、4.6%和5.1%，分别高于全球经济增速预测值1.1个、2.2个和2.2个百分点。随着2024年中国经济平稳开局、持续回升向好，主要经济指标超出市场预期。2024年4月主要咨询机构发布报告，均上调我国经济增长预期：摩根士丹利将2024年中国经济增速从此前的4.2%上调至4.8%，高盛从4.8%上调至5.0%，花旗从4.6%上调至5.0%，亚洲开发银行则从4.5%上调至4.8%。另外，4月8日东盟与中日韩宏观经济研究办公室发布的《2024年东盟与中日韩区域经济展望》报告显示，2024年中国经济预计增长5.3%。② 总体来看，主要国际组织及咨询机构普遍看好

---

① 《全球贸易或将进一步复苏》，"中国经济时报"百家号，2024年4月2日，https：//baijiahao.baidu.com/s？id=1795149304083694975&wfr=spider&for=pc。

② 《东盟与中日韩宏观经济研究办公室发布报告预测：中国经济今年将增长5.3%》，"经济日报"百家号，2024年4月9日，https：//baijiahao.baidu.com/s？id=1795806478265884707&wfr=spider&for=pc。

2024 年中国经济增长。随着中国经济稳步复苏和增长，广州商贸业发展环境将得到有效改善，有利于巩固与强化商贸业回升向好态势。

表 5　主要国际组织及咨询机构对 2024 年中国经济增速的预测

单位：%

组织/机构	预测增速	组织/机构	预测增速
国际货币基金组织	4.2	花旗	5.0
世界银行	4.6	亚洲开发银行	4.8
经合组织	5.1	东盟与中日韩宏观经济研究办公室	5.3
摩根士丹利	4.8	平均值	4.9
高盛	5.0		

资料来源：根据世界贸易组织、世界银行、经合组织及摩根士丹利、高盛、花旗、亚洲开发银行、东盟与中日韩宏观经济研究办公室的预测整理。

2. "一带一路"倡议向纵深推进，开启十年新征程

2023 年是"一带一路"倡议提出十周年。十年来，"一带一路"倡议取得丰硕成果，在促进世界经济增长和可持续发展方面发挥了重要作用。截至 2023 年 6 月，"丝路海运"航线已通达全球 43 个国家的 117 个港口；中国与 104 个共建国家签署双边航空运输协定，与 57 个共建国家实现空中直航；中欧班列通达欧洲 25 个国家的 200 多个城市。世界银行研究报告显示，"一带一路"倡议实施以来，仅基础设施建设就可使全球贸易成本降低 1.8%，使中国—中亚—西亚经济走廊贸易成本降低 10%，为全球贸易便利化和经济增长做出重要贡献；使参与国贸易增长 2.8%~9.7%、全球贸易增长 1.7%~6.2%、全球收入增加 0.7%~2.9%。[①] 2023 年 11 月，推进"一带一路"建设工作领导小组办公室发布了《坚定不移推进共建"一带一路"高质量发展走深走实的愿景与行动——共建"一带一路"未来十年发展展望》，明确了未来十年共建"一带一路"的总体构想，为高质量共建"一带一路"提供了指引和有力支撑。展望未来，中国将继续与所有共建国家一

---

① 张宇燕、徐秀军：《2023~2024 年世界经济形势分析与展望》，《当代世界》2024 年第 1 期。

道，共同推进"一带一路"高质量发展行稳致远，为推动世界经济增长和促进全球共同发展提供更加强大的动力。广州是"一带一路"枢纽城市，共建"一带一路"向纵深推进将为广州提升国际竞争力、更高水平参与国际合作和竞争开辟新空间，将有力推动广州外贸提质增效。

3. 高标准自贸区网络建设力度加大，将有力推动外贸高质量发展

当前我国正在深入实施自贸试验区提升战略，自贸试验区扩围至22个，制度型开放稳步推进；海南自由贸易港建设进程加快，与29个国家和地区签署了22个自贸协定；高标准对接国际经贸规则，全面高质量实施《区域全面经济伙伴关系协定》（RCEP），积极推动加入《全面与进步跨太平洋伙伴关系协定》（CPTPP）和《数字经济伙伴关系协定》（DEPA）。2024年我国计划扩大面向全球的高标准自由贸易区网络，此举旨在通过自贸协定谈判推动高水平开放和高质量发展。为此，我国将加大自贸协定谈判力度，推动与更多国家和地区的自贸合作进程，扩大我国自贸伙伴网络。在具体行动上，商务部将力争结束与东盟的自贸区3.0版谈判，同时寻求与洪都拉斯、秘鲁等国完成自贸协定谈判或升级谈判；计划启动与一系列国家的新自贸协定谈判，并继续推进与海湾阿拉伯国家合作委员会（以下简称"海合会"）、挪威、新西兰、韩国、瑞士、孟加拉国等的自贸合作。① 这一系列举措显示了我国在国际贸易领域的积极态度和战略部署，通过不断扩大自贸区网络，我国将进一步融入全球经济体系，促进贸易和投资的自由化便利化。

4. 国内促消费政策不断加码，消费有望持续扩大

2023年12月，中央经济工作会议提出着力扩大国内需求，形成消费和投资相互促进的良性循环。会议强调推动消费从疫后恢复转向持续扩大，培育壮大新型消费，大力发展数字消费、绿色消费、健康消费，积极培育智能家居、文娱旅游、体育赛事、国货"潮品"等新的消费增长点；稳定和扩

---

① 《全球贸易逆风而行　回暖仍有支撑》，经济参考报网站，2024年1月3日，http://www.jjckb.cn/2024-01/03/c_1310758495.htm。

大传统消费，提振新能源汽车、电子产品等大宗消费；增加城乡居民收入，扩大中等收入群体规模，优化消费环境。① 2024 年全国商务工作会议将"推动消费持续扩大，完善市场和流通体系"作为八个方面重点工作之一，以"消费促进年"为主线，办好各类促消费活动，激发消费潜能，培育壮大新型消费，稳定和扩大传统消费，推进服务消费品质升级。② 在一系列政策和改革长短结合、供求双侧协同发力的支持下，中央和地方政府将以更大的力度打出促消费"组合拳"，在前期释放大宗消费潜力的政策基础上，重点通过增加居民收入扩大消费，推动服务消费、创新消费，释放高端消费，这将进一步提振市场信心，改善消费预期，促进消费潜力持续释放。

（三）区域环境分析

1. 粤港澳大湾区建设向纵深推进，区域营商环境更加优越

2023 年，粤港澳大湾区建设从基础设施互联互通、规则衔接、机制对接等多个方面向纵深推进，促进资源、技术、人才、信息等关键要素的有效配置和联动，城市之间的"距离"进一步拉近、合作更趋紧密。2023 年 4 月，粤港澳三地共同公布 25 个领域 110 项"湾区标准"；12 月，公布覆盖工业消费品、农食产品和服务业三大领域的 15 个"湾区认证"项目，"湾区认证"标志正式启用；8 月，国务院印发《河套深港科技创新合作区深圳园区发展规划》，粤港澳大湾区至此建立以横琴、前海、南沙、河套为主的重大合作平台体系框架；③ 10 月，香港特别行政区政府公布《北部都会区行动纲领》；12 月，国家发展和改革委员会印发《前海深港现代服务业合作区总体发展规划》和《横琴粤澳深度合作区总体发展规划》，推动深港、琴澳

① 《中央经济工作会议在北京举行 习近平发表重要讲话》，中国政府网，2023 年 12 月 12 日，https：//www.gov.cn/yaowen/liebiao/202312/content_6919834.htm。
② 《推动消费持续扩大 促进外资稳量提质》，"新浪财经"百家号，2024 年 1 月 9 日，https：//baijiahao.baidu.com/s? id=1787567850813698342&wfr=spider&for=pc。
③ 《纵深推进新阶段粤港澳大湾区建设，有力牵引全省全面深化改革开放》，广东省人民政府网站，2024 年 1 月 27 日，http://www.gd.gov.cn/gdywdt/zwzt/2024gdlh/ylbg/2023gzhg/content/post_4341279.html。

合作再上新台阶。另外，粤港澳大湾区国际一流营商环境建设也在加速推进。2023 年以来，粤港澳三地投资贸易、资质标准、市场准入等方面的堵点瘀点进一步打通，各类资源要素流动更加便捷高效，如在 CEPA 框架下对港澳实施更短的负面清单、港澳企业商事登记实现"一网通办"等。随着粤港澳大湾区建设向纵深推进，区域营商环境更加优越，将为广州商贸业高质量发展创造有利条件。

2. 城市间争夺消费资源的竞争加剧，消费外流压力加大

当前，国内众多城市积极推进国际消费中心城市建设，除了上海、北京、广州、天津、重庆五个国务院批准率先开展国际消费中心城市培育建设的试点，深圳、杭州、南京、郑州、武汉、长沙等也提出要打造国际消费中心城市，并出台相关方案或政策规划，这将加剧国内城市之间高端消费资源的竞争。此外，一些新兴网红城市的崛起逐渐分流国内消费资源。例如，西安、洛阳、淄博等依托全媒体营销手段打造网红城市，收获了较高的网络关注度和城市美誉度，继而通过流量变现在新一轮城市消费资源竞争中抢占了先机。另外，疫情后国内居民出境游复苏回暖，消费外流现象再次显现。环球蓝联（Global Blue）数据显示，中国游客的人均购物消费已超越 2019 年水平，其中赴意大利游客人均消费较 2019 年增加了14%，赴法国游客人均消费增加了20%，赴日本和新加坡游客人均消费分别上涨了117%和64%。国内城市间消费资源的竞争加剧及国外旅游市场的开放，将会影响广州吸引国内外游客和扩大消费目标的实现。

三　广州商贸业景气分析与预测

（一）广州商贸业景气预警系统

经济景气预警系统能够简明、直观地反映经济景气状况。为跟踪分析广州商贸业运行情况，为市委、市政府决策提供服务，保证商贸业产业政策的时效性，同时为社会各界提供一个了解广州商贸业发展状况的窗口，本文构建了广州商贸业景气预警系统。广州商贸业景气预警系统由9个预警指标构成，这9个指标涉及的商贸领域比较广泛，涵盖内贸、外贸、旅游、物流、客流、价格等多个领域。① 预警指标全部采用同比增长率，用"蓝灯""浅蓝灯""绿灯""黄灯""红灯"五种灯号，分别代表衰退、偏冷、正常、偏热、过热五种景气状态。将上述五种景气状态的分数分别设定为1分、2分、3分、4分、5分，加总各个指标的分数并换算为百分制，即得到商贸业景气指数，其灯号界限值分别设定为20分、40分、70分和85分（见表6）。

表6 广州商贸业景气预警指标及灯号临界值

单位：分

指标名称	浅蓝灯与蓝灯	绿灯与浅蓝灯	黄灯与绿灯	红灯与黄灯
货运量	1	3	8	15
港口集装箱吞吐量	1	3	9	14
机场旅客吞吐量	1	3	7	10
社会消费品零售总额	1	4	7	10
城市居民消费价格指数	1	2	4	5
商品进口总值	0	3	9	15
商品出口总值	0	3	9	15
城市接待过夜旅游人数	1	3	6	8
国际旅游消费	1	3	7	10
商贸业景气指数	20	40	70	85

注：各指标均采用同比增长率，本部分余同，此后不赘；各个灯号的界限值根据历史数据统计分析结果、广州商贸业发展目标和专家意见确定。

资料来源：广州市统计局公布的进度报表。

（二）广州商贸业景气分析

如图5所示，2023年以来广州商贸业景气指数一直运行在正常或偏热

———————

① 各指标原始数据来自广州市统计局提供的广州市宏观经济数据库进度报表。

区间，表明随着我国经济社会全面恢复常态化运行，广州商贸业已经走出疫情阴霾，实现整体性复苏。2023年至2024年第一季度，广州商贸业景气指数整体呈现"两起两落"的变化轨迹，即上升—回落—再次上升—再次回落。2023年第一季度，城市接待过夜旅游人数、机场旅客吞吐量、国际旅游消费等指标快速恢复，商贸业景气指数从2022年底的偏冷区间回升到正常区间，实现良好开局。4~6月，由于商品进口总值、城市居民消费价格指数等指标表现不佳，商贸业景气指数从阶段高点回落至正常区间。7~11月，商贸业景气指数波动幅度不大，在阶段底部呈震荡筑底态势，直至12月，商贸业景气指数得益于城市接待过夜旅游人数、机场旅客吞吐量、商品出口总值等指标的良好表现而明显回升。从2023年全年看，广州商贸业景气指数大致呈"U"形走势。2024年第一季度，商品进口总值同比下降，城市居民消费价格指数、社会消费品零售总额、货运量等指标也表现欠佳，导致商贸业景气指数从高点回落。虽然2024年第一季度末广州商贸业景气指数仍然保持在正常区间，但存在消费和外贸增长乏力等问题，未来有可能进一步探底，需要努力扩需求、调结构、提质量、保民生，以进一步增强广州商贸业发展动能。

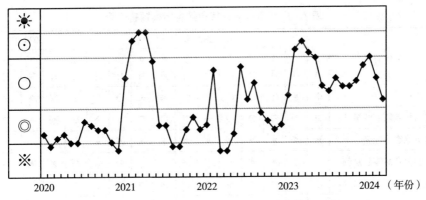

图5　2020年1月至2024年3月广州商贸业景气指数

注：☀表示过热，☉表示偏热，○表示正常，◆表示偏冷，※表示过冷。
资料来源：原始数据来自广州市统计局提供的广州市宏观经济数据库进度报表。

2023年各预警指标灯号的变化情况如表7所示：机场旅客吞吐量、城市接待过夜旅游人数、国际旅游消费三个指标始终运行在过热区间，表明2023年旅游和商务出行快速恢复，带动相关指标大幅回升，上述三个指标的增速分别为142.0%、45.0%和150.9%；社会消费品零售总额有5个月处在过热或偏热区间，反映广州消费市场呈现较为明显的复苏回暖态势，2023年社会消费品零售总额增长6.7%；商品出口总值有7个月处在偏热或过热区间，反映商品出口取得较好增长，以人民币计价的商品出口总值增长5.8%；货运量指标的灯号整体上围绕正常区间上下运行，2023年货运量、港口集装箱吞吐量平稳增长，分别增长2.6%和2.2%；城市居民消费价格指数和商品进口总值这两个指标在多数月份处在过冷或偏冷区间，在很大程度上反映了消费需求与意愿不足。再看2024年第一季度：2024年3月，9个预警指标中有3个处于过热区间，1个处于正常区间，其余5个都处于过冷区间；与2023年12月相比，只有1个指标（港口集装箱吞吐量）景气上升，5个指标（城市居民消费价格指数、商品进口总值、机场旅客吞吐量、城市接待过夜旅游人数、国际旅游消费）景气维持不变，3个指标（货运量、社会消费品零售总额、商品出口总值）景气下降。

表7　广州商贸业景气指数各指标预警灯号

指标名称	2023年												2024年		
	1月	2月	3月	4月	5月	6月	7月	8月	9月	10月	11月	12月	1月	2月	3月
货运量	※	☀	⊙	○	○	◎	◎	※	※	○	○	⊙	☀	※	※
港口集装箱吞吐量	※	☀	○	○	○	◎	※	※	◎	◎	※	※	☀	※	○
机场旅客吞吐量	☀	☀	☀	☀	☀	☀	☀	☀	☀	☀	☀	☀	☀	☀	☀
社会消费品零售总额	※	◎	☀	☀	☀	☀	☀	☀	☀	☀	☀	⊙	☀	※	
城市居民消费价格指数	○	◎	◎	※	※	※	※	※	※	※	※	※	※	◎	※
商品进口总值	※	☀	○	※	※	※	※	※	※	※	※	※	※	※	※
商品出口总值	※	☀	☀	☀	☀	☀	⊙	☀	☀	☀	☀	☀	☀	※	※
城市接待过夜旅游人数	☀	☀	☀	☀	☀	☀	☀	☀	☀	☀	☀	☀	☀	○	☀

续表

指标名称	2023 年												2024 年		
	1月	2月	3月	4月	5月	6月	7月	8月	9月	10月	11月	12月	1月	2月	3月
国际旅游消费	☀	☀	☀	☀	☀	☀	☀	☀	☀	☀	☀	☀	☀	☀	☀
总体评价　灯号	○	⊙	⊙	⊙	⊙	○	○	○	○	○	○	⊙	○	○	○
总指数	48	75	80	73	70	53	50	58	53	53	55	65	70	58	45

注：☀表示过热，⊙表示偏热，○表示正常，◎表示偏冷，※表示过冷。
资料来源：原始数据来自广州市统计局提供的广州市宏观经济数据库进度报表。

（三）广州商贸业主要指标预测

本文每年都会对社会消费品零售总额和商品进出口总值的年度增速进行预测，据此对广州内贸和外贸前景进行展望性推测。

1. 上年预测结果回顾

上年报告预测：2023 年，广州商贸业景气度将稳步回升，消费有望实现较快增长，外贸保持平稳增长，社会消费品零售总额增长 7.0%，商品进出口总值增长 3.0%。从 2023 年广州商贸业实际运行情况看，内贸和外贸都实现了正增长，社会消费品零售总额增长 6.7%，商品进出口总值增长 0.1%。可见，上年报告对广州商贸业整体运行态势的预测较为准确，准确预测了内贸和外贸都将实现正增长，而且内贸增长快于外贸；社会消费品零售总额增速的预测误差仅为 0.3 个百分点，商品进口总值增速的预测误差为 2.9 个百分点，后者的预测误差较大，主要是因为现实中商品进出口波动较大，因此对商品进出口的预测应更加谨慎。

2. 方法和数据说明

本文采用建模预测和经验分析相结合的方法，对 2024 年广州市社会消费品零售总额和商品进出口总值的增长速度进行预测。首先，建立 ARMA 模型进行预测，主要操作步骤包括时间序列整理、平稳性检验、模型识别、参数估计、模型诊断、数值预测等；其次，利用经验分析多种因素，主要分析因素包括广州商贸业发展环境、专家和商贸业主管部门的预测、政府工作报告或工作计划设定的增长目标等；最后，结合模型预测结果和经验分析结果进行综合研判，分析二者在增速符号和大小上是否相互支持，并据此进一步深入分析或改进模型，以提高预测的科学性和准确性，避免过于依赖模型或经验导致较大的预测偏误。

本文使用月度时间序列数据来构建 ARMA 模型，包括 2015 年 1 月至 2024 年 3 月广州社会消费品零售总额、商品进口总值和商品出口总值的各月同比增长率，数据来源于广州市统计局公布的进度报表。之所以选择指标的同比增长率而非指标的绝对值来建模预测，是因为建立 ARMA 模型必须使用平稳时间序列数据，而同比增长率序列数据一般没有持续上升或下降的趋势，不受季节性因素影响，且自相关性较弱，往往不必进行差分等特殊处理就是平稳时间序列，这就为建模带来了较大便利。

3. 模型构建及预测

（1）平稳性检验

构建 ARMA 模型首先需要检验所使用时间序列数据的平稳性，本文用扩展的 Dickey-Fuller 检验（Augmented Dickey-Fuller Test）方法进行平稳性检验。假设检验结果如表 8 所示，三个增长率时间序列的检验统计量都很显著，因此有较大把握拒绝序列非平稳或存在单位根的原假设，可以当作平稳时间序列建立 ARMA 模型。

表 8　平稳性检验结果

时间序列名称	t 统计量值	Prob.
社会消费品零售总额同比增长率	−5.2665	0.0000
商品进口总值同比增长率	−4.2506	0.0009
商品出口总值同比增长率	−7.1320	0.0000

注：检验模型中包括常数项。

（2）模型识别

本文通过分析自相关图和偏自相关图，对 ARMA (p, q) 模型自回归和移动平均的阶数进行识别，即确定 p 和 q 的数值。以社会消费品零售总额同比增长率序列为例，自相关函数和偏自相关函数都呈现明显的截尾特征，滞后 2 阶以上的自相关函数和滞后 1 阶以上的偏自相关函数基本处在平稳区间，只有 11 阶和 12 阶等少数滞后项的自相关函数超出了平稳区间，因此 p 和 q 的取值分别为 1 和 2。采用类似的识别方法，可以得到商品进口总值同比增长率和商品出口总值同比增长率 ARMA 模型的识别结果（见表9）。

表9　ARMA 模型的识别结果

建模所使用的时间序列	$ARMA(p,q)$ 模型
社会消费品零售总额同比增长率	$ARMA(1,2)$
商品进口总值同比增长率	$ARMA(2,3)$
商品出口总值同比增长率	$ARMA(1,1)$

（3）模型估计与诊断

通过分析自相关和偏自相关特点可以看出，用于建模的三个同比增长率序列都存在显著的 12 阶负相关，意味着某个月份同比增长率较高（或较低），下一年相同月份的同比增长率倾向于较低（或较高），因此应把 AR（12）或 MA（12）项作为解释变量引入模型中。社会消费品零售总额同比增长率和商品出口总值同比增长率序列还存在较为明显的 11 阶负相关，于是也把 AR（11）或 MA（11）项引入模型中。使用 OLS 方法进行估计，从模型中剔除系数不显著的解释变量，可以得到预测模型的最终估计结果（见表10），模型的系数估计值都很显著，符合平稳性和可逆性条件，误差项也通过了诊断检验，表明三个模型都是合理设定的。

表10　预测模型的估计结果

被预测变量(y_t)	预测模型
社会消费品零售总额同比增长率	$y_t = 0.0483 + 0.4798\, y_{t-1} + \varepsilon_t - 0.3243\, \varepsilon_{t-11} - 0.6212\, \varepsilon_{t-12}$
商品进口总值同比增长率	$y_t = 0.0536 + 0.4349\, y_{t-1} + 0.2557\, y_{t-2} + \varepsilon_t - 0.2718\, \varepsilon_{t-1} + 0.1240\, \varepsilon_{t-3} - 0.6705\, \varepsilon_{t-12}$
商品出口总值同比增长率	$y_t = 0.0601 + 0.3032\, y_{t-1} + \varepsilon_t - 0.0886\, \varepsilon_{t-11} - 0.8461\, \varepsilon_{t-12}$

注：预测模型中，y 为要预测的变量，ε 为误差项，t 表示第 t 个月。

（4）模型预测结果

使用上述三个 ARMA 模型进行预测，可以得到 2024 年各月社会消费品零售总额、商品进口总值和商品出口总值同比增长率的预测值（见图 6、图 7 和图 8），据此可以计算全年增长率的预测值。根据模型预测和计算结果，预计 2024 年广州市社会消费品零售总额增长 4.8%，商品进出口总值增长 2.6%，其中进口增长 9.8%、出口增长-2.2%。

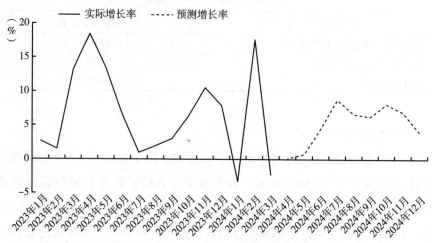

图 6　2023~2024 年各月广州市社会消费品零售总额同比增长率及预测值

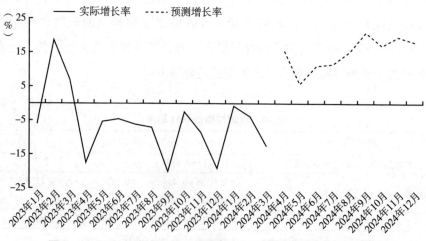

图 7　2023~2024 年各月广州市商品进口总值同比增长率及预测值

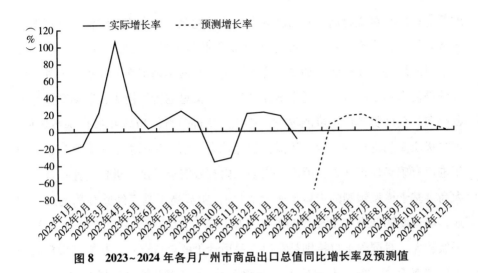

图8　2023~2024年各月广州市商品出口总值同比增长率及预测值

4.综合研判与预测结果

目前国家正在实施扩大内需战略，将恢复和扩大消费放在优先位置，中央和地方政府已经出台了一系列促消费政策，有效提振了市场信心、释放了消费潜力。可以预见，未来会有更多的促消费政策落地生效，有利于消费持续扩大的政策环境将更加完善。同时，随着国内经济稳步复苏，经济增长预期转好，将为消费持续扩大提供有利的经济条件。2023年广州市消费市场稳步恢复回暖，社会消费品零售总额实现了较快增长，同比增长6.7%，高于全省平均水平。考虑到2023年被疫情抑制的消费需求已经基本释放，2024年社会消费品零售总额增速难以超过2023年，但在有利的环境下也不会大幅低于2023年。根据建模预测的结果，2024年广州市社会消费品零售总额增速为4.8%，可见基于模型的预测结果与基于经验分析的预测结果基本上能够相互支持。综合来看，预计2024年广州社会消费品零售总额增速为6.0%，略低于2023年的增速，高于模型预测增速。

2024年广州外贸发展具备不少有利条件。例如，当前我国正在深入实施自贸试验区提升战略，全面对接国际高标准经贸规则，稳步推进高水平制度型开放，有利于广州更高水平参与国际合作与竞争；我国继续推动共建"一带一路"高质量发展，有利于广州发展与共建"一带一路"国家和地区的贸易；广州跨境电商等贸易新业态发展领跑全国，有望继续保持高速增长态势。同时，广州外贸也面临一些挑战和不利因素。例如，2024年世界经济很可能维持低迷态势，加之世界经济前景充满不确定性，导致广州外贸面临外部需求不足的挑战；逆全球化和保护主义思潮持续抬头，贸易摩擦呈加剧趋向，全球贸易环境可能进一步恶化。从进口看，2023年进口基数较低，加之优质商品进口的国内市场潜力仍然较大，以及我国主动扩大进口，2024年进口有望实现正增长，但由于当前国内有效需求不足，进口增速估计不会太高。基于模型预测的进口增速为9.8%，明显高于基于经验预测的进口增速，应适度调低进口增速预测值。从出口看，2024年人民币汇率贬值压力仍然较大，对国内出口特别是对以人民币计价的出口有利。基于模型预测的出口增速为-2.2%，表明从出口变化趋势看，2024年出口增长可能放缓，甚至录得负增长。综合来看，预计2024年广州外贸保持平稳增长态势，商品进出口总值增速为2.6%，其中，进口增速为5.0%、出口增速为1.0%。

表11　2024年广州市社会消费品零售总额、商品进出口总值增速预测

单位：%

指标名称	2023年实际增长率	2024年预测增长率
社会消费品零售总额	6.7	6.0
商品进出口总值	0.1	2.6
商品进口总值	-7.2	5.0
商品出口总值	5.8	1.0

四　推动广州国际商贸中心高质量发展的对策建议

（一）汇聚全球消费资源，加快国际消费中心城市建设

1.强化世界级消费载体及平台建设

构建分层分类和业态互补的城市商圈发展格局。推进天河路—珠江新

城、北京路—海珠广场等重点商圈品质化发展，着力建设国际知名商圈。加快推动万象城、SKP、太古里等地标性商业综合体落户广州，集聚全球优质消费品牌，打造广州城市消费新名片和粤港澳大湾区高端时尚消费新地标。依托交通枢纽建设全业态。以广州北站、广州南站交通枢纽为依托，打造全业态体验型枢纽型商业综合体，创建具有广州特色的商业名片。加强交通枢纽商圈与周边公共空间、消费资源互动，促进商圈与市内交通、公共服务资源有效衔接，实现商圈与城市中心区、郊区新城、重点功能区、社区居民消费需求协同发展。推动传统商圈转型发展，打造一批广州特色大型商业文化项目，推动服装、皮具、珠宝等专业市场转型升级为国际时尚旅游消费集聚区，建设以美妆、医美、大健康为主要内容的国际美妆健康旅游消费集聚区。

2.打造特色鲜明的新消费IP

打造特色鲜明的广州十大消费IP，把国际购物节、直播电商节、时尚消费节等品牌活动"串珠成链""集链成群"。打造"必玩必吃必购"榜单，进一步促进餐饮、住宿等消费回升。充分发挥广交会等会展平台、江南市场等市场平台、唯品会等电商平台、综合保税区和全球优品集散中心等载体的功能作用，不断强化广州消费品进口和集散枢纽地位。鼓励长隆欢乐世界、正佳极地海洋世界、融创乐园等游乐园引进专业运作团队，围绕冰雪、海洋、水上运动、亲子等主题深入挖掘IP价值，打造特色鲜明的文旅产品。持续策划"爆款"事件，发挥广交会、广州马拉松等节展赛会桥梁纽带作用，围绕美食、旅游、会展、枢纽免税商店等主题策划"广府美食纳百川，岭南佳肴迎天下""冬暖花开，锦绣南国""中国会展第一城""国际枢纽，世界驿站"等一系列重大宣传活动。大力支持国内外知名品牌在广州设立全球性、全国性或区域性品牌首店、旗舰店，吸引一批国际高端知名品牌、原创设计师品牌等在穗首发和同步上市新品。制定广州重点消费领域或行业品牌创优计划，重点是纺织服装、美妆日化、箱包皮具等优势领域，培育全球性品牌。打造全球"定制之都"的城市IP，发展行业大数据、用户直连制造（C2M）、智能供应链等服务新模式，鼓励电商平台运用大数据发展反向定制，支持定制产业展会发展，擦亮广州全球"定制之都"品牌。

3. 加快形成国际化多元消费供给体系

提升广州消费中心国际知名度及其对国际消费人群的吸引力，拓展商务、会展和旅游的国际客源，积极申请世界性、全国性的公务、商务活动承办权，培育和吸引更多国际性展览落地。打造多个"产业+商贸"型特色消费旅游景区，加快推进南沙国际邮轮母港投入运营，持续打造"花城看花、广州过年"品牌。积极争取市内免税店试点，吸引更多运营主体来穗开展免税业务，申请扩大免税店商品覆盖范围，持续提高免税商品范围和免税购买件数、免税额度、单品免税额度，不断挖掘枢纽免税消费潜力，将广州每年千万级的出入境人流、百万级的展会人流转换为消费流。壮大钻级酒家、米其林、黑珍珠等餐厅规模，支持本地企业"走出去"，培育一批全国性、国际性餐饮集团。创设文商旅体服消费场景，对老字号、传统产业与非遗精粹进行维育、展示和创新转化，将岭南文化、广府文化、百年花市、粤式餐饮等传统文化元素与新空间、新产业、新节事深度融合，打造融合历史、文化、餐饮、消费、旅游特色的城市网红品牌。营造引领潮流的全球活力新场景，支持 VR/AR、数字化、元宇宙、智慧零售等新科技在各大商圈、文旅街区精准应用，充分运用新设计、新技术、新模式，持续培育一批彰显全球活力的新消费、新休闲、新产业"网红"场景。

4. 推动服务消费提质扩容

进一步擦亮"花城""食在广州""珠江画廊""千年商都""海上丝路""革命之都"等城市名片，打造世界级旅游目的地。支持各类演出演艺业态高质量发展。发展休闲度假旅游，培育邮轮、游艇、低空等旅游业态。扶持一批粤菜餐厅传承弘扬粤菜文化，不断扩大米其林、黑珍珠餐厅的数量。充分发挥广州医疗资源优势，支持社会力量提供多层次多样化医疗健康服务，发展医美、康养、健康体检和咨询等服务业态，打造国际"医养高地"。促进养老服务供给品质化精细化发展，拓展老龄旅游、老年健康、老年教育等新型消费业态。建立健全普惠托育服务体系，积极推进婴幼儿照护服务示范城市建设。完善家政服务标准体系，促进家政服务业专业化、规模化、网络化、规范化发展，鼓励发展家庭管家等高端家政服务。培育"互联网+服务"新模式，发展线上医疗、线上健身、线上娱乐、线上赛事、线上学习、线上办公等新型服务业态。培育生活性服务新业态新模式，支持建设运营家政、养老、托幼等民生领域的在线服务平台。推动人工智能示范应用，发展智慧超市、智慧商店、智慧餐厅等新零售业态，鼓励发展智慧家居、智慧医疗、智慧看护、智慧出行等新型服务业态。

（二）做强贸易新业态，推动外贸高质量发展

1.打造优势出口产业集群

持续加大招商引资力度，大力引进高端制造等外向型产业。围绕产业链布局贸易链，推动新一代信息技术、智能网联与新能源汽车、生物医药和健康、新能源与节能环保、新材料与精细化工等"3+5"战略性新兴产业集群开拓国际市场。加快纺织服装、美妆日化、定制家居等都市消费工业转型，培育千亿级传统特色出口产业。依托南沙沙仔岛建设汽车国际贸易中心，推动引进汽车进口贸易总部，完善海外营销和售后服务网络。打造华南地区中国汽车滚装出口基地，扩大汽车特别是新能源汽车出口规模，提升沙仔岛百万台级滚装汽车能力。支持黄埔区生物医药产业申报第三批中央提质增效项目，推动生物医药产业进出口提升能级，实现高质量对外开放。

2.培育壮大外贸新业态

推动服务贸易创新发展，深入推进服务业扩大开放综合试点、全面深化服务贸易创新发展试点，争取新获批国家级特色服务出口基地。做大做强跨境电商、保税物流，继续拓展市场采购贸易试点集聚区，培育预包装食品、化妆品等新增长点。建设跨境电商国际枢纽城市，打造全球跨境电商卖家服务中心、超级供应链中心、生态创新服务中心。推动专业化外贸综合服务企业集聚美妆、摩配、箱包、灯光音响等传统优势产业，通过"跨境电商+市场采购+产业带"模式实现"广货广出"。支持跨境电商企业租赁海关特殊监管区域仓库开展业务和扩大海外仓布局。扩大石油和天然气进口，建设国

际保税燃料加注中心，支持获得保税燃油加注资质企业和开展保税液化天然气（LNG）加注业务企业，争取扩大保税维修和再制造产品目录。推动汽车贸易全产业链发展，推动黄埔区汽车平行进口试点工作落地实施。建设二手车出口试点"广州样本"，出口规模逐年上台阶。

3. 加快数字贸易创新发展

强化顶层设计，落实支持数字贸易创新发展有关政策措施。充分发挥中央外经贸提质增效示范项目、中央外经贸发展专项资金（促进外贸转型升级事项）、省级促进经济高质量发展专项资金（全球贸易数字化领航区事项）等中央和省级资金效用，积极吸引社会资本，支持贸易数字化平台建设和贸易主体数字化转型。打造软件与信息服务、数字内容、数字平台、跨境电商、数据服务等贸易数字化优势领域。加快建设国家数字服务出口基地，在引导传统产业数字化、智能化转型过程中，促进数字技术向社会和经济各领域渗透，推进数字技术、应用场景和商业模式融合创新，加快贸易方式和贸易对象数字化发展。推动数据安全有序流动，加快建设南沙（粤港澳）数据服务试验区。加快建设新兴数字基础设施，在考虑碳达峰碳中和约束的情况下推进5G建设与数据中心建设。

4. 强化贸易平台载体赋能

提升广州南沙、黄埔进口贸易促进创新示范区能级，加快打造南沙国际汽车贸易综合服务枢纽、全球优品分拨中心、冷链物流分拨中心、全球飞机融资租赁中心、湾区粮食分拨中心、美食美酒分拨中心六大百亿级进口平台，推动培育黄埔进口示范区重点平台。高标准建设好广州知识城综合保税区，进一步提升广州综合保税区发展能级。扩大电子信息、汽车、有色金属等重点品类进口，支持南沙资源、能源、粮食等战略物资扩大进口。用好3个国家级开发区、3个综合保税区、9个国家级外贸转型基地的集聚效应，加强与海合会及阿拉伯国家贸易合作，扩大原油、天然气、农食等产品进口。完善外贸公共服务平台建设，加强对重点市场相关法律、准入政策、技术法规、市场信息等的收集发布。提升中欧班列开行频次运力。

（三）推动电商聚势赋能，大力建设"数字商都"

1. 加快建设"跨境电商国际枢纽城市"

着力构建主体高度集聚、要素高效创新、产业生态完善的跨境电商综合性功能枢纽，加快广州跨境电商国际枢纽城市建设。大力吸引国际跨境电商平台、知名独立站、品牌电商企业及综合配套服务商等各类主体落户，鼓励跨境电商龙头企业在穗设立跨国公司地区总部、贸易型总部和民营企业总部。培育、吸引一批专业服务机构，持续提升运营、物流、营销、结算、融资等服务水平，形成安全稳定、高效便利、有序竞争的跨境电商供应链体系。加强政策、技术、模式、人才等要素创新，探索新业态新模式，提升创新服务水平，赋能企业创新发展，构建跨境电商发展创新生态。提升跨境电商公共服务平台能级，优化通关、税务、外汇等监管服务，打造国际一流的跨境电商营商环境。聚力打造以全球跨境电商"三中心"为核心支撑的产业公共服务体系，着力打造跨境电商全生态链共享平台。深化"跨境电商+产业带+全托管"模式，以数字化将分散的中小型企业整合成敏捷反应的柔性供应链，逐步在海外建立私域流量，推动"品牌出海"。充分发挥广交会溢出效应，鼓励跨境电商企业、跨境进口电商联盟主动对接广交会，支持广交会展品通过跨境电商渠道实现"展转跨"。

2. 聚力打造"直播电商之都"

推动"直播+"模式在广州集聚发展，积极参与全国双品网购节，高水平办好直播电商节、网购节等活动，推动直播电商"个十百千万工程"，全力打造"直播电商之都"，增强广州作为直播电商新策源地的话语权。发挥广州电子商务发展的规模效应和创新示范作用，形成与实体经济发展良性互动机制，打造一批有特色、有亮点、有知名度、附加值高的直播电商产品与服务内容，形成一批在全国具有行业引领作用的直播电商平台。充分依托现有批发市场流通优势和产业基地生产优势，促进时尚产业与直播深度融合发展，支持品牌企业、实体店铺、展示中心、工厂仓库等建立选品中心，通过自播业务密切关注市场热点需求，打造直播爆款产品，带动和扩大销售规模。大力培育 MCN 机构，形成规模集聚效应。重视发展直播电商产业链中的数据营销服务商、供应链服务商、综合技术解决方案提供商等专业服务机构，完善直播电商行业生态体系。支持直播平台、MCN 机构、直播电商运营服务商及内容策划、广告营销、产品供应链企业加强资源整合，加强供应链数字化全生态建设。支持跨境电商叠加直播电商，探索"跨境电商+直播+产业带"，打造享誉全球的新电商之都。支持"直播+国潮""直播+老字号""直播+文创"等创新模式的发展，丰富以国风国潮、非遗文创等为代表的数字消费品类，打造一批具有广州文化 IP 的直播品牌。

3. 充分利用数字技术赋能电子商务高质量发展

基于广州超大规模市场优势和应用场景，充分发挥数字对产业发展的赋能作用，推动 5G、大数据、物联网、人工智能、区块链、VR/AR 等新一代信息技术在传统电子商务领域的集成创新和融合应用。加快传统粤菜、"老字号"美食的线上经营，推动支付平台、金融机构、餐饮电商和其他专业机构对餐饮企业的数字化赋能，为餐饮企业提供集收银、营销、运营分析、风险管理等于一体的数字化工具，探索网络直播与餐饮融合发展新模式，打造"线上美食之都"。推进商圈"智慧化"建设，借助 5G、大数据、人工智能等新技术，打造包括数字化景观展示、沉浸式体验、智能支付和智能停车等环节在内的全套智慧消费生态体系。支持中国移动打造"广州 5G 智慧商贸平台"，构建有温度、会感知的智能商贸生态体系，优化网络市场营商环境。瞄准区块链、大数据、元宇宙等数字产业发展方向，引进培育一批数字经济独角兽、"专精特新"、"隐形冠军"、科技小巨人等企业，以点带面吸引更多高品质的电商企业落户。

（四）紧盯品牌化国际化数字化，推进国际会展之都建设

1. 全面提升展会能级水平

着力提升广交会辐射影响力。从规划扩建、合作共建、要素供给、功能配套、宣传推广等方面进一步提升广交会属地服务保障质效；争取商务部、中国对外贸易中心支持，有针对性地举办招商投资促进活动，丰富广交会投资促进功能。推动品牌展会项目做精做强。支持家博会、建博会、美博会、照明展等规模居全球同行业首位的展会进一步创新业态、创新服务、提升品质；支持酒店用品、灯光音响、游艺设备、礼品与工艺品、时尚设计、汽车及零部件、印刷包装等规模居全国前列的展会，进一步提高对内对外辐射能力，努力办成具有国际领先水平的顶流展会。着力引进外资会展企业和机构。精准施策，着力引进外资会展企业在穗设立法人企业和举办国际化会展项目；积极开展与国际展览业协会（UFI）、国际展览与项目协会（IAEE）和国际大会及会议协会（ICCA）等国际组织的合作，充分发挥广州国际会议展览业协会等行业组织作用，支持举办国际组织年会、全国性行业组织年会等具有行业影响力的国际会议和活动，吸引更多国际知名品牌展会和高端国际会议落户广州。

2. 加快会展数字化升级

推动琶洲地区"数字+总部+会展"创新高地建设。充分发挥腾讯、阿里巴巴、唯品会、小米、科大讯飞等一批数字经济龙头企业的辐射带动作用，聚焦智慧会展和数字经济，将琶洲地区打造成智慧会展产业创新区、融合发展区，形成全球智慧会展产业聚集核。强化数字经济对会展经济产业链高效协同的促进作用，推动线下场景延续扩展、线上线下互动有机结合，推动实体展会从服务体系、组织形态、体验场景到后台管理、发展理念、商业模式的全方位变革突破。充分运用人工智能、云计算、大数据等技术，支持会展企业开发应用会展新场景、新模式，增强品牌展会的线下功能和数字化服务能力，打造一批带动力强、知名度高的双线展会。鼓励展览场馆大力推进智慧场馆建设，通过数字化手段整合资源，提高展会技术水平、服务功能和风险防范能力。加强会展行业大数据平台建设，依托平台汇聚会展经济相关数据，推动数据流动和有序使用，加强数据在推动会展人流、物流、信息流有序对接中的资源配置作用。支持本土展会数字化服务企业做大做强，支持会展企业提升数据收集统计和分析能力，应用大数据、人工智能开发数字营销工具，打通参展商和采购商信息壁垒，提升展会引流和配对效率，促进展会的贸易转化。

3.扩大会展经济综合带动效应

一是推动展会与实体产业协同发展。聚焦新一代信息技术、生物医药与健康、智能与新能源汽车等三大先导产业及智能装备与机器人等五大新兴产业和未来前沿产业，抢占数字经济、绿色低碳等产业新赛道和未来健康、未来智能等未来产业布局；梳理广州市现有本土品牌展会，制定广州市重点发展的产业链牵头部门、链主企业重点支持的展会清单，实行"一产业链一展会"，支持广州市重点发展产业领域专业展会做大做强做优，推动国际合作交流，拓展产业发展空间的科技创新功能和产业引领功能，实现展会和产业互促共进。二是加强会商旅文体联动。倡议和鼓励组织市内消费场所、景区、航空公司、地铁、公交推出大型展会客商专属消费优惠措施。提升广州马拉松等体育赛事影响力，打造一批会商旅文体联动项目，用好各类对外交流渠道加强联合宣传推广，促进展览、会议、旅游、文化、体育等各产业联动发展。

（五）加快广州专业市场转型升级，增强全球采购中心功能

1.加快专业市场向数字化转型升级

提升批发市场管理运营智慧化水平。加快实体批发市场智慧化改造，推动5G、大数据、物联网、人工智能、区块链、VR/AR等新一代数字技术在批发领域的集成创新和融合应用，提升批发市场网络化、数字化、智能化水平。积极发展数字批发新业态新模式。鼓励广州批发市场、批发商积极尝试批发新业态新模式，加强市场及其所属产业与产业互联网、消费互联网的融合，推动网络批发、社交电商、直播电商、内容电商、云展会、跨境电商等新业态新模式创新发展。推动批发市场向供应链综合服务平台转型。充分发挥广州批发市场发展基础及粤港澳大湾区产业链供应链优势，从研发设计、原材料采购、市场营销、工厂制造等全产业链考虑，做好流通平台的嫁接，鼓励广州批发市场向供应链综合服务平台转型，打造一批集研发设计、线上线下交易、知识产权服务、外贸服务、融资服务等多功能服务于一体的产业链综合服务平台。加快建设智慧物流，推动仓储、运输、分

拣、包装、配送等物流设施设备信息化、智能化改造，推动商流物流分离。推动批发数字化与生产智造化联动发展。支持发展网络智能定制，通过广州批发市场引导供应链上游制造企业对接用户个性化需求，发展"以销定产"、个性定制、柔性生产、C2M等新模式。推动产业链上游生产企业探索"数字工厂""智慧工厂"建设，提高供销对接和货物流通周转效率，减少库存积压等风险。

2. 促进专业市场展贸化、品牌化、时尚化、国际化转型

在构建全国统一大市场背景下，以产业链和供应链为切入点，继续发挥好政府公共服务平台及有关行业协会的桥梁纽带作用，支持广州专业市场由传统的批发贸易功能向研发设计、贸易展览、品牌孵化、时尚发布、知识产权、检验检测、出口贸易等服务功能拓展，促进专业市场向产业链综合服务平台转变，推动市场所属行业高质量发展。鼓励批发市场展贸化发展，促进批发市场硬件配套设施升级和空间优化，推动城市更新与优势专业市场集群协同互促，在城市更新中促进专业市场所属产业的商脉延续和产业聚合。鼓励和支持批发市场定期或不定期举行各类展销等活动，支持市场用好广交会平台，举办专业性展会、策划开展采购节等系列活动，形成"以会展带动市场商业运营"的经济模式。鼓励专业市场引入自主品牌，优化商户结构，引进品牌厂商、代理商，引导市场商户打造自主品牌。引导与支持批发商户开展研发、设计活动，促进传统市场向创客空间、创业孵化器等运营模式转型升级。支持专业市场培育引入时尚企业，持续鼓励举办时尚产业大会、时尚消费节等大型产业活动及市场特色品牌活动，发布时尚趋势，提高行业引领力和影响力。支持专业市场内外贸融合发展，在现有1个国家市场采购贸易试点和5个广州市市场采购贸易集群拓展试点的基础上，持续开展市场采购贸易集聚区拓展工作，推广市场采购贸易方式，引导重点专业市场参与市场采购贸易，促进专业市场内外贸一体化发展。

3. 提升大宗商品交易市场的影响力

充分发挥广州期货交易所的龙头带动作用，不断丰富完善产品体系，建设期货特色楼宇、期货产业园，吸引期货市场主体，聚集一批国际知名的银行、基金、期货公司，延伸期货产业链，完善期现货交易市场体系，提升期现货价格影响力。围绕广州期货交易所拟上市重点期货交易品种及工程塑料、粮食、钢铁等重点品种，推动建设大宗商品交易集散地和大宗商品产业集散区，打造南沙自由贸易港大宗商品交易中心，加速集聚更多贸易主体，拓展电子交易、质检、信息、金融等生产服务功能，推动期现货联动市场体系建设。依托广州特色、优势产业，推动现有大宗商品交易市场转型升级，在塑料、木材、皮革皮具、钻石、有色金属等大宗商品领域，培育一批交易额达百亿级、千亿级的重点交易平台，鼓励有条件的专业市场建设大宗商品区域交易中心，不断增强广州大宗商品交易市场影响力，提升广州全球定价中心地位。

（六）打造世界级航空航运枢纽，构建全球重要综合交通枢纽

1.打造全球领先的国际航空枢纽

一是全面提升国际航空枢纽能级，构建以白云国际机场为中心，以珠三角枢纽（广州新）机场、广州货运机场为辅，以南沙、黄埔、从化等通用机场为补充的"1+2+N"多机场体系。提升"广州之路"辐射广度和深度，加快机场主体与集疏运设施建设，拓展国际航空航线网络，打造全球"12小时航空交通圈"。提升中转服务能力，发展通程联运，优化航空中转网络品质。二是构建高效便捷的多层次空铁联运系统。完善以白云国际机场为中心的综合交通体系，加强空铁联运，形成机场30分钟直达中心城区、1小时通达珠三角其他城市中心城区、3小时联通泛珠三角城市的快速通达圈。推进T3航站楼综合交通中心建设，贯通机场与高铁、城际铁路、地铁联系，实现与珠三角枢纽（广州新）机场高铁互联。建设白云国际机场至广州北站快速轨道交通，增强机场对泛珠三角的辐射能力。完善机场周边快速路与主要市政干道的交通网络，畅通机场进出通道。三是加快推进广州临空经济示范区建设。完善白云国际机场与广州临空经济示范区协同发展机制，打造广州空铁融合经济示范区。高标准建设空港中央

商务区、粤港澳大湾区跨境电商国际枢纽港。加快白云国际机场综合保税区建设。

2. 加快广州国际航运枢纽建设

一是全面提升广州国际航运枢纽能级，构建以南沙港区为核心、以新沙港区为重点、以其他港区为补充的多港口体系。二是进一步提升广州港的综合通过能力。加快南沙港五期、国际通用码头、国际海铁联运码头及20万吨级集装箱出海航道等设施建设，推动港口腹地向内陆延伸。优化广州港口客货功能布局，分离港口的客货功能，提升南沙港区、新沙港区、黄埔新港货运集聚功能；实施广州港航道扩建工程，提升航道、锚地适应能力和大型运输船舶停泊能力；完善港口集疏运体系，联通湘赣黔桂、滇川渝和非洲、东南亚、地中海等，拓展港口腹地。三是深化广州港与其他港口及组织的航运合作。协同广州与珠江两岸港口发展，联合打造粤港澳大湾区世界级港口群；加强广州与国际港口协会等的合作。四是完善广州港航运综合服务体系。构建航运服务平台，支持港航企业信息互通；完善现代航运服务体系，支持专业特色航运物流公司、现代航运服务企业及机构的发展；健全船舶调度管理机制，提升船舶进出港调度能力。

3. 推进广州国际供应链组织管理中心建设

一是加强区域辐射，形成国家供应链中心节点。充分发挥广州综合交通枢纽功能，依托京广、贵广、南广等铁路和珠江—西江黄金水道等重要物流通道，强化与京津冀、长三角、成渝等国家重点区域的战略对接，加强与海南自由贸易港等重要国际贸易枢纽联动，构建更广范围的功能互补、链条衔接、梯度发展的供应链体系。二是深化全球市场，打造国际供应链组织管理中心。抢抓RCEP机遇，加快经贸规则对接，深化与东南亚、中东欧、非洲等地区共建"一带一路"国家的供应链合作对接。支持物流与供应链管理服务企业在全球开展业务，鼓励有条件的本地企业"走出去"建设商品集散中心、品牌连锁店、海外仓、产业园区及经济合作区等，扩大海外市场，优化供应链组织布局，加强供应商赋能与品牌输出。三是合作建设供应链协同平台，增强全球供应链协同能力。加快建设全国供应链创新试点城市，吸

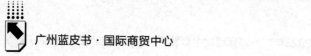

引供应链总部企业落户广州。引导龙头企业培育全球采购配送服务商，提升全球资源配置能力。构建"5+10+N"供应链物流枢纽体系，充分衔接物流设施与产业集群，形成"1+5+6+4"产业链供应链布局体系，加快产业物流融合发展。

扩大消费篇

B.2

2023年广州市居民消费情况问卷调查
分析报告[*]

何 江 张小英[**]

摘 要: 消费是我国经济增长的重要引擎和畅通国内大循环的关键环节,也是人民对美好生活需要的直接体现。自2023年以来,广州市居民消费有所恢复,但恢复情况不及预期,同时广州市居民在消费观念、消费内容、消费方式、消费场景等方面呈现一些新特征新趋势。当前广州市扩大居民消费面临一些问题与挑战:从需求侧来看,居民消费信心和消费意愿较弱;从供给侧来看,生活服务供给、知名品牌数量、商圈建设水平等方面的居民满意度不高;从环境侧来看,交通条件和消费者权益保护仍有待完善。今后广州市应把恢复和扩大消费放在优先位置,把握居民消费新特征新趋势,需求侧、供给侧和环境侧"三侧"并举,推动广州市居民消费从疫后恢复转向

---

* 本报告系广东省哲学社会科学规划2022年度一般项目"COVID-19疫情影响下广东省商业业态时空变化及优化策略研究"(项目编号: GD22CYJ05)阶段性成果之一。

** 何江,广州市社会科学院国际商贸研究所所长;张小英,广州市社会科学院国际商贸研究所副所长。

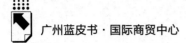
持续扩大：一是稳步提高居民收入及增长预期，二是加大保障性住房建设和供给力度，三是推动服务消费提质扩容，四是聚焦品质化特色化数字化城市商圈建设，五是加快推进一刻钟便民生活圈建设，六是塑造多元化高品质消费场景，七是营造安全、放心、舒适、便利的消费环境。

关键词： 扩大消费　国际消费中心　消费新趋势　服务消费

近年来党中央高度重视恢复和扩大消费。2022 年 12 月 15 日，习近平总书记在中央经济工作会议上指出，总需求不足是当前经济运行面临的突出矛盾，必须大力实施扩大内需战略，把恢复和扩大消费摆在优先位置。①2023 年 7 月 24 日，中共中央政治局会议强调，要积极扩大国内需求，发挥消费拉动经济增长的基础性作用。目前，广州市面临经济增长放缓的压力，需要更好地发挥消费对经济增长的拉动作用。而且广州市是"千年商都"，作为我国率先开展国际消费中心城市培育建设的 5 个试点城市之一，理应在恢复和扩大消费上走在前列、做好示范。因此，当前及未来较长时期促进居民消费较快增长，为广州市经济高质量发展注入新动力具有十分重要的意义。

一　问卷调查情况简介

近期广州市社会科学院课题组开展了"扩大内需背景下广州市居民消费情况"的问卷调查，据此为广州市恢复和扩大消费决策提供依据和参考。问卷调查的主要内容包括广州市居民消费的恢复情况、居民消费的新特点新趋势、居民消费的制约因素、扩大消费面临的问题与挑战，以及居民和商家的政策诉求等。问卷调查采取了电话访谈的方式，从广州市居民电话号码数据库中随机抽取一定数量的电话号码作为样本，以保证抽样的随机性。另

---

① 习近平：《当前经济工作的几个重大问题》，《求是》2023 年第 4 期。

外, 为使样本更好地代表总体, 广州市 11 个区的样本量大致按照各个区常住人口占比来确定。问卷调查共收回有效问卷 1005 份, 表 1 显示了受访者性别、年龄和受教育程度的构成状况。

表 1 受访者性别、年龄和受教育程度的构成

单位: 人, %

	样本数	占比
性别		
男	578	57.5
女	427	42.5
受教育程度		
初中及以下	130	12.9
高中/中专/职高/技校	255	25.4
大专	255	25.4
本科	307	30.5
研究生及以上	52	5.2
其他	6	0.6
出生年代		
"00后"(2000年及以后出生)	68	6.8
"90后"(1990~1999年出生)	258	25.7
"80后"(1980~1989年出生)	348	34.6
"70后"(1970~1979年出生)	205	20.4
"60后"(1960~1969年出生)	72	7.2
"50后"及以前(1959年及以前出生)	54	5.4

二 广州市居民消费的新情况新特征新趋势

(一)居民消费有所恢复, 但恢复情况不及预期

随着我国疫情防控转入新阶段, 经济社会全面恢复常态化运行, 以及一系列促消费政策落地生效, 广州市消费市场稳中有升, 2023 年社会消费品零售总额达 11012.62 亿元, 同比增长 6.7%, 而《广州国际商贸中心发展

报告（2023）》预测2023年广州市社会消费品零售总额增速为7%。课题组原本也预期2023年广州市居民消费会更快恢复，然而本次问卷调查发现居民消费恢复强度并不高。如图1所示，51.9%的受访者家庭消费与疫情期间相比"基本不变"，23.2%的受访者家庭消费有所"增加"（包括"大幅增加"和"略有增加"），24.8%的受访者家庭消费有所"减少"（包括"略有减少"和"大幅减少"）。样本中超过半数的家庭消费维持"基本不变"，而且消费"增加"的家庭略少于消费"减少"的家庭。问卷调查结果显示广州市居民消费恢复情况不及预期，居民消费并未出现普遍的大幅增长。

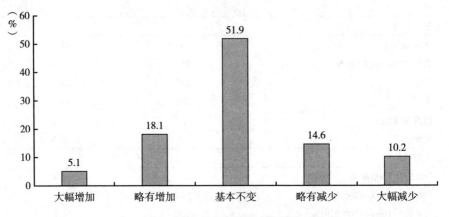

图1　受访者家庭消费变化情况

资料来源：广州市社会科学院课题组开展的"扩大内需背景下广州市居民消费情况"问卷调查结果。

（二）居民消费观念正在转变，更趋理性化、个性化、绿色化、体验化

问卷调查结果显示①：一是92.7%的受访者认为自己的"消费行为比以前更谨慎、更理性了"，表明广州市居民的消费观念是较为理性的，消费者更注重产品的性价比和实用性，而非盲目地追求高端名牌或进行炫耀性消费，这也从

---

① 使用SPSS软件中的交叉表功能进行假设检验，发现不同性别、不同年龄的样本之间，受访者在理性化、个性化、绿色化、体验化方面的选择比例不存在显著差异（0.05的显著性水平）。

侧面反映了当前经济形势下广州居民倾向于选择更为实惠的消费方式。二是60.6%的受访者表示"会优先购买能够突出自己个性的产品",表明大部分广州市居民更加偏好能够彰显个性和满足独特需求的产品或服务,个性化消费正在兴起,定制消费发展前景非常广阔。三是87.0%的受访者表示"会优先考虑购买节能环保产品",表明大多数广州市居民具有较强的绿色环保意识,会主动选择绿色产品和绿色品牌,绿色低碳的生活方式和消费模式越来越深入人心。四是45.5%的受访者表示去商场或购物中心的主要目的是"购物",而以"就餐""休闲娱乐、教育培训、美容健身等"为主要目的的受访者比例达51.9%(见图2)。可见,大部分居民去商场或购物中心不是为了购物,而是为了满足就餐、休闲娱乐、教育培训、美容健身等体验型消费需求。体验型消费难以被线上消费取代,高品质精细化的体验型消费具有较好的发展前景。

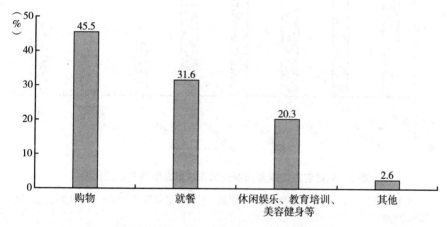

图2　受访者去商场或购物中心的主要目的

资料来源:广州市社会科学院课题组开展的"扩大内需背景下广州市居民消费情况"问卷调查结果。

(三)居民服务消费占比有望上升,教育培训、医疗健康、文化娱乐旅游等服务消费发展潜力较大

当前广州市居民服务消费支出占家庭总消费支出的比重不高。如图3所示，64.5%的受访者家庭服务消费占比在50%及以下，居民家庭服务消费平均占比约为44%，不仅远低于发达国家（发达国家家庭服务消费占比普遍在60%左右，2019年和2022年美国家庭服务消费占比分别为68.9%和67.8%①，2019年和2022年日本家庭服务消费占比分别为60.0%和58.0%②），也显著低于北京市的家庭服务消费占比（2022年北京市的家庭服务消费占比为54.7%③）。近年来我国消费升级的一个突出表现就是服务消费保持较快增长，占总消费支出的比重呈不断上升的趋势，未来这一趋势有望延续。另外，本次问卷调查结果显示，74.3%的受访者认同未来家庭服务消费占比将

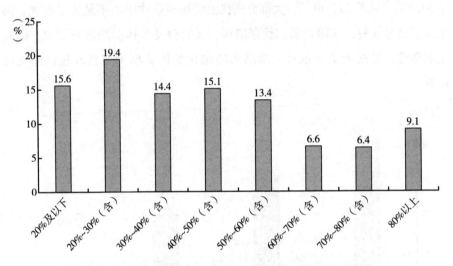

图3　受访者家庭服务消费支出占家庭总消费支出的比例

资料来源：广州市社会科学院课题组开展的"扩大内需背景下广州市居民消费情况"问卷调查结果。

---

① "Personal Consumption Expenditures by Type of Product," https：//apps. bea. gov/iTable/？reqid = 19&step = 2&isuri = 1&categories = survey#eyJhcHBpZCI6MTksInN0ZXBzIjpbMSwyLDNdLCJkYXRhIjpbWyJjYXRlZ29yaWVzIiwiU3VydmV5Il0sWyJOSVBBX1RhYmxlX0xpc3QiLCI3MCJdXX0=.

② "Domestic Final Consumption Expenditure of Households Classified by Type, Gross Fixed Capital Formation Classified by Type and Exports and Imports of Goods and Services," https：//www. esri. cao. go. jp/en/sna/data/sokuhou/files/2023/qe232_ 2/gdemenuea. html.

③ 《北京培育建设国际消费中心城市两周年成效显著》，北京市人民政府网站，2023年7月28日，https：//www. beijing. gov. cn/ywdt/jiedu/zxjd/202307/t20230728_ 3209981. html。

会提高。综上所述，目前广州市居民服务消费占比偏低，今后随着消费升级步伐加快，服务消费有望成为消费增长的重要引擎。

未来教育培训、医疗健康、文化娱乐旅游、餐饮、居住等服务消费具有较大的发展潜力。如图4所示，当被问及"未来您的家庭可能增加的服务消费项目有哪些?"较多受访者选择了"教育培训"（占比为60.0%）、"医疗健康"（占比为46.3%）、"文化娱乐旅游"（占比为38.6%）等服务消费项目，表明广州市居民对上述三类服务消费项目需求较大，未来这三类服务消费极有可能实现较快增长，在总消费支出中的占比将显著提升。选择"餐饮"和"居住"的受访者比例也超过了20%，这两类服务消费也可作为发展服务消费的重点领域。广州市是"美食之都"，餐饮业规模和影响力位居全国前列[1]，发挥优势继续扩大"餐饮"服务消费是促进服务消费扩容提质的必然选择。"居住"服务消费是家庭消费的重要组成部分，主要包括房屋装修、家具定制、房屋租金以及物业管理等与居住相关的支出，随着人们不断追求更好的居住体验和生活品质，"居住"服务消费将稳步增长。

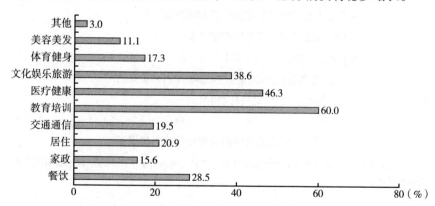

图4 受访者家庭表示未来可能增加的服务消费项目

资料来源：广州市社会科学院课题组开展的"扩大内需背景下广州市居民消费情况"问卷调查结果。

---

[1] 广州市作为粤菜发源地和大本营，形成了地方菜系、融合菜系与西餐、日料、东南亚菜等外国料理并存的多元化发展格局。截至2023年3月，广州市餐饮门店数量达195317家，在全国主要城市中位居第四。（餐饮门店数量来源于新一线城市数据库）

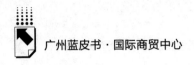

（四）居民购物渠道呈现多元化和线上线下融合趋势，网络购物群体正在向中老年人延伸

目前大多数广州市居民不再依赖单一渠道进行购物，而是通过多个购物渠道满足消费需求，其中线上渠道更受青睐。根据问卷调查统计结果，约80%的受访者喜欢两种或两种以上的购物渠道，64.5%的受访者喜欢的购物渠道中既有线上也有线下，线上线下融合特征明显。相对于线下购物渠道，广州市居民更加偏好线上购物渠道。如图5所示，68.8%的受访者选择了淘宝、京东、拼多多等"网上商城"，选择"网上商城"的受访者比例明显高于其他线下渠道。另外，还有34.8%的受访者选择了淘宝直播、抖音、快手等新兴的"短视频平台"，"短视频平台"已成为广州市居民购物的重要渠道。

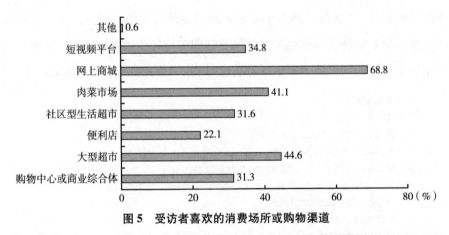

图5 受访者喜欢的消费场所或购物渠道

资料来源：广州市社会科学院课题组开展的"扩大内需背景下广州市居民消费情况"问卷调查结果。

年轻人更喜爱网络购物，网络购物群体向中老年人延伸。如表2所示，"00后"受访者中，喜欢通过"网上商城"购物的比例最高，达82.4%；"90后"受访者中，喜欢通过"短视频平台"购物的比例最高，达39.9%。整体来看，随着年龄增加，各个年龄段偏好线上购物渠道的比例逐步降低。另外，在"60后"和"50后"及以前受访者中，喜欢网购的比例也不低，例如，喜欢通过"网上商城"购物的比例分别达51.4%和37.0%，表明不少中老年人也加入网购群体，成为线上消费的新生力量。

表2 各年龄段受访者喜欢网络购物的比例

单位：%

年龄段	各年龄段样本中喜欢通过"网上商城"购物的比例	各年龄段样本中喜欢通过"短视频平台"购物的比例
"00后"（2000年及以后出生）	82.4	30.9
"90后"（1990~1999年出生）	76.0	39.9
"80后"（1980~1989年出生）	69.5	37.9
"70后"（1970~1979年出生）	68.3	32.7
"60后"（1960~1969年出生）	51.4	29.2
"50后"及以前（1959年及以前出生）	37.0	11.1

资料来源：广州市社会科学院课题组开展的"扩大内需背景下广州市居民消费情况"问卷调查结果。

（五）居民对消费场景的偏好较为多样，生态、科技、文化等消费场景更受青睐

消费场景是指人们进行消费活动的特定环境和情境，当今时代消费者越来越注重从不同消费场景中获得不同的感受和体验。问卷调查结果显示（见图6），受访者对不同消费场景的选择比例较为均衡，没有一种消费场景能够获得40%以上受访者的喜爱，表明广州市居民对消费场景的偏好较为多样。在问卷列举的消费场景中，"生态景观""科技进步""历史文化"等消费场景得到了较多受访者的喜爱。可见，生态环境、历史文化和科技发展是营造消费场景的关键元素，只有将这些元素有机结合起来创新消费场景，营造适宜的消费氛围，才能为消费者提供更为丰富和更高品质的体验，进而达到扩大消费的目的。

（六）居民夜间外出消费较为普遍，"90后"夜间外出消费频次最高

问卷调查结果显示，大部分受访者都有夜间消费行为。如表3所示，夜

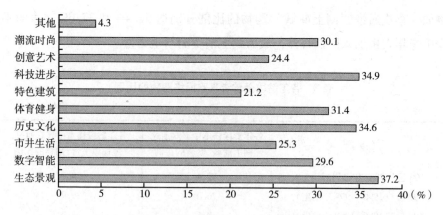

图6 受访者喜欢的消费场景类型

资料来源:广州市社会科学院课题组开展的"扩大内需背景下广州市居民消费情况"问卷调查结果。

间外出消费每周至少1次的受访者占比近60%,平均频次为1.28次/周,表明广州市居民夜间外出消费较为普遍。但与纽约等国际大都市相比,广州市居民夜间外出消费的频次相对较低。以纽约为例,超过85%的纽约市民夜间外出消费每周至少1次,其中,超过50%的纽约市民夜间外出消费频次为1~2次/周,约35%的纽约市民为3~4次/周,夜间外出消费目的地包括餐厅、酒吧、俱乐部、电影院、博物馆、音乐厅等场所。①

表3 各年龄段受访者夜间外出消费的频次

单位:%,次/周

年龄段	几乎没有	一周1次	一周2~3次	一周4~5次	一周6~7次	平均频次
"00后"(2000年及以后出生)	27.9	27.9	33.8	4.4	5.9	1.71
"90后"(1990~1999年出生)	24.8	31.4	32.2	6.2	5.4	1.75
"80后"(1980~1989年出生)	35.6	30.7	27.6	3.4	2.6	1.32

---

① 《艾媒咨询 | 2022-2023年中国夜间经济行业发展与消费者调研报告》,艾媒网,2022年7月18日,https://www.iimedia.cn/c400/86922.html。

年龄段	几乎没有	一周1次	一周2~3次	一周4~5次	一周6~7次	平均频次
"70后"（1970~1979年出生）	52.2	26.3	17.6	2.0	2.0	0.92
"60后"（1960~1969年出生）	68.1	20.8	8.3	2.8	0.0	0.54
"50后"及以前（1959年及以前出生）	74.1	13.0	11.1	0.0	1.9	0.53
全部受访者	40.1	28.2	24.9	3.7	3.2	1.28

资料来源：广州市社会科学院课题组开展的"扩大内需背景下广州市居民消费情况"问卷调查结果。

不同年龄段受访者夜间外出消费的频次存在显著差异。整体来看，年轻人更喜欢夜间外出消费。"90后"夜间外出消费的频次最高，75.2%的"90后"受访者每周至少夜间外出消费1次，平均夜间外出消费频次为1.75次/周。紧随"90后"的是"00后"（1.71次/周），"00后"新生代消费群体有望成为广州市夜间外出消费的主体。排在第3位的是"80后"（1.32次/周），"70后""60后""50后"夜间外出消费的频率逐渐降低，这表明年龄越大夜间外出消费的频次越低。

三　广州市扩大居民消费面临的问题与原因分析

（一）需求侧：居民消费信心和消费意愿较弱

通过问卷调查发现，仅有33.7%的受访者表示未来3年自己的家庭更倾向于消费，而选择"储蓄"的受访者比例高达49.3%，还有17.0%的受访者选择了"投资"。上述问卷调查结果反映广州市居民消费信心和消费意愿不强，在很大程度上造成2023年以来广州市居民消费恢复情况不及预期。究其原因，主要有两个方面：一是居民消费能力不足，二是居民对未来预期不够乐观。

消费能力是消费的前提和基础，从根本上影响乃至决定消费信心和消费意愿。目前，广州市居民消费信心和意愿不强，根本原因是居民消费能力不足，存在一些较为突出的制约因素（见图7）。一是收入因素。当前收入和预期收入都是影响居民消费的重要因素。较多受访者认为"当前收入水平偏低"和"未来收入预期不好"是制约消费的主要因素，选择二者的比例分别为37.5%和30.8%。受外部环境不确定性增强、国内经济结构调整以及经济全面复苏尚需时日等因素影响，目前许多企业减少了招聘，甚至裁员降薪，就业市场景气度降低，导致居民工资性收入增长放缓或有所减少。而且近年来我国股票市场表现低迷，也难以成为增加居民财产性收入的有效途径。二是物价因素。物价水平的高低直接影响居民的实际收入和购买能力，也可以看作需求侧因素。选择"物价水平高"的受访者比例达到54.8%，表明物价仍是最受关注的重要民生问题之一。较长时期，在成本推动和需求拉动的相互作用下，我国各地物价水平上涨幅度较大，导致居民实际收入增长明显慢于名义收入。引发物价上涨的主要因素包括：工资及劳动力价格持续上涨，如广州城镇非私营单位从业人员年平均工资由2010年的每月54091元上升到2021年的139802元，增长了1.6倍①；近年来我国货币供

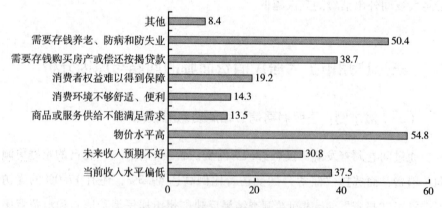

图7 当前制约受访者家庭消费的主要因素

资料来源：广州市社会科学院课题组开展的"扩大内需背景下广州市居民消费情况"问卷调查结果。

---

① 《2023广州市统计年鉴》，广州市统计局网站，http://tjj.gz.gov.cn/datav/admin/home/www_nj/。

应量较大，2010~2022年货币供应量年均增长10.4%[1]；全球原油、有色金属等大宗商品价格上涨导致的输入性通胀等。三是预防性因素。选择"需要存钱养老、防病和防失业"的受访者比例达50.4%，表明广州市居民具有较强的预防性储蓄动机，抑制了消费潜力的释放。社会保障体系的完善程度对预防性储蓄产生很大影响，健全的社会保障体系可以增加人们的安全感，能够有效减弱人们的预防性储蓄动机。目前，我国社会保障体系还不完善，加之近年来经济发展的不确定性较强，在这种情况下居民对未来就业、收入、医疗、教育等方面的担忧情绪有所加重，因此选择增加储蓄而减少消费防范各类风险。四是购买住房。选择"需要存钱购买房产或偿还按揭贷款"的受访者比例为38.7%，表明购买住房支出已经对居民消费形成了较为严重的挤压，这也是目前制约居民消费的重要因素之一。自2009年以来，旺盛的住房需求和地区性供给短缺推动我国大城市房价持续上涨。例如，广州市商品房平均销售价格由2010年的每平方米10615元上升到2021年的30580元，增长1.9倍[2]，房价过快上涨加重了广州市居民的购房负担，从而对消费形成明显挤占。

（二）供给侧：生活服务供给、知名品牌丰富性、商圈建设水平等方面的居民满意度不高

随着收入和生活水平的提升，城市居民对消费供给的要求越来越高，消费供给的适配性不佳会影响消费潜力的释放。当前，广州市消费供给与居民需求不完全匹配也是制约居民扩大消费的重要因素。从问卷调查结果来看（见表4），广州市居民对"商场或购物中心的品质""商场或购物中心的空间布局"等方面满意度相对较高，满意度（包括"满意"和"比较满意"）超过70%，而对"生活服务供给""知名品牌的丰富性""商圈建设水平"的满意度相对较低，满意度分别为65.4%、65.9%和67.7%。

---

[1] 国家统计局网站，https：//data. stats. gov. cn/easyquery. htm？cn=C01。
[2] 国家统计局网站，https：//data. stats. gov. cn/easyquery. htm？cn=E0105。

表4 受访者对广州市消费供给的评价情况

单位：%

评价项目	满意	比较满意	一般	不太满意	不满意
商场或购物中心的品质	39.5	32.2	24.9	2.2	1.2
商场或购物中心的空间布局	41.0	31.0	24.7	2.3	1.0
知名品牌的丰富性	41.5	24.4	28.8	3.8	1.6
生活服务供给	38.2	27.2	26.0	5.6	3.1
商圈建设水平	37.2	30.5	25.0	5.1	2.2
一刻钟便民生活圈	36.6	27.2	25.9	6.1	4.3
智慧商圈建设	33.0	32.1	27.2	5.1	2.6

资料来源：广州市社会科学院课题组开展的"扩大内需背景下广州市居民消费情况"问卷调查结果。

广州市居民对"生活服务供给"不满意主要体现在家政、养老、托幼、医疗、文化、早餐、维修等服务领域。究其原因，在供给结构上，广州市常住人口规模较大且分布不均衡，部分地区养老、托幼、医疗、早餐、维修等服务供给短缺问题较为突出；在供给品质上，主要表现为家政、文化等服务供给与人们日益增长的美好生活需要不相适应。今后广州市应大力补齐服务供给短板，保障和改善民生，符合高质量发展的价值追求。而且消费升级的一个重要特征是服务消费支出占居民总消费支出的比重不断上升，推动服务供给提质升级也顺应了消费升级的大趋势。

广州市居民对"知名品牌的丰富性"满意度较低，突出表现为广州市在高端消费品牌引进方面存在短板。虽然广州市已初步发展为知名消费品牌的集聚地，但与上海、北京、成都、杭州等国内城市相比还存在较大差距。根据云河都市研究院发布的"中国城市国际顶级品牌指数2022"，广州市排第11位，明显落后于上海市、北京市、成都市、杭州市，甚至不及西安、深圳、天津、重庆、沈阳、武汉等城市[①]，可见广州市对国际知名消费品牌吸引力较弱。究其原因，一是广州市毗邻港澳，港澳地区高端消费品牌云

① 《谁在消费国际顶级奢侈品牌?》，"中国网"百家号，2023年6月29日，https：//baijiahao. baidu. com/s? id=1770021706835222947&wfr=spider&for=pc。

集，部分居民倾向于到港澳地区购买高端消费品，高端消费品牌在广州市的布局数量相对较少；二是广州市高端商业载体数量偏少，这也影响了高端消费品牌的入驻。

广州市居民对"商圈建设水平"的满意度较低，很大程度上是因为高等级的购物中心较少，以及对社区商圈建设的评价较低。首先，目前广州市的高端和优质购物中心较少，2022年广州市没有1家购物中心销售额达到100亿元或排名进入全国前十，现有头部购物中心的销售额与北京、上海、南京、杭州等城市有较大差距。[①] 其次，目前广州市居民对所在周边商业设施（步行15分钟左右的范围内）满足日常生活的满意度仅为63.8%。[②] 近期商务部等部门发布《全面推进城市一刻钟便民生活圈建设三年行动计划（2023—2025）》，提出"到2025年，在全国有条件的地级以上城市全面推开，推动多种类型的一刻钟便民生活圈建设，居民综合满意度达到90%以上"。可见，目前广州居民对周边商业设施配套满意度偏低，距上述商务部提出的居民综合满意度目标还有一定的差距。2021年9月广州入选全国第二批城市一刻钟便民生活圈建设试点，加快推进一刻钟便民生活圈建设刻不容缓。

（三）环境侧：交通条件和消费者权益保护仍有待完善

舒适、便利、安全、放心的消费环境可以给人们带来更好的购物体验，有助于提高人们的消费意愿。从问卷调查结果来看（见表5），广州市居民对"消费环境的舒适性、愉悦性"方面满意度相对较高，满意度（包括"满意"和"比较满意"）为70.5%，但对"综合交通条件"和"消费者权益保护"的满意度相对较低，满意度分别为66.3%和58.8%。虽然广州市的交通网络十分发达，但主要商圈的交通拥堵和停车难等问题严重影响了

---

① 《2022全国购物中心销售额排行榜TOP50》，搜狐网，2023年3月29日，https://www.sohu.com/a/776035706_ 121894857。

② 数据来源：广州市社会科学院课题组开展的"扩大内需背景下广州市居民消费情况"问卷调查结果。

人们的消费体验，进而导致居民对广州市综合交通的整体满意度较低。广州市居民对"消费者权益保护"满意度偏低是多种因素导致的。近年来消费者权益保护意识日益增强，与此同时随着消费新业态新模式不断涌现，网购消费、服务类消费、预付式消费等领域投诉量快速增长。12315投诉举报中心数据显示①，2022年涉线上消费投诉举报共53.25万件，占全年投诉举报总量的2/3，占比首次超六成，相较于2021年数量增长近五成；2022年以抖音、快手为代表的短视频销售投诉举报5.08万件，同比增长4倍多。可见，随着新型消费需求的日益增长，消费新业态新模式成投诉举报增长点，消费者权益保护工作任重道远。

表5　受访者对广州市消费环境的评价情况

单位：%

评价项目	满意	比较满意	一般	不太满意	不满意
消费环境的舒适性、愉悦性	38.6	31.9	25.5	3.1	0.9
综合交通条件	34.8	31.5	22.6	6.8	4.3
消费者权益保护	32.5	26.3	31.5	6.4	3.3

资料来源：广州市社会科学院课题组开展的"扩大内需背景下广州市居民消费情况"问卷调查结果。

四　广州市扩大居民消费的对策建议

今后广州市应把恢复和扩大消费放在优先位置，把握居民消费的新特征新趋势，需求侧、供给侧和环境侧"三侧"并举，增强消费能力，加大消费供给，创新消费场景，优化消费环境，推动广州市居民消费从疫后恢复转向持续扩大，充分发挥消费对广州市经济发展的基础性作用，不断满足人民的美好生活需要。

---

① 《一文读懂丨广州2022年消费投诉举报及维权热点》，"南方Plus"百家号，2023年3月14日，https：//baijiahao.baidu.com/s？id=1760340699594601049&wfr=spider&for=pc。

（一）稳步提高居民收入及增长预期，夯实消费基础提振消费信心

提振消费信心、增强消费意愿的关键在于提高居民收入及增长预期。一要"稳增长"，深入推进营商环境改革，活跃民营经济，鼓励创新创业，通过增强经济发展活力，稳步提升居民收入及增长预期。二要"稳就业"，以充分就业为目标，实施就业优先战略，高质量推进就业促进工程，特别是要千方百计促进毕业大学生等重点群体及中青年群体充分就业，通过促进充分就业普遍提高居民收入水平。三要"稳物价"，继续做好基本消费品保供稳价工作，稳定居民价格预期。四要"保底线"，在社保、失业、救济、住房等方面筑牢底线，逐步提高社会保障的覆盖率和保障水平。

（二）加大保障性住房建设和供给力度，减轻购房支出对消费的挤出效应

贯彻落实《关于规划建设保障性住房的指导意见》（国发〔2023〕14号文），立足广州市研究制定保障性住房建设实施方案。加大保障用地供给，充分利用依法收回的已批未建土地、房地产企业破产处置商品住房和土地、闲置住房等建设筹集保障性住房，支持利用闲置低效工业、商业、办公等非住宅用地建设保障性住房。借鉴青岛、连云港、淄博、太仓等地经验，研究采用"以旧换新"的方式将老旧房产转化为保障性住房。利用多种渠道筹集保障房建设资金，积极尝试以国债转移支付、特殊再融资债券、专项债、抵押补充贷款（PSL）等形式筹集建设资金。加快打造REITs市场的保障性租赁住房板块，积极推动保障性住房REITs项目的筹备和申报。建立公开透明的配售机制和监督审查制度，优先和精准匹配保障性住房需求最为迫切且收入不高的工薪收入群体和政府引进人才。

（三）推动服务消费提质扩容，着力释放服务消费发展潜力

一是重点发展文化、餐饮、教育、医疗、养老、托育、家政等服务消费。进一步擦亮"南国花城""食在广州""珠江画廊""千年商都""海上

丝路""革命之都"等城市名片，打造世界级旅游目的地。支持各类演出演艺业态高质量发展，打造能够展现广州城市魅力和文化历史的标志性演出项目。发展休闲度假旅游，培育邮轮、游艇、低空等旅游业态。扶持一批粤菜餐厅传承弘扬粤菜文化，不断增加米其林、黑珍珠餐厅的数量。鼓励餐饮企业建立中央厨房、发展预制菜。完善职业教育培训体系，支持对大学毕业生和再就业人员提供职业教育培训服务。充分发挥广州市医疗资源优势，支持社会力量提供多层次多样化的医疗健康服务，发展医美、康养、健康体检和咨询等服务业态，打造国际"医养高地"。大力发展银发经济，促进养老服务品质化、精细化发展，大力培育老龄旅游、老年健康、老年教育等新型消费业态。建立健全普惠托育服务体系，积极推进婴幼儿照护服务示范城市建设。完善家政服务标准体系，促进家政服务业专业化、规模化、网络化、规范化发展，鼓励发展家庭管家等高端家政服务。二是大力发展新型服务消费。培育"互联网+服务"新模式，发展线上医疗、线上健身、线上娱乐、线上赛事、线上学习、线上办公等新型服务业态。推动人工智能示范应用，发展智慧超市、智慧商店、智慧餐厅、智慧家居、智慧医疗、智慧看护等新型服务业态。鼓励传统文化业态数字化发展，支持打造数字精品内容和新兴数字资源传播平台。支持众筹定制、众包设计、柔性供应链等定制服务模式创新，加快发展康体健身、精准医疗、养老托幼和品牌生活等定制服务。

（四）聚焦品质化特色化数字化城市商圈建设，推动城市商圈高质量发展

高质量推进城市商圈建设，构建分层分类和业态互补的城市商圈发展格局。推进天河路—珠江新城、北京路—海珠广场等重点商圈品质化发展，着力建设世界级地标商圈。加快推进地标性商业综合体建设，推动万象城、SKP、太古里等高端商业综合体落户广州市，集聚全球优质消费品牌，打造高端时尚消费新地标。加强商业老街区风貌塑造和改造提升，突出岭南文化特色，促进文商旅融合发展。推动服装、皮具、珠宝等专业市场转型升级为国际时尚旅游消费集聚区，建设以美妆、医美、大健康为主要内容的国际美

妆健康旅游消费集聚区。采取"政府+商会+企业"的共建共营共享模式，继续推进智慧商圈建设，完善重点商圈统一大数据平台，促进智慧停车、智慧导购、智慧支付、智慧大屏、智慧灯杆等智慧应用的优化普及。

（五）加快推进一刻钟便民生活圈建设，激发社区消费活力

落实《商务部等 12 部门关于推进城市一刻钟便民生活圈建设的意见》《商务部办公厅等 11 部门关于印发城市一刻钟便民生活圈建设指南的通知》，建议制定广州市一刻钟便民生活圈建设规划。科学规划社区商业各类业态配置，着力补齐"一早""一老""一小"等基本生活保障业态和文娱、健康、体育等品质提升业态的发展短板。积极发展"便利早餐店+流动早餐车"的早餐供应模式。综合运用规划、土地、住房、财政等支持政策，引导各类主体提供普惠性服务，推动社区养老和托育服务站点品牌化、规范化、连锁化运营。支持民营资本参与护理型养老机构建设，积极探索社区普惠托育试点，鼓励社会力量兴办社区托育机构。培育社区生活服务新业态新模式，探索建设家政、物业、医疗、养老、托育等社区服务线上平台。

（六）促进消费跨界融合发展，塑造多元化高品质消费场景

不断推动消费与生态景观、历史文化、科学技术、数字智能、体育赛事、国潮时尚、创意艺术、广府美食、特色建筑等元素融合，打造趣味度高、沉浸感强、吸引力大的多元化高品质消费场景。高质量打造世界级滨江景观带，优化提升珠江沿岸文化旅游消费场景。推动实体商业数字化转型，加快实体商业数字化升级和商业模式创新，丰富 5G 网络和千兆光网应用场景。促进体育场馆与城市商圈协同发展，支持市、区级体育场馆更新改造，打造集体育、休闲、餐饮、文化于一体的体育商业综合体。进一步擦亮"Young 城 Yeah 市"品牌，着力发展沿江夜间经济，以北京路、天河路、琶醍、广州塔、长隆旅游度假区等为重点，打造全国夜间消费创新标杆。积极举办具有广州特色的各类主题节庆赛事，进一步扩大广州国际购物节、国际美食节、中国（广州）时尚周、时尚设计大赛、广东国际时装周、广州

（国际）马拉松等国际性消费文化节事、体育赛事影响力，结合春节、中秋、国庆等中国传统节日，开展一系列线上线下促消费活动。适时使用消费券等政策工具开展促消费活动，重点支持汽车、住房改善、绿色低碳和文化旅游消费。

（七）加强消费者权益保护，营造安全、放心、舒适、便利的消费环境

一是营造安全放心的消费环境。持续加大市场监管力度，严厉打击制售假冒伪劣商品、虚假宣传、侵害消费者个人信息安全等各类违法犯罪行为。加强消费领域诚信体系建设，健全商家信用信息记录和发布制度。完善便捷高效的消费者维权机制，建立符合国际惯例的消费纠纷快捷解决机制。健全新型消费领域技术和服务标准体系，加强对新业态的监管。选择新型消费的重点领域，建立常态化的消费者满意度调查评估机制，定期发布消费者满意度调查评估报告。二是提升消费便利化水平。对标先进的国际消费中心城市，打造便捷高效的综合交通网络枢纽城市，促进大型消费和旅游场所与市政交通枢纽互联互通，支持发展共享停车、智慧停车，着力解决主要商圈的交通拥堵和停车难问题，提升市民及旅客购物出行体验。三是优化城市生态环境。深入推进绿美广州建设，高质量建设华南国家植物园城园融合体系，进一步强化水环境治理，着力擦亮"美丽花城"城市名片。

广州国际消费中心城市建设中期评估及提升策略

广州市商务局课题组*

摘　要： 2023年是广州培育建设国际消费中心城市的中期关键节点。两年来，广州紧扣国际消费中心"五大维度"，构建"产业型＋流量型＋服务型"三大体系，彰显"韧性、活力、开放"三大特色，打造"533"发展矩阵，取得阶段性成效。但与主要消费城市相比，广州还存在集聚高端商业载体偏少，优质零售商业供给不足；头部商业运营商数量较少及规模较小，多元化场景化运营水平有待提升；专业市场产业互联网赋能不够，销售数据归集难度较大；市内免税业态不完善，缺少本地免税品经营企业等问题。本报告从加强消费载体建设、加强品牌化塑造、锚定国际化方向、加快数字化驱动四个方面提出下一阶段建设思考。

关键词： 国际消费中心城市　消费新业态　国际商圈

一　广州培育建设国际消费中心城市的亮点

2023年，广州培育建设国际消费中心城市迎来两周年，也是培育建设的中期关键节点。广州紧扣"五大维度"，构建三大体系，彰显三大特色，打造"533"发展矩阵，取得阶段性成效。

---

* 课题组成员：贺永明、谢海涛、王炬、刘丹。贺永明，广州市商务局综合处处长；谢海涛，广州市商务局综合处副处长；王炬，广州市商务局综合处二级主任科员；刘丹，广州市商务局商贸服务业处四级主任科员。

（一）聚焦重点任务，"五大维度"全面跃升

1.国际知名度更高

广州在"GaWC"世界城市体系中的排名由2020年的第34位提升至2022年的第27位，"科尔尼"全球城市综合排名由2020年的第63位提升至2023年的第55位，在国内各主要城市中，仅次于北京、上海，排名第三。广州的国际"朋友圈"不断扩大，与全球220多个国家和地区保持投资贸易往来，国际友城、友好港分别增至104个、55个，外国驻穗总领馆增至68家，数量居全国前列。

2.消费繁荣度更高

2021年，广州社会消费品零售总额和外贸进出口总额双双突破万亿元大关，成为全国双万亿元"第三城"。2022年，广州社会消费品零售总额增速居五大培育建设城市[①]之首。2023年，广州社会消费品零售总额突破1.1万亿元、增长6.7%，再上新台阶。跨境电商进口额连续9年居全国第一，发展总指数、发展规模指数均居全国第一。

3.商业活跃度更高

2021~2023年，广州市场主体均实现正增长，新增80多万户。2023年，广州实有市场主体340万户，增长7.7%。在2023年福布斯中国新锐品牌百强中，广州入选品牌有16个，数量位居各大城市第二。自2021年以来，广州获得首批全国创新与应用示范城市，获评1条全国首批示范步行街、2个全国首批示范智慧商圈、4个全国首批示范智慧商店，新增14个国家级绿色商场创建单位。

4.交通便利度更高

便利的交通是广州的显著优势。广州陆海空立体化交通体系完备，携手港澳共建世界级港口群，人流、物流、信息流、资金流在广州集聚。广州白云国际机场开通国内外通航点236个，其中国际通航点有72个，是全国三

---

① 上海、北京、广州、天津、重庆。

大门户机场之一，航线网络覆盖全球五大洲，加速形成通达全球的"12 小时航空交通圈"。广州高铁班次、广州南站客流量都是全国第一，地铁总里程超过 600 公里。新投入运营的广州白云站是亚洲最大的铁路综合枢纽之一。

5. 政策引领度更高

广东省政府出台 32 条支持广州加快培育建设国际消费中心城市的政策措施。广州市政府出台具体实施方案，11 个区制定行动方案，形成"1+1+11"工作方案体系。2023 年，广州出台全国首部国际消费中心城市专项规划。《广州南沙深化面向世界的粤港澳全面合作总体方案》赋予广州南沙企业享受 15% 所得税优惠等一揽子政策优惠，成为吸引全球企业的重大战略性平台。

（二）结合广州实际，"三大体系"立柱架梁

聚焦"五大维度"，立足广州资源优势、市场优势，提出具有广州特色的"产业型、流量型、服务型"消费体系。

1. 增加消费供给，打造产业型消费体系

一是打造优质供应链。利用广州强大的产业供给能力，向上延伸、向下延展供应链。发挥广州拥有 41 个工业大类中的 35 个大类的优势，近年来培育形成 6 个产值超千亿元的先进制造业集群、10 个增加值超千亿元的服务行业。其中，汽车产量超 300 万辆，稳居全国第一；生物医药与健康产业增加值达 1600 多亿元，跻身第一梯队，涌现了广药、百济神州、百奥泰、迈普、金域检测等一大批行业翘楚。2022 年，获批开展国家首批产业链供应链生态体系建设试点、国家首批综合货运枢纽补链强链城市绩效评价试点。

二是提升专业市场效能。广州有链接全国、辐射全球的专业市场网络，全市有 510 家特色专业市场，年交易额超万亿元。2021 年，广州入选全国首批商品市场优化升级试点地区。发挥广州专业市场上联生产、下联消费的重要枢纽功能，培育形成中大布匹商圈（全球最大的布匹辅料集散地）、花都狮岭商圈（全球最具影响力的皮革皮具产业集群）、广州美博城（亚洲最

大的化妆品展示交易中心），以及集散全国 60% 进口水果量的江南果菜市场、全国第二大鲜切花交易市场（岭南花卉市场）等优势行业领军市场和集群。

三是引领时尚消费潮流。以纺织服饰、美妆日化等特色产业为时尚经济基础，打造"生产+营销+消费+服务"的产业消费集聚区。化妆品产值超过 1000 亿元，约占全国的 55%，位居全国第一。珠宝首饰加工市场份额占全球的 30%，年进出口额超 500 亿元。定制家居企业约 3600 家，年产值超过 1000 亿元，成为联合国工业发展组织首批全球"定制之都"。

2. 强化枢纽能级，打造流量型消费体系

一是持续壮大世界级交通枢纽。巩固国际综合交通枢纽优势，实现 1 小时直达粤港澳大湾区城市、2 小时互通省内城市、3 小时互达泛珠三角城市、4 小时飞达 RCEP 主要国家、5 小时联通长三角和成渝双城经济圈。大力拓展航线网络，广州白云国际机场旅客吞吐量连续 3 年全国第一。总投资 600 亿元的三期工程完工后白云国际机场将成为世界最大的单体机场。广州港货物、集装箱吞吐量位居全球第四、第五，铁路客运、货运总量居全国第一。快递业务量突破 100 亿件，总量约是深圳的 2 倍、上海的 4 倍、北京的 5 倍。

二是加快建设世界级地标商圈。构建"5+2+4"国际知名商圈①体系，2022~2023 年新增优质商业载体总面积超 130 万平方米。先后布局新鸿基 ICC、超级万象城、SKP、太古里等高端项目。全市消费内容丰富度在一线城市位居前列，年购物中心客流量居五大培育建设城市之首。北京路步行街成为全国首条线上线下同步开放的非遗街区，荣获全国示范步行街、首批国家级文化产业示范园区。《2023 年全球商圈专项报告》显示，广州天河路商圈在大中华区排名仅次于香港、上海、北京，近 3 年租金累计增长 22%。② 建成亚洲最大单体港口南沙国际邮轮母港，打造世界级邮轮母港门户商圈。

---

① 天河路—珠江新城、长隆—万博、金融城—黄埔湾、白鹅潭、广州塔—琶洲 5 个世界级地标商圈，北京路—海珠广场、上下九—永庆坊 2 个岭南特色商圈，广州北站—白云机场、广州南站、南沙湾、广州东部交通枢纽 4 个枢纽型国际商圈。

② "Main Streets Across the World 2023"，https：//www.cushmanwakefield.com/en/insights/main-streets-across-the-world.

三是传承千年城脉、文脉、商脉。充分发挥"粤人粤语"覆盖全球的优势，吸引大批海内外客人来穗旅游。先后培育迎春花市、广府庙会、国际龙舟赛等知名文化品牌，打造早茶文化、玉器文化、饮食文化等传统民俗文化标签。活化利用陈家祠、永庆坊、太古仓等一批重要文化遗产，长隆、广州塔、正佳广场入选国家级夜间文化和旅游消费集聚区。各大平台数据显示，广州长年稳居十大国内热门旅游目的地。2023年中秋国庆假期，广州人气一如既往维持全国第一，百度地图、中国移动大数据均显示，广州是全国人口流入最多的城市。

3. 提升城市品质，打造服务型消费体系

一是焕新"食在广州"。弘扬粤菜文化，实施餐饮名店、名厨、名品、名宴战略，围绕知名商圈建设知名美食区。连续26年举办广州国际美食节，高规格承办中华美食荟，成为米其林进驻的全国第二城。发布地标美食榜单、美食地图，餐饮门店数量超23万家，总量居全国第一。培育形成国家五钻以上酒家88家，米其林星级餐厅19家（数量居全国第三），黑珍珠钻级餐厅17家，每万人拥有餐厅约100家，网点密度居全国第一。一德路、清平市场、万国食坊等食品供应链企业外贸辐射力强，广州酒家、陶陶居、九毛九等一批全国性餐饮集团加快"走出去"。

二是建设"医养高地"。发挥广州作为全国医疗中心、集聚44家三甲医院、医疗资源密度全国最高的优势，大力发展高端医疗、医学美容，吸引香港、澳门以及东南亚消费者到广州求医疗养，年诊疗量达1.4亿人次，居全国第二。广州国际医药港作为全球规模最大的中药材专业市场，成为全球大健康交易地。依托国家中医药服务出口基地，开展中医药人才培养、医疗服务、注册及销售，推出具有岭南特色的康养服务，促进广府文化、中医药文化与康养产业融合发展。

三是打造"体育名城"。广州体育产业发达，是继北京之后，唯一举办过亚运会和全运会的城市，2025年又成为第十五届全运会举办地。广州马拉松赛获评中国田协、世界田联"双金赛事"，排名全国领先。深化与香港马会合作，加快建设从化马场，争取开展速度赛马赛事试点，打造穗港马产业经济圈。先后举办了世界羽毛球巡回赛总决赛、中国（广州）体育产业创新大会等品牌赛事活动。2022年，广州体育产业规模达2300亿元，居全国第二，实现增加值522亿元，体育彩票销售额达52.8亿元，同比增长19.9%。

（三）汇聚澎湃势能，"三大特色"优势彰显

广州是粤港澳大湾区核心引擎，坚持湾区联动、优势互补、供需互促、双向协调，将优势产业、品质服务转化为发展红利，呈现韧性、活力、开放三大特色。

1. 韧性

2023年，广州消费实现稳定增长，为全国树立了信心。一是消费增速稳居前列。自2021年以来，广州消费市场稳步扩大，社会消费品零售总额保持增长态势。2021年，在培育建设国际消费中心的首年，广州社会消费品零售总额首次突破万亿元大关。2022年，广州是社会消费品零售总额、外贸进出口总额、实际使用外资金额三大指标都实现正增长的唯一的一线城市。第三产业增加值超两万亿元，规模居全国第三（仅次于北京、上海），其中，批发和零售业增加值超3800亿元，居全国第二（仅次于上海），商贸业（批发和零售业与住宿和餐饮业）增加值约占全市地区生产总值的15%，在全国主要城市中占比最高。

二是会展能级全国领先。首创会展联席会议保障会展业复工复产，全球规模最大的会展综合体广交会四期展馆正式启用。2022年，办展数量和面积均居全国第一，会展业竞争力指数从全国第三跃居第一，连续8年获"中国最具竞争力会展城市"殊荣。第134届广交会，展览面积、参展企业数量创历史新高。财富、胡润、福布斯、CNBC（美国消费者新闻与商业频道）等顶级媒体纷纷在广州举办论坛、峰会。2023年展览业场次、面积居全国第二（仅次于上海）。

三是国际资源加速集聚。在全球经济低迷、投资谨慎的背景下，跨国企业持续看好广州，广州实际使用外资连续11年实现正增长，在穗投资的世界500强企业有345家，投资项目累计1968个，包括多个消费领域的重大

项目。宝洁、安利、阿斯利康、玛氏箭牌、LG 等世界 500 强企业、跨国公司纷纷将中国区总部、地区总部、研发总部设在广州。联合利华、路易达孚在华最大投资项目竣工，现代汽车首个海外氢燃料电池、松下电子材料第四工厂建成投产，全球化妆品 ODM 科丝美诗联合逸仙电商建成亚洲领先美妆工厂，大众集团投资 7 亿美元入股小鹏汽车。

2.活力

广州先后 5 次荣获《福布斯》"中国大陆最佳商业城市"第一名。在《福布斯》发布的中国消费活力城市排行榜中，广州位居全国第三（仅次于北京、上海）。

一是新业态加速形成。直播电商 14 个全国首创、跨境电商"六个率先"，重塑"千年商都"商贸生态，网上零售额居全国第三（仅次于北京、上海）。2022 年，广州拥有全国直播电商百强地区 9 个、网络零售店铺 86 万个；2023 年，广州直播场次 750 万场，主播数量 8.4 万人，均居全国第二。2023 年，虎牙直播月均活跃用户达 8410 万，市场占有率全国第一，酷狗音乐活跃用户超过 2.4 亿人，规模居全国首位。广州咖啡门店数量全国第二，咖啡外卖量年均复合增长率全国最高。美团最新报告数据显示，广州成为全国首个新茶饮万店之城（新茶饮店铺达 1.2 万家）。

二是新场景蓬勃发展。打造"Young 城 Yeah 市"消费品牌，夜间用户活跃度全国第一、消费力全国第三（仅次于上海、深圳）。成立全国首个专业市场行业数字化创新联盟。外贸服装龙头"流花服装批发市场"开发建设的全国首个垂直服饰类 B2B 跨境电商平台，为 210 多个国家和地区提供交易，成为"外贸数字化创新典范"。apM 时代国际服装城与韩国东大门集团联手投资打造 apM Luxe 项目，引入韩国时装品牌商户超 200 家。演艺市场火爆，2023 年广州大中型演唱会数量居全国第一。

三是新品牌培育壮大。22 家企业入选胡润全球独角兽，总量全国第四、增量全国第一，包括全球超级独角兽希音、连续 4 次登榜的致景科技等具有全球消费辐射能力的企业。广汽埃安、小鹏汽车领衔新能源汽车赛道，以丸美、完美日记、溪木源、阿道夫为代表的美妆日化产业规模超千亿元，欧派、索菲亚、尚品宅配3家企业入选全球定制家居五强。引进国际知名商品和服务品牌1932个，新增各类首店378家。

3. 开放

广州向海而生、因商而兴，是海上丝绸之路重要发祥地，特别是改革开放后，对接国际消费市场，引领国内消费潮流，贸易通达全球200多个国家和地区。

一是重大平台持续赋能。2022年，《广州南沙深化面向世界的粤港澳全面合作总体方案》出台，赋予南沙立足湾区、协同港澳、面向世界的重大战略性平台。三大国家级经开区综合发展水平居全国前列。广交会成为对外贸易和吸引外资的双平台。南沙、黄埔先后入选国家进口贸易促进创新示范区。

二是国际商品汇聚通达。2022年，跨境电商、保税物流双双突破千亿大关。希音与广州服装产业强强联手，发展为全球快时尚第一大品牌。名创优品出海8年，门店遍布全球各大核心商圈，在全球107个国家和地区布局近6000家门店，是全国唯一一家在美股、港股上市的非科技性企业。拼多多跨境电商平台Temu每天出口跨境电商包裹40万个以上，货值近6000万元。广州汽车平行进口和二手车出口数量、金额均居全国前列，南沙口岸连续5年成为全国第二大汽车平行进口口岸。

三是服务贸易创新发展。2022年，广州获国务院批复开展服务业扩大开放综合试点。制定全球首个互联网仲裁推荐标准即"广州标准"，获新加坡、韩国、俄罗斯等91家境外机构认可。落实两批港澳规则衔接事项清单，出台境外职业资格便利执业认可清单，香港科技大学（广州）建成开学，具有独立法人资格的中外合作办学机构实现零的突破。6个案例入选国家深化服务贸易创新发展试点"最佳实践案例"，11项创新举措入选国家服务业扩大开放试点示范建设最佳案例。

二 广州国际消费中心城市建设存在的不足

对标对表其他培育建设国际消费中心城市，广州也存在一些制约因素。

（一）高端商业载体偏少

广州已规划 5 个世界级商圈，先后布局落地新鸿基 ICC、超级万象城、SKP、太古里等高端项目，推动商圈体系由"单核"向"多核"转变，2023 年新开工项目数量居全国第一。但由于大部分重点项目及配套设施仍处于建设阶段，当前天河路—珠江新城商圈在客流表现、租金水平、品牌数量等方面仍占据优势地位。据赢商数据统计，截至 2023 年底广州主要商业项目（包括购物中心、独立百货、奥特莱斯、商业街、创意产业园等）总建筑面积达 1850.75 万米²，其中集中式商业（包括购物中心、独立百货、奥特莱斯）存量占 85.29%，约 1578.57 万米²，位居全国第六，与上海（3005.95 万米²）、北京（1970.3 万米²）相比有一定差距。太古聚龙湾、华润万象城、华联 SKP 等优质项目建成后，将有效弥补这一短板，但仍有提升空间。

（二）优质商业运营商不足

相较于其他国内一线城市，进驻广州的优质商业运营商数量及运营规模均较小。截至 2023 年底，进驻广州的优质商业运营商项目有 13 个（万达、保利、太古、凯德、万科、永旺、新鸿基、星盛、中海、合景泰富、新世界、融创、大悦城），仍有世纪金源、华润、龙湖等优质运营商有待进入广州市场。广州的优质商业运营商项目数量与上海（67 个）、北京（32 个）相比有较大差距。广州现有核心商圈、核心地段商业项目主要由本地国有企业运营（包括天河城系列、广百系列、广州友谊、花城汇、维多利广场、国金天地等），缺乏多元化运营特色，存在建管不分离、管理物业思路落后等问题，商业运营管理水平有待进一步提升。

（三）专业市场平台化不够

专业市场是广州特色，也是广州小微企业蓬勃发展的体现，呈现门类全、企业小、个体多的特点，涵盖皮革皮具、鞋业、纺织服装、水产品、珠宝、茶叶、花卉、酒店用品、化妆品、汽车零配件等多个行业，背后则由众多小微企业组成强大的产业集群作为支撑。截至 2023 年底，广州仍保有510 家专业市场，其中亿元以上商品交易市场百余个，百亿级以上的市场和商圈比比皆是，借助强大的供应链形成"买全球、卖全球"的大商贸流通格局。但是，十几年来专业市场受电商冲击较大，在以阿里巴巴为代表的消费互联网主导阶段，个体商户和小微企业只能通过在各家平台上开店"触网"，随着平台越来越"卷"，未能品牌化运作的企业生存越来越艰难；专业市场数量从 2014 年的 1000 个左右逐年减少，租金下滑，场内逐渐萧条；专业市场数据归集纳统难度较大；大型电商平台总部大多在杭州、上海、北京等地注册，按现有统计制度不少本地批发零售业和服务业经济数据没有纳入统计范围。

（四）市内免税业态匮乏

国家"十四五"规划，提出要完善市内免税店政策，规划建设一批中国特色市内免税店。开设市内免税店有利于扩大优质消费品和中高端产品供给，是拉动境内消费、引导境外消费回流的重要抓手。我国现有市内免税店分布在北京、上海等城市。国家对免税品销售业务实行垄断经营和准入限制，严格统一审批免税店经营资质。目前，经国务院批准拥有免税品经营资质的企业共 8 家，其中中国免税集团覆盖各类型的免税业态，在全国及境外设立了 240 多家免税店，在收购日上免税行、海南免税后，成为中国免税业的巨头，占据内地九成市场份额。广州既没有市内免税店，也没有本地免税品经营企业。无论免税店类型、数量还是免税品销售额都与北京、上海有较大差距。广州免税经济主要分布在机场口岸等，难以突破空间和时间的限制，且与市内其他商圈割裂，缺少良性的经济互动，消费拉动作用有限。

三 广州培育建设国际消费中心城市的方向

下一阶段，要厚植"千年商都"底蕴，坚持国内国际两个市场"同发力"，传统和新兴商业"相辉映"，线上线下"双驱动"，围绕载体、品牌、国际、数字四个着力点，将广州建设成为全球综合性国际消费中心城市、引领中国现代消费时尚潮流的新标杆。

（一）加强消费载体建设，构建世界级消费集聚地

立足城市布局和商业特色，借鉴国际经验，突出广州特色，融合本地元素，从提升商业质量、优化消费环境、打造智慧商圈、营造文化氛围等方面，差异化打造一批精品享誉世界、服务吸引全球、环境多元舒适、监管接轨国际的标志性商圈。推动"传统商业载体+文化创意+场景融合+数字化赋能"，推进"5+2+4"城市商圈建设。加快推进珠江太古聚龙湾、长隆华润万象商业综合体、华联SKP等标志性商业载体建设。加大招商引资力度，吸引具有全球视野和国际品牌运作能力的国内外商业投资商、运营商来穗投资。培育更多特色步行街（商圈）。认定一批"Young城Yeah市"先行区，重点培育特色美食集聚区。打造一刻钟便民生活圈，持续丰富社区供给，形成一批新型社区商业服务中心。

（二）加强品牌化塑造，打造特色鲜明的消费IP

打造特色鲜明的广州十大消费IP，把国际购物节、直播电商节、时尚消费节等品牌活动"串珠成链""集链成群"。打造"必玩必吃必购"榜单，进一步促进餐饮、住宿等消费回升。充分发挥广交会等会展平台、江南市场等市场平台、唯品会等电商平台、综保区和全球优品集散中心等载体的功能作用，不断强化广州消费品进口和集散枢纽地位。大力支持国内外知名品牌在广州设立全球性、全国性或区域性品牌首店、旗舰店，吸引一批国际高端知名品牌、原创设计师品牌等在穗首发和同步上市新品。制定广州重点消费领域或行业品牌创优计划，重点是纺织服装、美妆日化、箱包皮具等优势领域，培育全球性品牌。

（三）锚定国际化方向，形成多元消费供给体系

提升广州作为国际消费中心城市的知名度和其对国际消费人群的吸引

力，拓展商务、会展和旅游的国际客源，积极承办世界性、全国性的公务、商务活动，吸引更多国际性展会落户广州。打造多个"产业+商贸"型特色旅游景区，加快推进南沙国际邮轮母港投入运营，持续打造"花城看花广州过年"品牌。积极争取市内免税店试点，吸引更多运营主体来穗开展免税业务，将广州每年千万级的出入境人流、百万级的展会人流转换为消费流。

（四）加快数字化驱动，发展消费新业态新模式

加快以数字化驱动国际消费中心城市建设，促进文商旅体服融合发展，发展数字消费、绿色消费，培育"国潮"新品等消费增长点。挖掘专业市场的流量，推动服装、美妆等千亿级产业"聚沙成塔"。集聚一批领军型直播电商平台和具有跨境电商服务能力的 MCN 机构（网络视频创作者服务机构），培育一批特色鲜明的直播电商基地，做大做强直播电商主体。推进商圈"智慧化"建设，借助 5G、大数据、人工智能等新技术，打造包括数字化景观展示、沉浸式体验、智能支付和智能停车等环节在内的全套智慧消费生态体系。推动老字号创新发展。发挥消费类展会在推动传统消费、大宗消费方面的优势，将流量转换为"留量"。面向港澳游客加强宣传推介，为港澳游客提供更优质的服务，提升境外来穗人员在商贸领域的支付便利化水平。

B.4

从低空经济发展看广州消费业态升级[*]

林柳琳　魏　颖[**]

摘　要：　低空经济作为战略性新兴产业，正在成为引领未来区域经济发展的重要增长点。广州在发展低空经济方面具有产业基础扎实、龙头企业引领、科创实力雄厚等优势，但也面临产业规模偏小、企业竞争力不强、空域管理束缚等挑战。本报告在分析低空经济发展趋势和广州发展现状的基础上，剖析了低空经济为广州带来的发展机遇，如带动旅游消费升级、提升物流配送效率、完善应急救援体系、催生消费新场景等。针对广州发展低空经济面临的空域管理、基础设施、人才供给等挑战，提出了加快构建政策体系、完善基础设施与配套服务、促进产业创新发展、推进与消费领域融合发展、优化低空消费环境等发展路径，并从顶层设计、体制机制改革、重点产业培育、丰富消费供给等方面提出了推动低空经济与新消费业态协同发展的对策建议。

关键词：　低空经济　新消费业态　低空消费

一　低空经济发展趋势与广州低空产业现状

（一）低空经济发展趋势

近年来，国家高度重视低空经济发展。自2021年"低空经济"概念首

---

　*　本报告系2023年广东省党校（行政学院）系统哲学社会科学规划课题"加快推动广东制造业绿色高质量发展研究"阶段性成果。

　**　林柳琳，广州市委党校习近平新时代中国特色社会主义思想研究中心副教授，研究方向为新消费新业态；魏颖，广州市社会科学院国际商贸研究所副研究员，研究方向为商贸流通业、城市经济。

次被写入《国家综合立体交通网规划纲要》以来，一系列政策密集出台，国家从战略高度支持低空经济发展。2022年，《扩大内需战略规划纲要（2022—2035年）》明确提出要释放通用航空消费潜力。2023年12月，中央经济工作会议将低空经济纳入战略性新兴产业。2024年1月，《无人驾驶航空器飞行管理暂行条例》正式施行，为无人机产业规范化发展提供法治保障。在政策利好的推动下，我国低空经济迎来广阔的发展空间。

伴随产业政策支持力度持续加大，我国低空经济市场规模不断扩大。据粤港澳大湾区数字经济研究院（IDEA）预测，到2025年低空经济对国民经济的综合贡献值为3万亿至5万亿元。与此同时，无人机等低空装备技术加速突破，飞行性能和任务载荷能力显著提升。在供给潜力释放和消费需求拉动的双重驱动下，我国低空消费需求日益多元化，低空旅游、物流、应急救援、测绘等新业态新场景不断涌现，低空经济有望成为引领未来消费潮流和经济发展的新风口。

（二）广州低空经济产业发展现状

广州作为粤港澳大湾区的核心城市之一，在发展低空经济方面具有得天独厚的优势。近年来，广州市政府高度重视低空经济产业发展，出台了一系列扶持政策，着力打造低空经济产业集群，推动产业规模化、集约化发展。目前，广州低空经济产业已初具规模，呈现快速发展的良好态势。

1.龙头企业引领带动，无人驾驶载人航空器和农用无人机领域抢占发展先机

广州在无人机总装集成环节优势明显，涌现出一批掌握核心技术、具有国际竞争力的龙头企业。其中，亿航智能是全球首家上市的无人机企业，其自主研发的EH216-S载人自动驾驶飞行器成功获得中国民航局颁发的全球首张无人驾驶载人航空器适航证，标志着广州在无人驾驶载人航空器领域已跻身全球第一梯队。在农用无人机领域，广州极飞科技是全球规模领先的农用无人机企业。据悉，极飞科技75%的产品销往国内市场，农用无人机国内市场占有率高达40%，其余25%主要出口巴西、美国、泰国等国家。极飞科技依托自主研发的农业智能装备与数字化平台，为现代农业发展提供全

链条解决方案，引领农业植保无人机产业发展。

2. 产业集群加快构建，基础软件领域发展速度较快

集聚效应是产业做大做强的关键。目前，广州低空经济产业链日趋完善，涵盖整机研制、核心零部件、基础软件、运营服务等环节，初步形成产业集群。广州已集聚一批实力雄厚的通用飞行器企业，如亿航智能、小鹏汇天、极飞科技、广汽集团、优飞信息等40余家无人机、直升机整机及配套科研生产高新技术企业。在重要部件环节，程星通信、中雷电科、中科智云等公司围绕卫星通信装备、无人机雷达管控系统等开展研发生产服务。在定位导航领域，泰斗微、海格通信、中海达、南方卫星导航在卫星芯片、高精度算法、终端等方面拥有领先技术。配套服务方面，2022年成立的广东赛宝新天地科技有限公司统筹建设起降点、监视设施等地面配套设施。广电计量提升航空计量检测能力，助力C919适航认证。2023年，全市68家相关企业合计增值税发票开具金额同比增长13.6%，增速高出全市平均水平9.5个百分点，产业集聚发展态势良好。其中，基础软件领域发展尤为迅速。一方面，由于低空经济市场需求持续旺盛，对飞控系统、地面站软件等基础软件产品需求大增；另一方面，本土软件企业通过创新提升产品技术水平，在国内外市场竞争力逐渐增强，推动基础软件加速发展，有望成为产业集群新增长点。

3. 本地企业联动效应初显，"低空红利"惠及多个行业

随着低空经济产业规模不断扩大，本地企业联动、产业协同发展的态势日益明显。据不完全统计，广州拥有11家无人机整机研制企业，其凭借产业链上下游的串联作用，正在成为区域经济发展的新引擎。2023年，广州本地无人机整机企业向上游零部件、材料等行业的采购金额占比超过50%，带动上游企业营业收入实现较快增长。同时，整机企业产品销售覆盖面不断扩大，向本地农林牧渔业、信息技术服务业等下游行业销售金额大幅增长。由此可见，低空经济产业链条长、覆盖面广、辐射力强，通过上下游企业紧密合作，正在形成多行业协同发展的良性局面，"低空红利"效应初步显现。

4. 科技创新实力雄厚，高校院所助力产业发展

科技创新是推动低空经济高质量发展的关键因素。得益于珠三角地区最强大的高等教育资源禀赋，广州在低空领域科研创新实力十分雄厚。在 68 家核心产业链企业中，47 家为高新技术企业、12 家为国家专精特新"小巨人"企业，占比分别达到 69.1%和 17.6%，科创能力不容小觑。广州汇聚了粤港澳大湾区（广东）空天信息研究院、芯片制程关键材料联合研发中心等一批高水平科研平台，为基础研究和应用开发提供了有力支撑。同时，依托广州数字经济促进会等行业组织的桥梁纽带作用，有效整合产学研资源，加快科技成果转化应用，高校院所正在成为广州低空经济创新发展的中坚力量。

5. 智慧城市建设提速，应用场景不断拓展

应用场景是检验低空经济发展成效的"试金石"。近年来，广州积极顺应智慧城市建设需求，不断开拓低空应用新场景、新模式。在城市管理领域，利用无人机对楼宇外墙进行检测维护、开展大气污染物监测，减少人力成本投入的同时提升管理精细化水平。在交通出行领域，广州正在探索发展"空中出租车"，首批 3 条低空测试航线已开通运营，为缓解地面交通压力提供了新思路。在物流配送领域，顺丰、京东等企业纷纷布局无人机即时配送服务，实现偏远地区、应急药品"最后一公里"的快速直达。未来，随着 5G、北斗等新型基础设施建设提速，低空经济与垂直行业深度融合趋势更加显著，将为人工智能、数字孪生城市等新场景应用创造广阔空间。

尽管广州在发展低空经济方面已取得积极进展，但对标国内其他城市，仍存在一些亟待解决的短板和不足：一是产业规模偏小，产值规模不及深圳等龙头城市；二是龙头企业竞争力有待提升，在细分领域的行业地位和品牌影响力不够突出；三是顶层设计有待加强，缺乏市级层面统筹布局和政策引导；四是应用场景拓展不够，缺乏全市一盘棋的整体推进机制。

二　低空经济驱动广州新消费业态发展面临的机遇

广州正处于转变发展方式、优化经济结构的关键时期，低空经济产业作

为战略性新兴产业的重要组成部分，为广州经济实现"弯道超车"、推动高质量发展提供了难得的机遇。面向未来，广州将以更加开放包容的姿态拥抱低空经济，系统构建政策支撑体系，优化空域资源配置，打造一流营商环境，携手社会各界凝聚发展合力，加快建设全球低空经济创新高地，推动低空经济实现跨越式发展，为建设新时代中国特色社会主义先行示范区提供强大动力。

（一）低空旅游业态带动消费升级

旅游消费是低空经济的重要应用领域。飞行平台的发展突破了传统观光旅游受地面交通限制的瓶颈，使得空中观光成为可能。结合广州"山、海、城"融合发展的城市特色，借助直升机、小型飞机、热气球等装备，可开发空中游览、海岛观光等新型旅游项目，满足游客多样化、个性化的消费需求。同时，飞行表演、快闪航空体验馆等沉浸式航空文旅项目的出现，也将丰富广州旅游消费内涵，为消费升级注入新动能。此外，通航机场、航空小镇等新业态的发展，通过融合旅游、康养、科普等元素，有望打造出一批低空旅游新地标，拓展广州旅游消费新空间。

（二）低空物流配送提升消费便捷性

"最后一公里"的即时配送是提升消费便捷性的关键。借助无人机等低空装备，低空物流能够避免拥堵、节省时间，大幅提升配送效率。以深圳为例，截至 2022 年 6 月底，美团无人机已在深圳的 10 个社区、4 个商圈落地，完成面向真实用户的外卖订单超 5.8 万单，实现常态化运营，配送效率达到同距离地面配送的 2 倍。同时，低空即时配送效率的提高也将推动消费规模进一步扩大。"无人机+即时配送"的创新物流模式，将有力促进广州餐饮、生鲜、医药等即时消费品类销售额的增长，为传统消费注入新活力。

（三）低空应急救援提高消费安全性

近年来，随着低空经济蓬勃发展，低空应急救援在火灾扑救、自然灾害救援等领域的应用越来越广泛，有力增强了公众的消费安全性。在火灾救援方面，借助无人直升机等先进装备，可以对高层建筑火情进行及时侦查和精准灭火。无人直升机搭载消防吊桶、水箱等，可在空中悬停并喷洒灭火溶剂，对火场进行直接扑救。相比传统云梯车，无人直升机覆盖范围更广、作业效率更高，可有效避免人员伤亡，保障公众生命财产安全。低空应急救援在自然灾害等突发事件中大显身手。无人机可对灾区进行快速侦察，为救援工作提供一手情报。此外，无人机还可承担空中运输任务，将救援物资精准投送至偏远地区，确保救援物资高效灵活送达。同时，低空应急救援飞行器适合在复杂地形作业，如山地、丘陵等，可对被困人员实施空中搜救，有效提高救援效率。除了抗灾救灾，低空应急救援在航空医疗救护、应急物资运输等领域也发挥着重要作用，进一步增强了公众的消费体验感和安全性。随着 5G 通信、人工智能等新技术在低空经济领域的不断应用，未来低空应急救援能力将得到进一步提升，更好地保障公众的生命财产安全。广州正在加快构建陆空立体、军地融合的应急救援体系。未来，低空应急救援体系将更好地服务和保障广州居民生产生活，提升城市消费环境安全性。

（四）低空数据采集催生消费新场景

当前，数字化转型正在推动数据在消费领域的深度应用。低空数据采集技术为获取高质量消费数据提供了新途径，有力催生了诸多消费新场景。在农业领域，利用无人机对农田进行数据采集和智能分析，能为精准农业决策提供数据支撑。无人机携带多种遥感设备飞临农田，通过拍摄影像、测绘地形等手段，对农作物长势、土壤环境等信息实施动态监测，并结合大数据分析模型，为农户提供种植指导、病虫害预警等增值服务，促进农业生产精细化管理，助力都市农场等新型农业消费业态崛起。在城市规划领域，利用低空测绘技术可高效获取城市地理信息数据。无人机倾斜航摄技术能够对城市三维场景进行细致采集，为商圈选址、精准营销等决策提供准确依据。城市绿地、道路等公共设施的实景三维数据也可为相关管理部门制定更加精准的规划建设方案。精细化的城市三维数据有助于提升城市智能化管理水平，提升市民生活品质。此外，在应急救援、物流配送等领域，低空数据采集让相关部门及时掌握有效信息，提高救援效率和运输质量，增强公众的安全感和获得感。未来，随着广州加快数字政府、数字经济建设，低空数据采集与消费数据应用的融合将更加深入，必将为广州消费升级贡献更多新动能。

三 低空经济驱动广州新消费业态发展面临的挑战

尽管广州低空经济发展已具备良好基础，新消费业态也拥有广阔前景，但二者协同发展仍面临诸多挑战，亟须多措并举、精准施策。

（一）法规政策有待进一步完善

当前，我国低空经济尚处于探索阶段，顶层政策设计仍有待加强。尽管《无人驾驶航空器飞行管理暂行条例》的出台为行业发展提供了基本遵循，但在低空空域开放、飞行审批、运营管理等方面仍需进一步突破，以充分释放政策红利。同时，现有法规主要聚焦低空飞行安全，对低空消费行为的规范引导还有所欠缺。广州要想推动低空经济与新消费业态融合发展，必须尽快研究制定低空经济发展专项规划，围绕消费领域应用给予有针对性的政策扶持。

（二）低空管理体系亟须创新优化

空域资源稀缺、空情复杂，以及审批手续烦琐、审批流程长等问题严重制约了通航飞行效率的提升，增加了运营成本。广州应借鉴深圳经验，在全国率先开展低空空域管理体制改革试点，创新军民融合机制，精简审批流程，推动实现通航飞行从事前审批向事中事后监管转变，为本地低空经济发展争取更多自主权。

（三）专业人才支撑能力仍显不足

低空经济属于技术密集型产业，涉及航空制造、通航运营、空管服务等多个专业领域，对复合型人才的需求十分迫切。然而，现有高校培养体系难以充分匹配产业发展实际需求。同时，低空消费市场培育尚不充分，熟悉业态的专业服务人才也较为匮乏。对标国际水平，广州在低空经济人才储备方面差距明显，专业人才支撑能力亟待提升。未来，广州应加强航空类院校学科专业建设，开设低空经济相关课程，打造产教融合的人才培养基地。同时鼓励企业加大人才引进力度，完善人才激励机制，为行业发展提供坚实的智力支撑。

（四）低空消费配套设施建设滞后

低空消费作为新兴消费业态，对配套基础设施提出了更高要求。目前，广州在低空消费配套设施建设方面还存在明显短板。一是"软硬件"供给不足，适配低空消费业态需求的机场、空管、航油、维修等基础设施数量有限、布局分散，配套服务能力不强。二是空域资源开放有限，难以满足低空旅游观光、即时物流配送等场景化消费需求。三是信息基础设施滞后，低空大数据平台、信息管理系统等智能化水平亟须提升。高质量的消费体验，离不开完善的基础设施支撑。补齐基础设施短板，将是推动广州低空消费提质扩容的关键举措。

（五）"看得见、摸不着"问题制约消费潜力释放

当前，广州低空消费市场虽已初具规模，但"看得见、摸不着"的问题仍较为突出，制约了消费潜力的充分释放。一方面，市民对低空旅游、航空体验等新业态新模式认知不足，消费意愿有待进一步增强。另一方面，低空消费产品同质化现象突出，缺乏个性化、多元化的产品供给，难以满足消费者的差异化需求。同时，低空消费价格偏高，参与门槛较高，大众消费动力不足。此外，安全保障体系不健全，飞行事故赔付、旅客权益保护等方面的制度缺失，使消费者的顾虑加深，抑制了消费冲动。破除"看得见、摸不着"的消费瓶颈，营造安全放心的消费环境，将是助推广州低空经济腾飞的关键所在。

四 低空经济驱动广州新消费业态发展的路径

（一）加快构建低空经济政策体系

一是制定低空经济发展专项规划。广州应尽快出台低空经济发展专项规划，明确发展目标、重点任务和政策措施。规划应立足广州实际，注重问题导向和创新导向，对低空经济产业链各环节进行系统部署，为广州低空经济发展绘制时间表和路线图。二是建立低空空域管理机制。要建立统一的低空空域管理体制机制，简化低空飞行审批流程，优化空域资源配置。可探索在粤港澳大湾区试点，授权地方政府管理一定范围内的低空空域，并定期评估调整。同时制定低空空域使用标准，明确空域界定、飞行器识别等规范，提高空域资源利用效率。三是完善法规政策体系。加快出台低空经济发展的配套法规政策，为行业健康有序发展提供制度保障。加快立法进程，制定低空经济发展促进法等专门法律法规。制定行业标准体系，在飞行规则、运营服务、安全评估等领域建立统一规范。建立数据资产化政策，制定低空经济数据转化为数字资产的评估标准和工作机制。四是加大财税金融支持力度。设立低空经济发展专项资金，对核心技术攻关、基础设施建设等给予重点支持。落实税收优惠政策，对符合条件的低空企业减免所得税等。创新投融资机制，鼓励金融机构提供信贷和保险等服务。支持社会资本以市场化方式参与低空经济项目投资运营。

（二）完善低空基础设施及配套服务

一是加快低空监管基础设施建设。广州应大力建设低空监视、导航、通信等基础设施，构建空中交通管理系统。具体包括：部署低空监视雷达、无线电电视监视系统等，实现对低空飞行器的精准监视；建设卫星导航地基增强系统，提供高精度导航服务；建设低空航空移动通信网络，确保飞行器与地面的实时通信；引入人工智能等新技术，提高空域管控的自动化、智能化水平。二是规划建设通用航空机场和起降场地。制定通用航空机场建设专项规划，重点在城市及其周边区域布局一批功能完善的通用机场，配备起降区、塔台、航行区、候机楼等设施。同时鼓励利用现有农场、机场等设施改扩建通用机场。在城市综合体、交通枢纽等区域，规划布局一批无人机起降点及运营中心，配套建设起降坪、集控中心、维修保养区等服务设施。三是构建完备的低空运行服务保障体系。加快航油供给、维修、通信等配套设施建设，为低空飞行提供专业保障。重点包括：在低空经济产业园区等区域，规划建设一批维修基地和航材保障库；建设飞行服务站、航行服务系统等，提供飞行计划审批、气象服务等保障；规划布局航油供应网点，保障航油及时高效供给。建设统一的信息服务平台，提供飞行交管、空域资源管理等服务。四是建设区域航空应急救援基地。统筹布局若干航空应急救援基地，配套建设起降坪、应急物资存储及调度指挥中心等。整合现有直升机、应急无人机等力量，提高区域应急救援能力。推进应急救援信息网络建设，打造救援统一指挥调度平台。

（三）促进低空经济产业创新发展

低空经济涉及制造、服务等多领域，是先进制造业与现代服务业融合发展的重要方向。广州要立足产业基础，加快推进低空经济产业创新发展，打造具有核心竞争力的产业集群。一是推动低空装备制造创新升级。充分发挥广州在航空制造领域的优势，重点发展无人机等低空装备制造业。支持企业加强无人机关键技术攻关，掌握核心部件、飞控导航、人工智能等核心技术。鼓励有条件的企业建设低空装备创新中心、工程实验室，提升自主创新能力。推动低空装备与5G、大数据、云计算等新技术深度融合，加快智能化发展步伐。完善产业链条，培育一批航空新材料、航电系统、航空发动机等配套企业。二是培育壮大通用航空运营服务业。大力发展通用航空运营、维修、培训等服务业，推动产业链条延伸。鼓励社会资本投资设立通用航空企业，开展包机租赁、航空旅游等业务。扶持现有通航企业做大做强，打造一批具有市场影响力的骨干企业。支持发展第三方专业飞行服务机构，提供飞行维护、运营管理等服务。完善相关行业标准规范，规范市场秩序，优化营商环境。三是推动低空经济与其他领域融合创新。顺应消费升级趋势，大力推动低空经济与文旅、物流、应急等领域融合，催生新业态新模式。在文旅领域开发航空小镇、低空观光等特色项目；在物流领域鼓励"无人机+即时配送"模式，提高配送时效；在应急领域健全"无人机+应急"工作机制，开拓抢险救灾等应用场景。培育一批跨界融合的低空经济创新型企业，打造产业新引擎。四是完善创新支撑体系。加强低空经济关键技术攻关，集聚科技创新资源。支持高校、科研院所等建设低空经济创新平台，加强基础研究。鼓励企业设立研发机构，加大研发投入。推动低空经济与人工智能、大数据等新技术融合创新。营造创新生态，加强人才培养和引进，为产业发展提供智力支撑。

（四）推进低空经济与消费领域融合发展

低空消费是大众消费的新蓝海，广州应顺应消费结构升级趋势，加快培育低空经济新消费增长点，打造高品质消费新热土。一是支持发展低空游览观光、航空体验等消费业态。鼓励旅游景区、都市农业园区等引入直升机低空游览项目，开发错峰游览、夜游等新产品。支持举办航展、飞行大会等活动，开展飞行器设计、驾驶体验等互动项目，打造航空体验式消费新场景。推动航空小镇、飞行营地建设，发展航空主题文创、餐饮、住宿等配套消费。在消费场景规划、项目审批、服务监管等方面给予扶持。二是鼓励"无人机+即时配送"等新型消费模式创新。顺应智慧物流发展趋势，鼓励电商、快递、外卖等企业创新应用无人机即时配送模式，提升物流配送效率。支持在居民社区、写字楼等布局无人机配送"最后一公里"设施。在人口密集区、交通拥堵区、偏远地区等合理规划无人机配送航线。完善数据采集、智能调度等信息化系统，优化配送时效，提升消费体验，培育新的消费增长点。三是促进低空应急救援与居民消费需求精准对接。坚持以人民为中心，运用大数据等手段精准分析居民消费需求。支持"空中120"应急救援服务常态化运行，为居民提供及时、优质的医疗救助。在自然灾害多发、交通不便地区合理布局应急物资储备点，开通应急运输"空中通道"，保障民生供给。推行"无人机+巡检"模式,加强对水电油气等城市生命线的智能巡检,保障居民生活安全。

(五)营造良好的低空经济消费环境

广州应多措并举优化低空经济消费环境,以高质量供给引领带动高品质消费。一是加强低空经济科普宣传教育,充分利用广播、电视、网络等媒体平台,加大政策法规、发展动态的宣传报道力度,举办专题讲座、展览,普及低空消费知识,提升公众认知水平。鼓励企业举办开放日活动,"走进低空、触摸蓝天",增强体验感和获得感。加强院校合作,开展专业知识普及活动,提高大学生低空消费素养。二是开展多元化低空消费体验活动,举办低空消费节、航空嘉年华等互动活动,激发公众参与热情。鼓励景区、酒店等推出"低空游+"套餐,发展定制化模式。在商圈等布局体验中心,为市民提供便捷优质的产品体验服务,推动"低空+文创"跨界融合,丰富消费选择。三是健全低空消费安全保障机制,加快构建全过程、多元化的安全防护体系,制定低空消费安全管理办法,细化安全运行、应急处置等要求,压实企业主体责任。建立低空飞行事故保险制度,完善旅客权益保护机制。加强从业人员安全教育培训,提升行业整体安全水平。畅通维权渠道,及时化解矛盾纠纷,维护消费者合法权益。

五 推动广州低空经济与新消费业态协同发展的对策建议

低空经济正处于发展的战略机遇期,广州应立足自身区位、产业、消费等优势,超前谋划、创新突破,加快构建与超大城市地位相匹配的低空经济发展格局。通过系统化政策供给,带动制造业提质增效、服务业优化升级,推动低空经济与消费升级融合发展,形成以低空经济为引领的战略性新兴产业集群,打造全国低空经济创新发展高地,为加快建设社会主义现代化国际大都市提供强劲动力。

（一）顶层设计，纳入广州国民经济和社会发展规划

将发展低空经济、培育新消费增长点纳入广州国民经济和社会发展规划，作为构建现代化产业体系、推动经济高质量发展的战略举措。厘清低空经济发展定位，明确阶段性目标，细化重点任务，突出改革创新导向，形成上下贯通、执行有力的规划体系。完善空间布局，统筹低空产业发展、消费升级、民生改善等，在国土空间规划中预留低空经济发展空间。

（二）改革创新，探索符合广州实际的低空管理模式

作为超大城市，广州应立足自身实际，在低空空域管理改革上先行先试、大胆创新，努力争取更大的自主权。一是优化空域资源配置。广州可借鉴航空城市群理念，与周边地区建立空域资源共享机制。合理统筹军民空域使用需求，建立空域临时调整、弹性使用的协同模式，提高资源利用效率。二是创新空管运行模式。要顺应低空经济发展需求，打破传统空管模式，创新全域低空监视、分级分层管理的新模式。引入人工智能等新技术，实现低空飞行器身份识别、轨迹监视、智能调度，提供精准高效的空管服务。三是完善管理协同机制。整合民航、国防等部门力量，建立低空管理协调工作机制。统一制定管理标准，规范审批流程，提高审批便利度。同时加强部门联动响应，及时化解低空运行中的突发情况。四是加强基础设施建设。广州应加快低空监视、通信、起降等基础设施建设，并与周边接壤城市统筹规划、互联共享。同时加强低空空域数字化建设，为低空管理创新提供有力支撑。建立部门协同工作机制，提高管理效率，打造低空经济创新发展的"广州样本"。

（三）聚焦重点，打造若干低空经济产业集聚区

坚持错位发展、特色发展，推动低空经济产业集聚发展。依托广州临空经济区等载体，高标准规划建设若干低空产业园，鼓励龙头企业、科研院所、金融机构等集聚发展。支持南沙区建设无人机产业示范区，打造集研

发、制造、测试等于一体的无人机产业生态圈。支持花都区规划建设通用航空小镇，发展飞行培训、通航运营、航空体育等业态。在从化区打造空中游览特色小镇，发展观光旅游、康养度假等消费业态。

（四）丰富供给，加快发展低空经济新场景新业态

顺应消费提质扩容需求，发挥低空经济赋能带动作用，加快培育一批有广州特色、有市场竞争力的消费新业态新模式。实施"低空+文旅"战略，支持将低空旅游体验项目纳入"广州一日游"精品旅游线路。在琶洲会展区、广州塔、花城广场等地标性建筑周边合理布局一批低空游览项目。创新"低空+体育"消费模式，支持举办飞行表演赛、飞行器 DIY 大赛等赛事活动。创新低空应急救援机制，推动"空中医疗"常态化运行，更好满足居民多层次健康需求。

（五）融合发展，促进低空经济与消费升级有机衔接

坚持以供给侧结构性改革引领需求侧创新，推动消费提质扩容。推进低空经济发展与扩大内需战略、加快建设国际消费中心城市等重大部署衔接协调，统筹政策、项目、资金等，形成工作合力。鼓励传统商圈、特色街区与低空企业合作，开发消费新场景。支持"低空+夜经济"融合发展，丰富夜间消费业态。推动"低空+科普"融合发展，提升公众低空消费素养。加快推进信息消费，发展线上线下融合消费新模式。

参考文献

魏进武：《低空经济发展潜力极大》，《中国经济周刊》2024 年第 Z1 期。

林然：《低空经济开启发展元年　关注 eVTOL 产业进展》，《股市动态分析》2024 年第 2 期。

李奕、陈婷婷：《"天空之眼"瞰低空经济振翅高飞》，《先锋》2024 年第 1 期。

陈赞亮、张成、孙旭东：《广州开发区：让低空经济"高飞"》，《中国报道》2023

年第 11 期。

陈卓：《完善低空经济产业链　推进通航制造产业升级》，《大飞机》2023 年第 10 期。

曾晶、吴炎瑾、刘大畅：《城市低空经济关键支撑技术探讨》，《互联网周刊》2023 年第 20 期。

陈志杰：《加强天地融合智联，助推低空经济腾飞》，《信息通信技术》2023 年第 5 期。

田园等：《面向低空经济的无人机通信及标准进展分析》，《信息通信技术》2023 年第 5 期。

贾诗雨、蔚保国、刘亮：《北斗+低轨通导一体位置服务网络与低空经济应用》，《信息通信技术》2023 年第 5 期。

赵崇煦、刘聪、王喆：《关于广州打造大湾区低空经济枢纽城市的对策建议》，《中国工程咨询》2023 年第 10 期。

郭辰阳、敖万忠、吕宜宏：《低空经济与通用航空、无人机、UAM 的关系分析》，《财经界》2023 年第 28 期。

张雄化：《低空经济兴起及高质量发展的理论与实践：深圳的视角》，《特区经济》2023 年第 8 期。

钟媛媛：《低空经济高质量发展对策研究——以深圳市龙华区为例》，《产业科技创新》2023 年第 4 期。

汪婷、高波：《低空空域管理改革背景下江西省低空经济发展路径和举措研究》，《科技广场》2022 年第 3 期。

何行、张廷玉：《低空经济产业链以及配套问题解决方法研究》，《中国经贸导刊》2021 年第 22 期。

王吉、陈梦月：《关于加快推进自贸港低空经济发展的思考》，《今日海南》2021 年第 2 期。

高波、汪婷：《加快推进江西省低空经济发展的"八化"措施》，《科技广场》2020 年第 4 期。

B.5
广州老龄友好型消费环境建设情况调查分析

柳坤 揭昊 杨振武*

摘　要： 随着老龄化程度的加深，老龄群体从消费的边缘群体逐步转变为参与消费的重要主体，成为扩大和促进消费的重要力量。本报告采用问卷和访谈的方式对广州老龄消费环境存在的问题进行调查，结果显示：老龄消费供给多样化、品质化、人性化水平有待提升；老龄消费渠道不畅和场景不足，消费场所适老化水平有待提升；涉老消费维权难度较大，消费安全和信任感不够；老龄消费群体面临数字障碍，数字适老化改造仍需深入。为此，可借鉴国外经验做法，加强顶层设计，丰富老龄消费供给，畅通老龄消费渠道，加强消费权益保护，弥合老龄数字鸿沟，促进老龄群体消费参与，实现老龄消费红利高效释放，在锚定"走在前列"总目标、奋力推进"二次创业"中发掘消费增长新动能。

关键词： 银发经济　国际消费中心　老龄消费环境

习近平总书记在二十届中央财经委员会第一次会议上明确指出："要实施积极应对人口老龄化国家战略，推进基本养老服务体系建设，大力发展银发经济。"① 2023 年 12 月，中央经济工作会议提出"发展银发经济，推动人

---

* 柳坤，广州市社会科学院国际商贸研究所博士，研究方向为经济地理、消费经济；揭昊，广州市社会科学院国际商贸研究所研究员，研究方向为对外贸易、"一带一路"；杨振武，广州商学院经济学院副研究员，研究方向为区域经济、金融管理。

① 《社会适老化改造还需要在哪些方面重点着力？全国政协召开双周协商座谈会建言献策！》，"人民政协网"百家号，2023 年 7 月 8 日，https：//baijiahao.baidu.com/s？id=1770820182648874525&wfr=spider&for=pc。

口高质量发展"。对银发经济的重视，体现了中央对增进老龄人口福祉、推动经济增长动力转型的深刻洞察。据《中国老龄产业发展报告》预测，到2050年，全国老龄人口总数将达到4.85亿人，老龄产业规模将增至106万亿元左右，占GDP的比例将增至33%。国家发改委发布的数据显示，2020年，中国银发经济总规模约5.4万亿元，占全球银发市场的比重为5.56%。与中国老龄人口占全球老龄人口20%以上的比重相比，银发经济显现出广阔的市场空间，扩大老龄消费蕴含巨大的潜力，是激发消费潜能、扩大有效投资的有力抓手。习近平总书记视察广州，寄望广州继续在高质量发展方面发挥"领头羊"和"火车头"作用。市委十二届六次全会提出锚定标高追求，要把激活新动力、再造新优势作为突出主题，继往开来推动"二次创业"再出发。为此，深入学习贯彻习近平总书记重要讲话、重要指示批示精神，落实市委十二届六次全会精神，着力推动老龄友好型消费环境建设，对广州推动老龄产业发展、激发消费新动能、增进老龄群体民生福祉，在"二次创业"中开创高质量发展新局面具有重要意义。

一 老龄友好型消费环境的内涵

随着老龄化程度的加深，老龄群体从消费的边缘群体逐步转变为参与消费的重要主体，成为扩大和促进消费的重要力量。2022年底，广州户籍老龄人口达195.20万人，占户籍人口的18.86%，比2021年增加10.39万人。另有老龄流动人口48.31万人。其中，越秀、海珠、荔湾和白云各区户籍老龄人口均在20万人及以上，分别达到33.4万人、30.7万人、24.1万人和20.0万人，合计占全市户籍老龄人口规模的比重超过55%。[1] 预计到2025年，全市60岁及以上常住和户籍老龄人口分别将超过287万人和197万人[2]，形成潜力巨大的老龄消费市场，是激发消费潜能、拉动内需的重要领域。

---

① 数据来源：广州市卫生健康委员会。
② 数据来源：《广州市老龄事业发展"十四五"规划》。

消费环境与营商环境、创新环境一样，也是承载经济高质量发展的宏观制度体系，对激发消费意愿、引导消费行为具有重要作用。老龄友好型消费环境是形成强大消费动能的重要前提条件，是在代际公平和谐的准则下，适应老龄社会新的需求结构，建立品质化、多样化、个性化的供给体系，让老龄群体便捷高效、放心舒心的参与消费，提高生活质量，积极应对人口老龄化。老龄友好型消费环境的内涵可以理解为以下几点。一是品质化、多样化、人性化的消费供给。随着经济发展和社会进步，老龄消费从注重物质消费转向注重精神满足及消费过程的体验享受，朝着追求高质量生活的方向发展，对消费供给层次及内容等提出了新的要求。二是畅通便利的消费渠道。受限于自身生理机能退化，老龄消费着重于就近满足、就便获取，菜市场、商超、餐饮店、文化场所等是主要的线下消费载体，融合了吃、玩和社交等需求场景。三是安全信任的消费感知。老龄消费由强社交信任驱动，无论是线下还是线上，安全信任的消费感知是其消费的底层驱动力，涵盖了其对产品、服务及商家的信任，以及对售后服务、消费权益保护等的认同。四是便捷高效的消费参与。电商平台、短视频、直播及支付方式等消费工具的数字化转型，以及数字内容和数字智能产品等的出现为老龄群体参与消费提供了便捷高效的媒介，重构老龄消费版图。

二　广州老龄消费环境建设存在的主要问题与原因分析

为厘清当前广州老龄消费环境存在的主要问题，笔者于2023年7月前往老龄化突出的荔湾区、越秀区、海珠区及天河区进行问卷访谈，分别收回有效问卷27份、29份、25份、21份，共102份。受访者的基本构成情况：60~64岁、65~69岁、70~74岁、75~79岁、80岁及以上分别为37份、30份、21份、10份、4份。男性、女性占比分别为44.1%、55.9%。企业、机关事业单位、高校科研院所等退休人员占比达78.4%，退休金收入在6000元以上的占比为56.9%。除了退休金，拥有个人储蓄、投资收益及子女支付赡养费收入的占比为71.6%。同时，笔者还对泰康人寿·粤园等养老机构进行访谈调研。

（一）老龄消费供给多样化、品质化、人性化水平有待提升

中国老龄协会发布的数据显示，目前全球老年用品（康复辅助器具）有6万多种，而国内仅有2000多种，主要覆盖老年人的基本生活。目前，中国老年人总体服务需求满足率仅为15.9%，尚有84.1%的老年人的服务需求未能得到满足。① 据阿里巴巴发布的《老年人数字生活报告》，2022年老龄消费市场增速达20.9%，老龄消费的新增长点正从传统的健康医药转向健康管理及智能设备、旅行、美容等。为支持老龄产业发展，广州连续举办9届中国国际老龄产业博览会、10届社会组织公益创投项目和广州博览会老年健康产业展等活动。为深化科技创新与老龄产业融合，2023年11月，广州市民政局与黄埔区政府联合举办首届广州智慧康养（适老）装备创新设计大赛，还向获奖作品提供成果转化、媒体宣传支持等对接服务。细分领域及升级型服务供给不足，仍难以满足老龄群体日渐增长的个性化、品质化、多元化消费需求，主要体现在以下几个方面。

一是老龄消费供给有待丰富。54.9%的受访者认为老龄消费供给种类少、同质化水平较高，市场注重婴幼儿及年轻客户，老年专用食品、特殊用品、专用护理及保健用品等供给较少。养老机构调研发现，老龄群体对翻身护理床、按摩椅、助卧助浴和特殊用品需求较大，对应的市场空间广阔。34.3%的受访者反映市场上能够激发消费意愿的产品较少。原因在于涉老消费品细分不足、定位模糊，难以契合老年人心理、生理和行为特征，产品集中在中低端领域，企业研发投入意愿不强。二是老龄升级型消费需求供给不足。亿邦智库联合天猫家电发布的《2023年银发人群消费趋势洞察报告——家用电器篇》显示，从天猫供需指数来看，适老家电行业需求侧涨幅远超供给侧。2022年，天猫适老家电商品的搜索量同比上涨200%，需求集中在集成家电、冰箱、洗护、环境健康、居家生活、个人护理等类别。44.1%的受访者认为享受型消费（包括时尚购物、旅游、看电影等）供给

---

① 范宪伟：《银发经济发展的趋势特征、问题及对策建议》，《中国国情国力》2022年第8期。

不足。特别是有较高退休金收入（6000元以上）和低龄老年群体（61~65岁）消费能力较强，对保健产品、电子产品、社交娱乐、时尚消费、旅游等需求较大，认为升级型消费需求供给不足的占比超过80%。三是老龄产品人性化程度不高。52.7%的受访者认为老龄产品功能多，实用性、人性化程度不高。对养老机构的调研结果显示，国产失能和需康复护理的老年人所需的护理设备及辅具，设计功能与实际需求并不匹配，功能过于复杂、操作困难、标志不清晰，部分厂商为提高产品溢价添加不适用的功能，导致产品接受度降低。而进口产品人性化设计方面做得更好，但价格较高。

（二）老龄消费渠道不畅和场景不足，消费场所适老化改造水平有待提升

近年来，广州着力优化商业设施布局、完善社区消费服务体系。全市商业约七成的基本保障业态处于"5~10分钟"即500米步行范围内，超过九成的品质提升业态处于"15分钟"即1000米步行范围内，满足居民日常基本生活需求。① 2016年，广州以中央财政支持开展居家和社区养老服务改革试点为契机，大力完善居于老龄需求首位的助餐配餐服务。截至2023年11月，全市共建成长者饭堂1218个，覆盖全市街道（镇）、社区（村）。② 自2021年起，广州持续开展社区养老服务公益博览会活动，推动微型博览会进社区，让养老服务、生活护理、辅助器具、康复医疗、宜居建筑、健康管理等相关企业与老龄消费者对接交流，让老龄消费更加便捷。但就近就便、高效的线下消费渠道布局与群众的需求及预期仍存在一定差距，主要体现在以下几个方面。

一是老龄用品专柜和专卖店布局较少。31.4%的受访者认为要购买中意的产品存在一定困难，较多地依靠子女代购。41.2%的受访者认为商场、超市缺乏专门的老龄专柜，诸如拐杖、轮椅、老花镜、助听器等简单生活辅助用品社区周边商店鲜有销售，集中化的销售场所也比较稀缺。原因在于老龄

---

① 广州市社会科学院国际商贸研究所：《高质量发展背景下广州扩大消费的战略研究》，2023年11月。
② 数据来源：广州市民政局。

消费除了老龄专用纸尿裤这类刚需消耗品需求集中外，其他老龄消费商品客单价或购物频次较低，商家租金、人工成本较高而利润微薄，导致商家销售意愿不强。二是老龄文旅消费渠道亟待打通。携程发布的《2023 银发人群出游行为洞察》显示，截至 2023 年 10 月 15 日，55 岁以上人群出游数量较上年同期增长近 2 倍，老年出游意愿更强烈、消费均价上涨、更喜欢跟团游、消费分化成为显著特征。34.3%的受访者表示文旅消费面临想消费却无渠道的尴尬局面。原因在于市场上可供老龄群体消费的文化产品类型比较单一，仅有社区活动中心或老年大学的书法班、合唱班等常见低消费或无消费类型，电影院、剧场等较少针对老龄群体推出产品或服务。传统老年旅游路线设计、游览时长、服务内容等与实际需求脱节，适应老年人需求的康养旅居、私人定制、养生研学等旅游服务项目空缺。另外，老龄群体在消费信息渠道发现方面的能力相对较弱，由于宣传和营销力度不够，难以引起其关注和兴趣。三是消费场所适老化改造水平不高。近年来，广州积极推动公共空间、交通设施以及老年人居家适老化改造，但经营性消费场所适老化改造还不够。28.4%的受访者在消费决策时担心影响消费体验，原因在于一些餐饮店、影院、超市等注重吸引年轻客户，若设立老龄消费窗口、休息区、老龄专用卫生设施及无障碍通道，担心增加成本或减少经营面积。部分旅游景区内交通、信息标识、餐饮等适老化改造水平有待提升。

（三）涉老消费维权难度较大，消费信任和安全感不够

为推动消费环境建设和消费者满意度提升，广州从健全消费者维权机制、规范市场经营秩序等方面着手，积极构建"共建、共治、共享"的放心消费环境。2021 年 6 月，市、区两级政府建立了消费者权益保护工作联席会议机制，加强投诉举报数据分析研判，将责任压实到各区、街道。为不断畅通消费维权渠道，已在全市设立 1205 家消费维权服务站，促进消费矛盾纠纷多元化解。① 为推动放心消费走深走实，广州市消费者委

---

① 数据来源：广州市消费者委员会。

员会动员律师团、专家库、消费维权志愿者等社会力量，送"法"进企业、进学校、进社区。推广践行放心消费"双承诺"，截至 2023 年 8 月，广州全市共打造 3268 家放心消费承诺店，741 家线下无理由退货承诺单位。① 广州市市场监督管理局通报 2022 年消费投诉举报及消费维权工作情况，退费纠纷、"老小"消费、消费新业态等已成为投诉举报的热点问题，涉老年人和未成年人消费的投诉举报量较上年增长近一倍，主要问题体现在以下几个方面。

一是老龄消费维权举证难度较大。34.3%的受访者遇到维权难的问题，原因在于涉嫌不法经营者游走于法律、法规的边缘，利用老年人观念保守、辨别力不强的特点，通过免费讲座、免费体检、旅游参观、情感销售等手段，打亲情牌、走温情路线进行虚假宣传或诱导消费。部分商家故意不提供消费发票、联系方式等，以此提高维权门槛，一旦出现问题需要售后，便以各种借口进行推脱或直接拒绝。而老年人风险意识相对淡薄，部分老年人运用法律手段维权的能力较弱，收集和保存证据的意识与能力比较欠缺，使得维权时举证难度较大。二是商品和相关服务标准缺失，消费安全感不足。61.8%的受访者认为老龄用品和相关服务标准体系不健全，影响消费获得感和安全感。原因在于目前国内老龄产业处于起步阶段，缺少统一的市场规范及准入标准，产品和服务质量参差不齐，部分企业故意夸大产品功能甚至以次充好，造成老龄消费领域的欺诈、纠纷时有发生，实际上这也成为影响社会消费活力释放的重要因素。三是老年人普遍对商家宣传缺乏信任。超过90%的受访者表示信任街坊、朋友及家人等推介的产品和服务、促销优惠等消费信息，而对互联网、自媒体、活动宣传等推荐的消费信息持信任态度的仅占57.8%。主要原因在于，一方面，担心商家虚假宣传商品性能、功能或发布引人误解的广告。另一方面，由于理念与认知存在差异，受教育程度低的老年人对新兴事物或智能产品很难较快建立信任，加上消费观念较为保守，消费意愿不强。

---

① 数据来源：广州市消费者委员会。

（四）老龄消费群体面临数字障碍，数字适老化改造仍需深入

2022 年《中国互联网络发展状况统计报告》显示，仍有近半数老年人未接触过互联网，相当一部分老年人不会使用智能手机，在消费、出行、就医等方面面临数字障碍。2021 年《广州市切实解决老年人运用智能技术困难的工作方案》提出，要扩大老年人专用智能产品的有效供给，提供更多智能化、适老化产品和服务，开展老年人运用智能技术教育培训。2021 年，广州被推选为国家"智慧助老"中心城市后，市老龄办联合市志愿者协会组建 2000 人的"智慧助老"骨干志愿者队伍，持续深入社区组织老年人参与运用智能技术培训。① 2021 年 7 月，市商务局联合支付宝组建"蓝马甲老人服务驿站"，落地 100 家门店帮助老年人提高数字生活技能、跨越数字鸿沟。② 数字软硬件产品种类不断丰富，在为促进老龄消费高质量发展创造条件的同时，造成一些心理和使用障碍方面的困扰，主要体现在以下几个方面。

一是数字接入障碍和求助行为给老年人造成心理负担。调查发现，老年人在使用智能设备或数字技术过程中主动性较差，44.1% 的受访者表示不会主动学习。原因在于老年人遇到的使用障碍不断增加，引发畏难情绪和抵触心理。例如，线上支付时，出于安全考虑密码通常要求较为复杂，需要数字加特殊符号，老年人遗忘的情况就容易发生。在遇到困难时产生的求助行为，也会让其心理产生不适、降低自我效能感，影响老年人消费获得感以及数字智能设备的应用。二是表层适老化改造难以满足老年人的需求。由于现行相关政策并未要求所有产品都进行适老化改造，加之如"长辈模式"需去广告等，这些与企业盈利模式相冲突，部分企业前期投资不能很快见效，在运营周期内难以获利，自然"后劲不足"，最终退出研发市场。企业缺乏适老化改造的内在驱动力。企业大多会根据工信部出台的移动互联网应用适

---

① 《广州"智慧助老"公益行动助更多老人触网》，《广东电视周报》2021 年 7 月 29 日。
② 《广州年内将建超百个蓝马甲老人服务驿站》，《广州日报》2021 年 7 月 19 日。

广州蓝皮书·国际商贸中心

老化通用设计规范进行一些基本的、简单的调整，未能进行深层次交互逻辑上的适老化思考及改造，仍存在命名容易混淆、界面复杂、程序繁多等不足，适老化产品功能与实际需求还存在一定的差距。三是适老化数字消费工具有待加速普及。截至 2023 年 7 月，工信部指导 1735 家主流常用网站和手机 App 完成适老化及无障碍改造①，可以让老龄群体更方便地使用互联网消费。但 45.1%的受访者表示不知道有专门的老年人购物网站或手机 App，原因在于老年群体前期对电子产品及软件应用的功能了解较少，对于一些网站、App 的熟悉、普及、应用与掌握需要经过一段相当长的时间，适老化数字消费工具宣传推广力度不足，还需加强普及渗透。

三 国外老龄友好型消费环境建设的经验做法

在国际社会，老龄化已成为许多国家不得不面对的趋势和问题。发达国家在推动老龄友好型消费环境建设，将老龄化带来的"夕阳经济"转化为消费增长红利方面起步较早，在满足老龄群体多样化需求、发展老龄消费新业态新模式、加强制度标准规范建设、深化数字适老化、促进老龄消费方面具有丰富的经验。

（一）以政策支持老龄消费细分领域多样化供给

为适应老龄社会消费结构变化的需求，日本和韩国积极挖掘老龄消费细分领域的空缺市场和发展空间，丰富市场多样化供给。日本出台《促进福利用具研究、开发和普及的法律》，重点扶持移乘搬运、移动辅助、步行助力、自动排泄处理、健康监测和走失监视等智能化产品的开发推广，生产出大量细节化、人性化、智能化的老龄用品。建立以创造新价值和新服务为基础的数据库，推动支撑平台的基础技术、健康大数据共享利用等科技手段服务老龄需求。地方政府牵头定期举办老龄产品博览会，为老龄产品和消费者

---

① 数据来源：工业和信息化部。

搭建直接的交流平台，在资金方面为涉老企业提供长贷款和利率优惠。韩国政府颁布《高龄亲和产业振兴法》，建立了各种支持制度，以丰富老龄产品和服务供给，指定由老龄亲和产业支援中心接受消费者的投诉，政府每年开展老龄生活状况调查并出具相关报告，以掌握老龄消费需求。

（二）以场景创新发展老龄消费新业态新模式

从满足老龄群体多样化需求出发，创新拓展老龄消费场景，推出各类消费新业态新模式，帮助老龄群体便捷地获取产品或服务。日本社会深度老龄化催生出大量的老龄连锁健身、连锁 KTV、老龄旅游、老龄百货等业态。为专门满足老龄消费者的需求，东京永旺葛西购物中心打造了老龄购物中心，把健身、学习等所有老龄需求都搬进商场，商场与周边老龄群体建立了紧密联系。鼓励旅游公司推出更符合老龄群体多样化需求的服务和产品，除了提供多样的旅游目的地选择外，旅游地的酒店还配备浴室用轮椅、老龄专用清洗台等老龄友好设施。出游形式也十分灵活，包括短期度假游、候鸟式旅居游、探亲访友游、医疗养老游等。2021 年，有超过 400家公司从事老年旅游相关服务，带动了购物、保险和广告媒体业务生态圈发展。[①]

（三）以制度标准规范营造安全信任的消费环境

新加坡和日本从政府引导和行业自律两个层面出台了一系列细化的老龄产品及服务标准，建立了相关制度规范，以此营造安全信任的老龄消费环境。新加坡标准、生产力与创新局于 2011 年成立了银发产业标准委员会，制定和实施一系列支撑老龄化、可操作性较强的标准，提升适老产品和服务的安全与质量水平。日本在厚生省和通产省成立了"社团法人银发服务振兴会"，建立"银色标志制度"以加强行业和企业自律，成立了由消费者、厂商代表及相关学者组成的"银色标志认证委员会"，对符合条件的老龄产

---

① 数据来源：浙江省老年照护研究会。

品、服务及其厂商进行认证、公布。为鼓励老龄旅游业发展，日本旅馆生活卫生行会联合会出台了旅游设施"银发星"制度，要求所有向"全旅联"申请认证的旅馆和饭店在设备、服务、餐饮等方面都必须达到一定的适老化服务标准。

（四）以数字适老化改造支持老龄群体消费

在数字化和老龄化叠加的社会转型背景下，老龄群体面临的数字鸿沟是各国共同面临的难题，国外城市全方位加强老龄群体的数字权益保障。新加坡数字办公室推出一整套面向老年群体的"数码乐龄计划"，近3年，为超过21万名老年人提供智能手机视频通话、政府数字服务访问、在线支付等数字技能培训服务。组建由全职员工和志愿者组成的"数字大使"团队，活跃在112个市场、咖啡店和公司食堂，帮助老年人学习使用二维码支付。还设立了60个数字社区中心，为老年人提供个性化支持，帮助他们学习数字技能、使用电子政务服务等。实施长者移动接入计划，低收入老年人以20美元的低价就能购买一部智能手机，两年内月上网费仅需5美元。① 首尔市政府启动"与数字化时代弱势群体同行"活动，通过智能终端适老化、"数字导游""老老互助"项目、智能手机上网服务优惠等举措提高老龄群体的消费参与度。

四 广州老龄友好型消费环境建设对策思路

国外通过建设老龄友好型消费环境，探索了老龄消费红利转化的新路径，拓宽了扩内需促消费的思路，提供了激发消费新动能的有益经验。广州推动老龄友好型消费环境建设，事关老龄群体民生福祉，事关国际消费中心建设和消费动能培育，建议尽快开展顶层谋划、扩大老龄消费供给、丰富老龄消费场景、加强消费者权益保护、加快弥合老龄数字鸿沟，构建供给完

---

① 数据来源：新加坡数字办公室。

善、场景丰富、放心舒心、数字包容的老龄消费环境，激发老龄消费新动能、赋能"二次创业"。

（一）尽快开展顶层设计，制定相关工作方案

系统谋划老龄友好型消费环境建设支持方案，建立责权明晰、监管到位的管理体制，合力营造有利于老龄消费市场发展的氛围。第一，出台老龄友好型消费环境建设指导意见。建议由市商务局会同市场监管、发改等相关部门建立协同联动工作机制，研究制定老龄友好型消费环境建设的指导意见，明确中长期建设目标、重点任务及实施举措。第二，加快制定相关制度规范和标准体系。鼓励支持行业协会、企业参与老龄产品和服务标准的制定，加大对国际标准的采标力度。国家标准尚未明确的，先行制定一批关键急需的产品（服务）地方技术标准体系和地方行业认证标准体系，以标准体系引导和规范各类市场主体行为。建立老龄用品领域标准化信息服务平台、产品质量测试平台，为行业发展和评测提供支持。第三，制定具有实操性的支持政策。结合《广东省保育康复（老弱病残）用品产业高质量发展实施意见》确立的产业领域和布局的两个重点集聚区，建议由发改部门牵头出台相关产业主体培育壮大、消费设施建设等配套政策，从资金投入、土地供给、基础设施建设、税收减免、审批程序简化、人才培养和平台提供等方面制定相应的支持举措，重点支持医药制造、日用品及辅助产品、医疗器械制造、食品制造等领域。第四，开展持续跟踪研究和立体化宣传推广。加强对老龄产业和消费需求的常态化跟踪研究，编制老龄用品和服务目录，发布年度报告和前沿动态，为相关部门制定规划和政策、项目评估论证及企业发展等提供参考。建议商务及宣传部门深化与"两微一抖"等平台合作，提升老龄友好型消费环境建设的社会支持力度和认可度。

（二）完善消费供给体系，提升产品和服务供给质量

推动老龄用品产业提质增效，精准对接老龄群体的消费需求，建立需求导向型的高质量产品与服务供给体系，助推消费潜力释放。第一，促进老龄

用品产业高质量发展。以广东省推动工业企业加快实施技术改造为契机，用好省产业发展基金、创新创业基金等政策性基金，市财政给予配套支持，按照市场化运作方式对以技术升级为导向的并购项目提供支持。支持企业联合科研机构建立老龄产业创新联合体，大力开展老龄产业细分领域创意创新创业大赛，以赛促投、以赛促产，促进产业创新端与需求端融合发展。支持国有资本、创投基金引导集聚社会资本，面向老龄群体的精细化需求，投资孵化老龄新兴产业，以优质供给助力老龄消费升级。第二，扩大老龄文旅消费精准供给。建议文化部门支持文化单位创作契合老龄群体需求的作品，鼓励文化场所在白天时段编排经典题材，以惠民价格对老龄人群开放。由商务部门牵头常态化组织商家举办老年文化节、文旅消费进社区系列活动，联合商家向老龄群体发放文旅消费补贴，推广形式多样的老龄文旅消费产品。第三，以大数据驱动老龄消费供给方式变革。建议工信部门整合政府、医疗机构及企业的数据，挖掘不同年龄段、不同收入阶层老年人的消费特征，支撑老龄产品和服务进行准确市场定位和精准市场细分，赋能产品研发和推广。支持细分领域行业龙头企业牵头成立数字化转型联盟，开展集成应用创新，进行数字科技协同赋能。第四，开展老龄产业品牌培育行动。建议市场监管及商务部门建立品牌激励机制，大力开展品种培优、品质提升、品牌打造行动，针对不同细分领域，培育打造一批创新力强、品质优良的特色品牌。推动完善品牌相关的知识产权与国际规则和标准衔接，加快品牌标准推广和标准信息共享。支持企业将城市形象融入品牌塑造，鼓励其参与国际重大交流活动。

（三）畅通老龄消费渠道，丰富老龄消费场景

构建老龄消费便利圈，搭建常态化、集中式消费平台，推动居家适老化改造及商业组织适老化服务调整，提升老龄群体消费体验。第一，构建老龄消费便利圈。以正在推进的 15 分钟便民生活圈建设为契机，重点引导老年人口基数大及老龄化程度较深的社区布局线下老龄用品实体店，鼓励外围城区商场增设老龄消费专区，开设品类丰富的老年体验店。依托基层社区、卫

生机构等单位，做好老龄辅助用品、康复用品等重点品类的功能普及和消费指引，激发"身边效应"。通过税收和租金优惠支持相关服务中介机构广泛开展助急、助医、助行、助浴、助洁等老龄服务，满足就近就便的服务需求。第二，搭建常态化、集中式消费平台。建议商务部门在举办老龄产业博览会、康复医疗博览会等展会的基础上，组织开展垂直细分领域的专业博览会。结合政府消费券、敬老活动月等，以"政府引导+市场自发"的形式，组织老龄所需、优质优价的商家开展老龄产品进社区展销活动。支持引导部分专业市场向老龄用品产销展贸转型，培育若干特色突出、线上线下融合的老龄消费示范市场。第三，加快推动居家适老化改造。建立多元化的适老化改造投入机制，鼓励和引导社会、金融机构、企业、公益慈善组织共同参与资金筹措，严格筛选优质服务商、供应商，有效连接适老化改造需求与产品服务供给。第四，鼓励商业组织开展适老化服务。引导商家制定老龄服务管理规范、程序规范、记录规范等规范性文件，明确服务质量承诺以及实现措施。鼓励商业服务设施结合老年人需求，进行无障碍化改造和专门优化。倡导商家为老年人提供咨询、结算、休息、如厕、医护等方面的专门通道。

（四）加强消费者权益保护，增强消费者信任和信心

加强老龄消费权益保护制度建设，规范商家涉老消费营销行为，畅通维权渠道，加大老龄消费公平救济力度，增强老龄消费信任感知。第一，强化老龄消费权益保护制度建设。理顺市场监督、民政、老龄委的监管职责和协调机制，发挥消费者权益保护组织、相关行业协会等的监督作用，与社区、公安部门协作，形成老龄消费保障多元治理体系。针对老龄消费者扩张适用反悔权，凡是采用上门推销、捆绑销售、情感营销、预付款等方式的，以及购买的产品和服务明显超过其消费能力的，允许老龄消费者行使反悔权。第二，规范商家涉老消费的营销行为。对于影响老龄消费者消费决策的重要信息，明确商家对老龄消费者的特别解释义务。对老龄消费中流量造假、隐匿差评、虚假宣传等不正当竞争、违法经营等行为，应认定其构成欺诈消费者，适用惩罚性赔偿责任。第三，加强老龄消费市场监管。鼓励推行线下无

理由退货、经营者首问和赔偿先付等制度，实行规范严格的质量检查制度和抽查制度，严厉打击假冒伪劣商品制售行为。加大对直播、网购等消费骗局高发领域的监管力度。第四，加大老龄消费公平救济力度。建立完善涉老消费侵权等矛盾纠纷的预警、排查、调解机制，建立适老型诉讼服务制度，在举证责任分配、公益诉讼等方面，便利老年人参与。

（五）弥合老龄数字鸿沟，促进老龄消费参与

深化数字智能适老化改造，扩大老龄群体获取消费信息与服务资源的渠道，促进老龄消费参与，提升老年人的生活品质。第一，营造包容友好的老龄消费服务氛围。鼓励电信企业面向困难户、老年人、残疾人等特殊群体，推出老龄专属的资费优惠，合理降低手机、宽带等通信费用。推动更多的品牌、商场、门店提供形式多样的智慧助老服务，提升数字适老化服务水平。在老年人经常活动的场所，保留人工服务、现金支付、纸质材料等服务方式。第二，提升移动互联网和智能产品的适老化水平。针对购物、出行、就医等服务场景，引导厂商从屏幕显示、触控交互、语音交互、远程辅助等方面深入推动产品适老化改造，优化提升使用体验。鼓励智能设备厂商推出全版大字体、大音量、语音提示、全键盘操作等无障碍功能，加大对方言、特定口音的语音识别技术投入，降低使用门槛。第三，持续开展社区数字助老服务。支持社区、老龄活动中心吸纳操作熟练、参与度高、参与意愿强的活力老龄群体，组建数字助老志愿者团队，分层分类开展数字助老服务，如缴费、购票、挂号、购物等数字生活服务，App 使用、手机拍摄与剪辑等数字娱乐以及网络消费安全教育服务，让老龄群体敢用、会用线上消费渠道。

B.6
广州城市消费力对比及系统提升研究

董小麟*

摘　要：　一国的主要城市在引领经济发展和提振消费方面具有核心引擎作用。广州把提升城市消费力作为实现高质量发展的重要内容。广州在提升消费力方面具有良好的历史基础。在我国建设国际消费中心城市的五大城市及经济总量领先的十大主要城市中，2023年广州经济总量、社会消费品零售总额、人均可支配收入、人均消费支出等指标均居前列。而对外来消费群体的引流能力更加突出，近年来全市旅游收入包括旅游外汇收入在全国居于前列。为进一步挖掘释放消费潜力，广州要从系统集成、协同创新入手，一是要发挥消费与投资、出口的协同作用；二是要重视组合消费的硬件建设和软件建设；三是要系统整合社会各行为主体，形成提振消费的综合力量；四是要引入城市营销概念，打造城市知名品牌和提升城市形象，并以令城市消费者满意的方式实现消费量与质的协同提升。

关键词：　城市消费力　高质量发展　广州市

国际经验表明，城市特别是一国的主要城市，不仅在经济发展要素集聚上具有优势，而且在消费力集聚上也发挥着领先作用；其中在区域与国家乃至在全球范围内成为中心城市的特大、超大城市，更是驱动消费高质量发展的重要引擎。

---

* 董小麟，广东外语外贸大学教授，全国科技名词审定委员会经贸名词审定委员，广州国际商贸中心重点研究基地兼职研究员，研究方向为中国经济改革与发展、国际经贸、区域经济（重点是粤港澳大湾区）与城市经济、高等教育。

广州是国家中心城市和综合性门户城市，历史上既是重要的贸易口岸，又拥有消费活力，加之有着超大城市、综合性交通枢纽、国家历史文化名城等重要属性，对提升城市消费力和消费流量起到良好的支撑作用。因此，广州持续提升消费力，既有必要性又有可行性。在《2024年广州市政府工作报告》中，提出广州存在"消费潜力挖掘释放不够"的问题。要求广州把消费力的提升作为推进高质量发展进程的一个重要抓手。

一 广州城市消费力形成的历史基础

影响城市或区域消费力强弱的因素有很多，但主要有三个方面：一是该地经济发展水平及居民收入水平，它们是形成内生消费力的基础条件；二是该地的市场活跃程度特别是消费资源供给的丰盈度，这对于吸纳本地消费力和引入外来消费力具有重要影响；三是该地是否具备重要交通枢纽和构成主要旅游目的地的资源禀赋等，这对于服务消费发展所需的商流、物流、人流的运载力、吸引力具有重要影响。

（一）千年商都的延续为广州打下丰厚的消费力基础

广州在两千多年的城市发展史上，促进了以上三个方面因素的融合，构筑了广州城市消费力的历史基础。这一基础的构成与广州具有对外贸易的悠久历史，是海上丝绸之路的重要始发港和历史最悠久的枢纽港这一事实是分不开的。海上丝绸之路最初从徐闻一带发端，但自秦汉以来逐步形成以广州为中心的枢纽港，至隋唐时期广州的"通海夷道"之西向航线已长达约14000千米[1]，成为当时世界上最长的远洋航线，来自阿拉伯、波斯、印度等地的商人大批进入广州。15~18世纪，以广州为枢纽地的海上丝绸之路已经覆盖东、西半球，西至欧洲，东达美洲。大批南至葡萄牙、西班牙，北至丹麦、瑞典的欧洲商人也随之登陆广州。1884年2月，美国安排货船自

---

① 黄启臣：《广东海上丝路史》，广东经济出版社，2023。

东海岸出发，穿越大西洋来到广州，成为其与亚洲贸易的开端。

由此，将广州的故事从中国对外贸易史中分离出来是非常困难的。绝大多数外国来客从海上登陆中国时，第一个找到的大城市就是广州。广州也确实是一个大城市，16世纪的时候，它就比欧洲任何一个城市都要大。而城市之大成为内生消费力提升的客观基础。随着跨国贸易的开展，大批外商在广州处于定居半定居状态，商人赚了大量金钱，生活水平随之提高，从而对广州国际消费力的提振，对广州城市消费氛围的活跃产生了积极影响。①

鸦片战争之前，广州较少受到大规模战乱的影响，并且也较少发生严重的自然灾害，这既有利于经济社会的稳定发展，也对外来移民有较强吸引力。自古以来，多批为躲避战乱和追求生活安定的北方移民进入岭南地区，也对广州增强消费力产生了积极影响。

（二）改革开放营造了迅速提升广州消费力的优良环境

20世纪50年代至改革开放前，在当时特定的历史条件下，广州未成为国家投资布局重点工业项目的城市，部分原有制造业企业还因响应国家"三线建设"的要求而外迁粤北等地，城市经济的支撑力更多由消费提供。因此，当时的广州也一度被称为"消费性城市"。

随着改革开放的深化，广州市场率先繁荣起来，商流、人流的汇聚使城市消费力逐步提升，而消费力的提升反过来又有利于更多改革开放举措的推出。比如早在20世纪80年代，广州率先放开农贸市场，重要农副产品采用市场定价，消费者可以吃到鲜活的鱼类等。广州率先建立起内地第一家超级市场，消费者可以进入商场自由挑选商品。广州更率先在内地主要城市中建立起保护消费者权益的消费者委员会，这是消费者从单纯的"量"的追求向"质"的追求转变的需要。在不断增强经济实力和扩大中等收入群体的同时，广州还采取一系列举措，有效提升城市居民基本生活保障水平，提升

---

① 廖乐柏（Robert Nield）：《中国通商口岸：贸易与最早的条约港》，李筱译，东方出版中心，2010。

消费者的消费能力。仅在"十三五"期间，城乡居民最低生活保障标准就从2016年每人每月840元逐步提升至2020年的1080元；其他如低收入困难家庭、特困供养人员更得到显著高于居民最低生活保障标准的资助。

城市消费力源于人的消费贡献，有赖于消费者"人气"的旺盛。一方面，自改革开放以来广州吸引了海内外大量的资本、技术、人才等要素，城市发展能级不断提升，从而创造了大量的就业机会，同时扩大中等收入群体规模，全市常住人口规模从1978年的482.9万人扩大到2022年的1873.0万人，增长了约2.9倍，成为我国首批超大城市中常住人口增幅较大的城市。另一方面，广州立足开放前沿，做强对外门户枢纽和国际交通枢纽，在国际交流交往中不断拓展新领域、新路径，同时大力培育开放包容的文化氛围和丰富城市形象与内涵，从而在提升海内外游客流量和获得旅游外汇收入等方面居国内城市前列。2023年，广州社会消费品零售总额达11012.6亿元，稳居国内城市第4位。

二　广州城市消费力现状的横向比较

广州等中心城市在我国扩大内需，特别是提升消费对经济发展贡献度的战略布局中发挥重要作用。国家于2021年7月批准广州、上海、北京、天津、重庆率先开展国际消费中心城市培育建设，这5座城市分别位于京津冀地区、长三角地区、粤港澳大湾区和成渝都市圈，体现出我国主要城市群、城市带在扩大内需和高水平对外开放新格局构建中发挥的重要作用。而其他超大城市如深圳、成都，以及一批特大城市如武汉、杭州、南京、苏州、西安、郑州、沈阳、青岛、济南、长沙、哈尔滨、昆明、大连等也分别由其所在省或市本级提出"十四五"期间启动和推进国际消费中心城市建设。

（一）合理选择广州城市消费力横向比较的对象

为进一步观察广州城市消费力在我国主要城市中呈现的相对状态，本文从以下3个维度选择横向比较的一组城市：一是国家率先建设国际消费中心城市的五大城市加上截至"十四五"规划发布时已在省级层面建设国际消费中心的城市，这是基于这些城市已具备提升消费力的条件；二是经济总量领先的城市，这是基于消费力与经济规模具有正相关关系的考量，本文选择2023年地区生产总值超过2万亿元的城市；三是常住人口在1000万人以上的超大、特大城市，这是基于消费力来自人也服务于人的基本考量。2023年，同时满足以上3个维度要求的城市有9座，即北京、上海、广州、深圳、重庆、成都、杭州、武汉、苏州；而天津有一项未达标，即经济总量未达到2万亿元，但考虑到其是我国首批建设国际消费中心的五大城市之一，且是直辖市，仍予以保留。这十大城市在全国消费市场中具有巨大的影响力和引领力。在《2022福布斯中国消费活力城市榜单》中，北京、上海、重庆、广州、深圳、成都、杭州、苏州、武汉分列前9位，天津排第13位。①

这十大城市2023年与消费力相关的且在2024年2月前已公布的若干主要经济指标情况如表1所示。其中，社会消费品零售额可在一定程度上反映城市消费力的实现规模，人均可支配收入与人均消费支出则在一定程度上反映该城市人口平均的潜在消费力和已体现的实际消费力。

表1　2023年我国部分城市反映消费力的相关指标值

城市	经济总量（亿元）	社会消费品零售额		城乡居民人均可支配收入（元，括号内为同比增幅%）			人均消费支出	
		总额（亿元）	增幅（%）	城乡平均值	其中：城镇	其中：乡村	总额（元）	增幅（%）
上海	47218.7	18515.5	12.6	83834（6.6）	89477（6.5）	42988（8.2）	52508	14.2
北京	43760.7	14462.7	4.8	81752（5.6）	88650（5.5）	37358（7.5）	47586	11.5

①　在《2023福布斯中国消费活力城市榜单》中，广州升至第3位，天津居第14位；另有长沙排第9位，但长沙经济总量为1.43万亿元，不符合本文所设2万亿元的条件，故暂不列入比较。

续表

城市	经济总量（亿元）	社会消费品零售额		城乡居民人均可支配收入（元，括号内为同比增幅%）			人均消费支出	
		总额（亿元）	增幅（%）	城乡平均值	其中：城镇	其中：乡村	总额（元）	增幅（%）
广州	30355.7	11012.6	6.7	74954（5.0）	80501（4.8）	38607（6.4）	46631	5.9
天津	16737.3	—	7.0	51271（4.7）	55355（4.4）	30851（6.3）	34914	11.5
重庆	30145.8	15130.2	8.6	37595（5.4）	47435（4.2）	20820（7.8）	26515	4.5
成都	22074.7	10001.6	10.0	—（5.5）	57477（4.7）	33065（6.9）	—	7.4
深圳	34606.4	10486.2	7.8	76910（5.8）	—	—	49013	9.4
武汉	20011.6	7531.9	8.6	57105（5.8）	61693（5.6）	31560（7.7）	38372	8.9
苏州	24653.4	9582.9	6.4	74076（4.6）	82989（4.3）	46385（5.9）	46018	7.3
杭州	20059.0	7671.0	5.2	73797（5.0）	80586（4.6）	48165（6.6）	50129	7.9

注：以各市统计部门公布的基础数据为依据。部分城市如成都的人均可支配收入、杭州分城乡居民可支配收入等指标只公布增幅而未公布绝对数据，表中相关绝对额系作者结合上年的绝对额加以计算所得。对部分城市截至2024年2月尚未公布的其他相关数据且难以合理折算的暂以横线略去。深圳因其城镇化率近年来已达到99%以上，因此已不再按城乡口径分别统计居民人均可支配收入与人均消费支出。

在表1的基础上，计算这十大城市2023年的地区生产总值为289623亿元，占全国的22.98%；而十大城市的社会消费品零售总额约为1.09万亿元，占全国的23.12%，社会消费品零售总额占全国的比重略高于经济总量的占比。可见，这十大城市在中国经济发展和消费驱动上具有的举足轻重的地位。

（二）广州城市消费力具备稳步提升的相对优势

如表1所示，在以上十大主要城市中，2023年广州地区生产总值、社会消费品零售总额分别占全国的2.41%和2.34%，均高于十大城市平均水平,且均居第 4 位(地区生产总值居上海、北京、深圳之后,社会消费品零售总额居上海、重庆、北京之后)。在城乡居民人均可支配收入方面,广州多年来均按城镇和农村分别公布居民人均可支配收入,未公布城乡加权平均值。为便于与其他城市进行比较,我们参照各年常住人口和城镇化率的数据,折算广州全市城乡居民可支配收入在 2022 年的平均值为 71366 元(居于上海、北京、深圳之后),同年广州人均消费支出为 44041 元(居于上海、杭州、深圳之后);2023 年广州城乡居民人均可支配收入为 74954 元,仍位居第四,当年广州人均消费支出为 46631 元,居第 5 位(居于上海、杭州、深圳、北京之后)。

消费力本质上是人的消费能量的集约。因此,城市消费力的核心基础在常住人口,同时受到流动人口特别是外来游客流量大小的重要影响。2023年,我国区域间人口的流动规模特别是旅游人数迅速扩大,这对于具有较强的海内外吸引力的城市而言,其对域外消费力的吸纳水平必然借此大幅提升。根据《2024 年广州市政府工作报告》,2023 年广州接待游客达 2.3 亿人次。而广州白云机场和火车南站,2023 年完成的旅客吞吐量分别居于全国各航空与轨道交通枢纽的首位,继续保持近年来的领先地位。

为考虑城市人口的存量与流量因素,本报告把城市常住人口及旅游收入等指标纳入其中,如表 2 所示(鉴于本报告完成时各市普遍未公布 2023 年的常住人口与旅游收入数据,因此表 2 选取 2022 年数据)。

表2 2022 年我国部分城市反映消费力的相关指标值

城市	常住人口(万人)	社会消费品零售总额(亿元)	经济发展水平		城乡居民人均可支配收入(元)			人均消费支出(元)	城市旅游收入	
			地区生产总值(亿元)	人均地区生产总值(元)	城乡平均值	其中:城镇	其中:乡村		国内旅游收入(亿元)	旅游外汇收入(亿美元)
上海	2476	16442	44653	180351	79610	84034	39729	46045	2080.1	17.22
北京	2184	13794	41611	190091	77415	84023	34754	42683	2490.9	4.40
广州	1873	10298	28839	153625	—	76849	36292	44050	2246.0	10.68
天津	1363	—	16311	119235	48976	53003	29018	—	773.1	

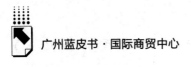

续表

城市	常住人口（万人）	社会消费品零售总额（亿元）	经济发展水平		城乡居民人均可支配收入（元）			人均消费支出（元）	城市旅游收入	
			地区生产总值（亿元）	人均地区生产总值（元）	城乡平均值	其中：城镇	其中：乡村		国内旅游收入（亿元）	旅游外汇收入（亿美元）
重庆	3213	13926	29129	90663	35666	45509	19313	25371	—	—
成都	2127	9097	20818	98149	47948	54897	30931	29964	—	—
深圳	1766	9708	32388	183274	72718	—	—	44793	1129.2	4.80
武汉	1374	6936	18866	137772	—	58449	29304	35236	2233.9	
苏州	1291	9011	23958	185565	70819	79537	43785	42889	1863.4	
杭州	1238	7294	18753	152588	70281	77043	45183	46440	1298.0	

注：作者根据各市统计部门公布的数据整理。

三 系统提升广州城市消费力的对策建议

人的因素和经济因素固然是提振城市消费力的基本因素，但提升人气和扩大经济规模需要城市全方位增强系统支撑力，从而为持续增强消费力打下更坚实的基础。

（一）发挥消费与投资、出口的系统协同效能

从拉动经济增长的消费、投资与出口这"三驾马车"形成的系统效能来看，"三驾马车"的发力只在方向上具备同一性，因此可追求马车前进动能的最大化。2023年末中央经济工作会议提出要激发有潜能的消费、扩大有效益的投资，形成消费和投资相互促进的良性循环。其中，消费潜力更多伴随城乡居民人均可支配收入的增长和对更高质量生活的追求；投资效益更多来自发展新动能的培育、城乡人居环境的改善、资源配置水平的提升和营商环境的优化等方面。从投资对消费的拉动作用来看，投资的合理增长，一是可有效促进供给侧结构性改革，从而以更高水平的投入—产出活动，主动

适应和激发消费者日益增长的物质文化消费需要；二是通过投资改善城市人居环境、营商环境，实现对优质人才、资本的积极引流，为扩大内需和促进国民经济发展提供支撑；三是合理和有效的投资将有利于创造新的就业机会、拓展就业领域，特别是以投资做大做强先进制造业和服务业，优化城市人口结构和扩大中等收入阶层，从而更有效地增进民生福祉、提升社会消费力。

投资对消费的促进作用主要体现在以下几个方面。一是数字消费包括数字赋能的多业态消费，需要我们紧贴市场需求，不断打造数字消费的新亮点、新热点、新模式。二是以绿色消费为特征的生态保护型消费，如绿色能源与各种低碳产品，以及面向市场、面向消费者的绿色广告、绿色包装等营销方式。三是文旅体卫等领域的消费占比不断提升，传统消费领域也加快推陈出新，衣更多彩、食更丰富、住更现代、行更便捷，在多方面实现消费的更新换代、扩量提质。广州在这些领域有着历史和时代结合的发展基础，当前要积极谋划在有效投资中促进新型消费力稳步提升，为消费与投资的良性循环注入强劲动力。

从出口与消费的关系来看，出口规模的扩大既有利于促进相关领域就业，又因商品和服务的输出带来货币收入的增加，二者都为区域购买力的提升提供支持。而在重要贸易口岸城市，国际间的商务旅游活动频繁，商务旅游者人均带来的消费力往往超过一般观光旅游者。作为重要的国际商埠，广州要从以下几个方面增强出口与消费的联动作用。一是围绕广交会等重要的国际商贸会议，强化广州作为粤港澳大湾区国际商务交流活动主要集约地的功能，提升国际旅游特别是商务旅游流量。二是做强南沙面向国际的粤港澳合作平台，以自贸试验区为抓手，着力发展跨境服务外包，且因服务外包吸纳的就业人口中高学历者占比较大，可促进高素质劳动力集聚，助力南沙成为国际优质消费资源集聚区域。三是从引入的境外游客流量来看，广州还需发挥城市纵向两千多年、横向包容世界的人文优势，结合当今城市更新和宜居宜业城市环境建设，进一步打造吸引海外游客的亮点。

（二）通过"硬件"和"软件"的系统集成提升消费力

交通枢纽是城市提升消费力的基本"硬件"。一是在口岸型交通枢纽节点，采取措施提升旅客的消费意愿，包括但不限于设立更丰富的免税购物场所、开展具有岭南特色的非遗文化产品展示和促销活动、提供更具吸引力的中外多类别餐饮和休闲娱乐项目等。目前，广州还有多个客流量大的交通枢纽节点在这方面存在明显的短板。二是在市内非口岸型交通节点，要合理规划商圈和文体旅等重要场所的布局。目前，比较成功的主要是天河路商圈和北京路商圈，二者的繁盛皆与客流量大的轨道交通枢纽节点的建设密切相关，但对广州这个超大城市和建设重要旅游目的地城市而言，重要商圈数量还是偏少，热门旅游集聚区与交通枢纽的配套还有一定不足，需要进一步加强协同研究，实现更完善的规划对接。比如广州第十甫、上下九一带的传统商业街在近20年对消费力的提升能力已显著下降，这既与所在区域常住居民老龄化程度加深有关，更与其缺乏便捷的交通枢纽节点有关。近年来，其附近的永庆坊一带的火热有政府推动的作用，但其红火主要体现在节假日，未能实现常态化的客流密集。

2023年7月，《广州市重点商业功能区发展规划（2020—2035年）》提出构建三级商圈体系，在此前提出的建设5个世界级商圈、2个具有世界影响力的岭南特色商圈、4个枢纽型国际特色商圈的基础上，明确构建22个"一区一特色"区域级都市特色商圈，打造"5+2+4+22"的重点商圈格局。要想实现这样的规划布局，使之能够获得运营效益，一方面须与交通枢纽节点等硬件设施紧密结合，增强消费力；另一方面还需要在制度与政策及商圈内涵与特色等"软件"建设上继续发力。比如对国内外优质品牌进入广州开设首店给予政策性支持等。其中，因网上购物潮流兴起，消费者对这种消费方式的路径依赖较强，线下商圈建设所需要的人气受到一定影响。而城市商圈的商业氛围必须以实体场景的线下消费为基础，因此要以政策引导丰富商圈供给，特别对受线上消费冲击最大的物质商品零售这部分业态给予大力扶持。

从城市消费力的提升来看，营商环境建设离不开"消费友好型"城市的打造，所以必须把消费环境建设纳入营商环境优化完善的整体考量。不仅要鼓励、引导国际优质消费供给资源的集聚，更要鼓励、引导消费力的集聚，让海内外消费者在广州乐于消费、满意消费，并不断回头消费和形成良好的消费口碑。相应地，加强消费者权益保护和进一步健全相关信息沟通机制，是以强化制度建设提升广州城市消费力的重要考量。2023年末中央经济工作会议特别提出要进一步打通外籍人员来华经商、学习、旅游等方面的某些不合理堵点，以构建更有利于吸引和集聚海内外消费力的营商环境。国务院总理李强在2024年《政府工作报告》中提出实施放心消费行动，加强消费者权益保护。广州应在建设国际消费中心城市进程中积极做好各项工作。

（三）相关行为主体对城市消费力的提升发挥联动作用

提升城市消费力是一项系统工程，意味着需要发挥社会的系统集成作用，组织引导社会各行为主体协同推进。一是政府系统。从城市规划和建设、运营的系统集成来看，发改、商务、文广旅、规划、城建与城市更新、市场监管、交通、环境和国资委等部门应协同推进城市消费力的提升；同时还需要与海关、银行等加强协调配合，不断优化城市消费资源组织、消费商圈布局，深化消费品供给侧结构性改革与完善营商环境。此外，城市消费力不仅是一个城市自身发展的反映，其往往与所在城市群具有密切关系。广州作为粤港澳大湾区世界级城市群的核心引擎之一，既要依托市场配置资源，又要争当区域政府间联手促进粤港澳大湾区消费力提升的"领头羊"。

二是行业系统。随着消费需求的提升，服务于消费的行业也在积极转变，除传统衣食住行需求在不断升级外，文、体、旅、健、娱、美及社交等方面的消费需求同样具有较大的发展空间。当前的消费需求多呈组合状态，即消费者在一定的时空条件下同时或交错具有多种需求，这为服务消费者的供给方提供了联手推广的客观可能性。所以，无论是商圈的打造还是社区就近消费服务体系的建设，都具有相关行业协同建设的必要性。因此，广州应加快形成建设国际消费中心城市的业界合作机制，加强经验与意见的交流，并通过调查掌握消费动态，以更好地实现消费领域的供求对接和供求互促。此外，需要特别强调的是，在实体经济、实体商圈建设和运营中，商业地产服务功能和服务观念都需要提升，商业地产界要确立与实体商户的命运共同体意识，从合作协议到日常管理都应以实体商业的繁盛和增强消费力为前提。2023 年 2 月，《广州市建设国际消费中心城市发展规划（2022—2025年）》提出要结合广州消费品制造业比较发达的优势，构建产业型消费体系，以具有广州制造特色的纺织服饰、美妆日化、珠宝首饰、箱包皮具等产业为时尚消费基础，打造"服装美妆珠宝箱包"全时尚消费链条；以广州较强的汽车制造业为基础，做大汽车消费；以广州家居产业为基础，打响"广州定制家具"消费品牌，促进家居消费。在深化广州制造业与服务业融合发展中开拓提升消费力的新思路，推动广州消费品制造业的行业组织或产业链的"链主"企业，以及其他龙头企业组建相关消费品产业的行业博物馆，作为文商旅结合的一个抓手，在提升消费文化魅力的同时，吸引居民、学生、游客参观，并增设体验机会，进一步激发消费者的消费意愿。

三是市民和游客的社会系统。一个城市的亲和力，对该城市能否吸引更多外来游客并延长游客的停留时间有直接影响。城市居民、政府、社团、企事业单位、投资者和游客，以及他们在系统中的合力将最终决定一个城市是否具有竞争力。而市民给城市消费力提供最基础的支撑力，但由于城市人口迅速增加，在常住人口和短期流动人口中有许多从外地中小城镇和乡村进入广州的人口，他们在给广州带来新活力的同时，带来不少其在非大城市生活养成的某种无序习惯。如一些外来务工人员集聚的城中村脏乱差现象、不遵守交通规则等也成为城市治理必须正视的问题，这些问题的解决不仅要通过城市更新改造、产业升级优化等实现，而且要有相应的市民素质提升工程。通过市民教育机制的建立，不断提升城市形象，形成良好的城市文化，有助于提高每一位城市消费者对广州的满意度，并以其行动助力城市消费力的提升。与此同时，在海外部分地区和国内个别城市已设立旅游警察，这可以成为城市社会系统中的一个有益的子系统，这支队伍在保障消费安全、引导帮助游客、规范消费行为、维护城市形象等方面发挥着积极的作用。广州如果建立一支这样的队伍，并以标准化着装在各大主要景点、主要商业街区等地巡视，对营造友好、安全的消费环境和提升城市亲和力、吸引力也将大有裨益。

（四）城市营销助推广州城市消费力提升

城市对消费力的提升，与城市品牌影响力有关，而城市品牌推广属于城市营销的内容。城市营销的前提是将城市视为一项产品，对城市进行形象和服务组合设计。同时利用各种方式为潜在需求者提供该城市的信息组合，使潜在需求者对该城市有最佳了解，以便需求者做出有利于该城市的选择。所以，广州要做强城市品牌，开展系统性的城市营销，更广泛集聚海内外经济发展要素，包括消费资源和消费力。

营销学源于企业经营，它把满足顾客的需求作为市场导向的本质。而在城市营销学中所指的"顾客"，主要是城市面对的投资者、旅游者和居民。顾客满意是城市价值的源泉，城市的价值来自顾客忠诚度和顾客价值的提升（顾客价值就是顾客在该城市生活工作的总收益，这种收益不限于经济方面，还包括社会、文化、环境等）。

要把城市营销作为提升广州城市消费力的重要抓手，一要注重全员营销，城市各个层面、各个环节、各界人士均需要树立城市营销意识，形成良好的城市文化，经营好城市资产，实现城市建设、城市管理、城市品位、城市形象的提升和进入良性循环，以切实提高每一位城市消费者的满意度。二要凸显特色，强调特色就要注意以下两方面：既要避免城市形象雷同，又要防止规划多变。这就需要注重倾听业界和学者们的意见，令所凸显的特色经得起历史和时代的检验。三要准确定位，城市品牌是无形资产，品牌不仅具有吸引要素的资本价值，也具有提升消费力的价值，并在吸纳消费中形成强大的市场辐射力，要在夯实城市发展的经济社会文化根基的同时，突出城市

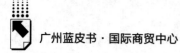

的个性、灵魂与理念，形成独特的、真正有价值的品牌。四要注意突出亮点，按照营销所说的"卖点"，在城市营销中打造吸引市场客体的亮点，在整个城市营销方案设计中，考虑到城市亮点主要反映在城市形象设计和吸引物建设两个方面，要重点抓好这两方面的策划。

商圈建设篇

B.7
全球智慧商圈建设的经验借鉴
与广州对策

李　昊　沈勇涛　王浩楠*

摘　要： 数字化背景下，智慧商圈成为提升城市全球消费吸引力、推进国际消费中心城市建设的重要抓手。广州积极推进智慧商圈建设，在数据综合体系、智慧化布局、数字化改造、智慧精准运营、提升政务效能等方面取得显著进展，在全国示范智慧商圈评选中成为少数拥有两个商圈入选的城市。但仍存在商圈共建程度不高、智慧应用共享水平较低、商圈收益共赢范围不广、商圈运营共治程度不深、商圈智慧化共荣程度不高等亟须解决的问题。建议广州把握历史机遇，借鉴纽约、上海等国内外消费中心城市建设经验，创新合作机制、强化数据管理、提升智慧应用服务效能、塑造智慧商圈品牌优势，推动全市商圈智慧化改造、打造全球智慧商圈标杆，加快推进国际消费中心城市建设。

* 李昊，博士，广州市社会科学院国际商贸研究所助理研究员；沈勇涛，博士，广州市社会科学院科技创新研究所助理研究员；王浩楠，广东金融学院金融与投资学院讲师。

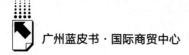
关键词： 智慧商圈　国际消费中心　数字化

习近平总书记明确指出"要把握数字化、网络化、智能化方向"①"利用互联网新技术对传统产业进行全方位、全链条的改造"②。随着数字技术的推动，"互联网+"衍生而来的智慧商圈，依托其用户体验人性化、营销服务精准化、运维管理细致化和消费环境融合化的特征，激发城市消费活力、促进经济发展，受到党中央、国务院的高度重视。2023年发布的《关于恢复和扩大消费的措施》提出要"加快传统消费数字化转型""加快培育多层级消费中心，提升城市商业体系，推动步行街改造提升，发展智慧商圈"。国内外各中心城市紧跟消费需求步伐拥抱互联网、大数据等现代信息技术，在建设智慧商圈过程中取得明显成效。借鉴其中先进经验推动广州智慧商圈建设，打造全球智慧商圈标杆，构筑城市多层次消费层级，对贯彻习近平总书记视察广东重要讲话、重要指示精神，落实《扩大内需战略规划纲要（2022—2035年）》，建设国际消费中心城市，推动广州实现高质量发展具有重要意义。

一　智慧商圈内涵

智慧商圈是城市商业体系的重要内容，也是促进流通创新、培育新兴消费的重要载体。2022年5月14日，《智慧商圈建设指南（试行）》（以下简称《指南》）发布，明确了智慧商圈建设要求和发展方向，指出智慧商圈是"以智慧大数据平台为核心，运用现代信息技术，建立面向消费

---

①《把握数字化、网络化、智能化方向——推动数字经济和实体经济融合发展（新知新觉）》，中国贸易救济信息网，2022年2月11日，http：//www. cacs. mofcom. gov. cn/article/gnwjmdt/gn/202202/172191. html。

②杨小科：《推动数字经济和实体经济深度融合》，中国共产党新闻网，2022年5月31日，http：//theory. people. com. cn/n1/2022/0531/c40531-32434519. html。

者、商业企业、运营机构和政府部门的智慧应用服务体系，具备数据获取、消费服务、交通引导、信息推送、移动支付、物流配送、公共服务、运营管理等功能，实现设施智能高效、业态融合互补、功能便利完备的商圈"。

（一）智慧商圈的特征

一是以智慧大数据平台为核心。智慧大数据平台包括一个数据中心和智能设施支撑体系、数据共享支持体系和数据安全保障体系，能够以互联化和物联化的方式全面动态感知、分析和整合商圈内的数据，是智慧商圈建设的核心。

二是运用现代信息技术服务"四方"的智慧应用服务体系。智慧商圈是以互联网、移动互联网、大数据、云计算、信息安全等现代信息技术为基础，通过智慧大数据平台服务消费者、商业企业、运营机构和政府部门，从而提升消费体验、助力数字化营销、提高商圈运营管理效能、构建商圈服务体系。

三是构建设施智能高效、业态融合互补、功能便利完备的商圈。智慧商圈涵盖"智慧商务""智慧营销""智慧环境""智慧生活""智慧管理""智慧服务""智慧停车"等智慧应用，构建沉浸式体验、虚拟和现实结合、线上与线下融合、业态融合互补、信息互联互通、产品和流量竞争、数字IP打造、精准营销服务的新型消费模式，推进传统商圈数字化转型升级，从而提振城市消费活力助力经济发展。

《指南》还明确了智慧商圈建设的基本原则、建设思路和评价体系，要求以便民利民和市场化运作为主导，由商圈运营机构或所在地区相关政府部门建设管理，商圈内的各类主体共同参与，围绕消费者、商业企业、运营机构和政府部门的需求，按照"一个平台、多口接入、服务四方"的思路推进智慧商圈建设。智慧商圈建设评价指标体系包含综合平台、智慧应用、综合效益3个维度，共计3个一级指标、11个二级指标、26个三级指标（见表1）。

表1 智慧商圈建设评价指标体系

一级指标	二级指标	三级指标
综合平台	统一平台	数据中心、多方接入、数据安全
	信息基础设施	网络基础设施、智能感知设施
	智能公共设施	智能硬件终端
	智能运维设施	智能运维设备
智慧应用	面向消费者的智慧应用	智能场景、智能支付、智能停车、优化服务
	面向商业企业的智慧应用	数字化营销、信息共享、数字化转型服务、物流配送
	面向运营机构的智慧应用	综合集成管理、信用管理服务、智能监测分析
	面向政府部门的智慧应用	信息报送、便民惠商、智能安防
综合效益	商业繁荣度	空置率、客流量
	消费贡献度	营业额
	社会满意度	消费者满意度、经营者满意度

资料来源：《商务部办公厅关于开展智慧商圈、智慧商店示范创建工作的通知》（商办流通函〔2022〕129号）。

（二）国内智慧商圈的发展历程

相较于具备历史渊源和产业发展背景的美国纽约、英国伦敦、法国巴黎和日本东京等国际消费中心城市商圈，我国商圈建设起步较晚，国际影响力和品牌知名度不高，发展智慧商圈是缩小我国与发达国家商圈发展差距、实现弯道超车、提升城市国际消费影响力的重要抓手。国外智慧商圈建设主要由商圈内各主体自发推动，缺乏政府直接参与，进展缓慢。得益于电商平台的蓬勃发展，在政府大力支持下，我国智慧商圈建设起步较早并发展迅速，取得显著成效。按照我国政府对智慧商圈建设的重视程度，国内智慧商圈建设可分为试点探索期和全面建设期。

试点探索期。2010年后智慧商圈建设理念逐渐形成，但政府对其功能、影响、定位和建设要求尚未明确，各中心城市纷纷通过试点进行初步探索。2013年，重庆首次启动南坪智慧商圈建设试点，并在2015年出台国内首个智慧商圈建设实施方案——《重庆市智慧商圈建设实施方案》，上海、广州、杭州、北京、天津等城市纷纷跟进。2016 年，广州发布《广州市商务发展第十三个五年规划（2016—2020 年）》，提出要支持北京路、天河路推进智慧商圈建设。2016 年，《贸易流通"十三五"发展规划》和《关于推动实体零售创新转型的意见》在全国范围内首次提出将智慧商圈建设作为推动零售服务业创新转型的重点工作。

全面建设期。2019 年《关于培育建设国际消费中心城市的指导意见》明确指出，将智慧商圈作为建设高标准市场体系和引领新型消费发展方向的重要内容，随后相关政策密集出台。2022 年，《扩大内需战略规划纲要（2022—2035 年）》将发展智慧商圈提高到实现扩大内需战略的重要层面。国内各大城市纷纷出台智慧商圈建设具体行动方案，智慧商圈建设成为城市消费提质转型的重要抓手。广州连续发布《广州市支持商业网点建设若干措施》《广州市建设国际消费中心城市发展规划（2022—2025 年）》《广州市重点商业功能区发展规划（2020—2025 年）》《广州市建设国际一流营商环境标杆城市助力产业高质量发展行动方案》等重要政策文件，将智慧商圈建设作为扩内需、促消费，推进广州高质量发展的重点工作。2022 年，在全国示范智慧商圈评选中，广州天河路和北京路商圈双双入选[①]，广州成为少数拥有两个入选商圈的城市。

二 广州智慧商圈发展现状

广州在推进智慧商圈建设方面成绩斐然，在综合平台和智慧应用建设方面取得显著进展。按照《广州市重点商业功能区发展规划（2020—2025 年）》的要求，将天河路商圈定位为汇聚国际时尚消费地标的世界级商圈，将北京路商圈定位为具有世界影响力的岭南特色商圈，未来将进一步在天河路—珠江新城、北京路—海珠广场、广州塔—琶洲和金融城—黄埔湾等地

[①] 《关于首批全国示范智慧商圈、全国示范智慧商店评审结果的公示》，流通业发展司网站，2022 年 11 月 28 日，http：//ltfzs. mofcom. gov. cn/article/smzx/202211/20221103370365. shtml。

扩大智慧商圈建设范围①，提升城市消费知名度和影响力，打造国际消费中心城市。

（一）智慧商圈大数据平台建设方面：推进综合数据平台建设，创新智慧分析体系

一是构建大数据平台，完善智能设施、数据共享、数据安全体系建设。天河路智慧商圈采用"政府+商业+企业"的共建模式，完成智慧商圈大数据平台建设，包括数据统计、分析平台与可视化展示中心，实现商圈数据横向融通、跨时间维度数据存储及查询使用；建设裸眼 3D 数字大屏，实现 5G、Wi-Fi 网络全覆盖，在商圈配备智慧灯杆、高清摄像头、火警监测等设备，提升商圈感知和采集数据的能力；制定数据采集使用及关键信息脱敏使用规则，建立数据安全管理制度及灾备应急预案。二是创新智慧分析体系，提升数据应用价值。与运营商紧密合作，开设商综体贡献度、夜经济繁荣度等数据分析专题，建构商圈发展影响因子数据体系以及提袋率、驻留时长等独具特色的商业数据指标，运用数据分析手段对商圈经营状况进行剖析，提前进行营销和服务活动部署，提升数据应用价值。北京路步行街数据显示，2022 年智慧化改造后，消费者满意度达 94.1%，年轻游客占比从五成提升至超七成，推动北京路新业态、新消费占比从 38% 提升至 72%。

（二）面向消费者的智慧应用建设方面：紧扣消费者娱乐和便利化需求，完善智慧商圈布局

一是促进消费场景智慧化升级。围绕消费者娱乐需求，成功开发智慧商圈小程序，引入 VR、AR、AI 等数字技术构建线上线下融合的智慧化消费场景，在北京路商圈首创广府庙会和非遗街区两个主题元宇宙，打造集文

---

① 《广州市人民政府办公厅关于印发广州市建设国际一流营商环境标杆城市助力产业高质量发展行动方案的通知》，广州市人民政府网站，2023 年 8 月 10 日，https：//www. gz. gov. cn/zwgk/fggw/wyzzc/content/post_ 9137352. html。

化、场景、消费于一体的新商业模式。二是推进消费设施智慧化改造。围绕消费便利性需求，配置导购机器人、LED 互动触摸屏、个性定制 3D 打印等智慧设备提升消费便利度；打造"通停通付"模式，对商圈内停车场实行一体化运营，在提升商圈管理效率的同时为消费者带来更加便捷和舒适的体验。

（三）面向商业企业的智慧应用方面：提供商户一站式智慧化转型服务，数字赋能提升经营水平

一是提供一站式数字化转型服务。在政府引导下，天河路商圈和北京路商圈分别设立商业价值创新院和数字化转型服务平台，为商业企业智慧化改造提供品牌、投资、教育、资源一条龙服务。二是智慧赋能推动营销服务升级。政府联合商会搭建立体式、多渠道的数字化营销通道，实现商流、人流多端触达，提高商业企业留存以及转化率。《天河路智慧商圈白皮书》数据显示，2022 年天河路商圈实现销售总额 6402 亿元，数字化转型后各商综体商铺的平均转手率从改造前的 8% 降至 4%。

（四）面向商圈运营机构的智慧应用方面：智慧赋能精准运营，优化营商环境

一是智慧运营辅助商圈经营决策。广州天河路智慧商圈自建设以来取得了显著成效，这在很大程度上得益于商圈采用了基于大数据的策略定位研究方法，并同步引入先进的信息技术和智能化管理手段。通过时间、场景、人物和空间四大要素的有机结合，在不同场景下可按需提供不同的决策依据。二是依托诚信商圈系统营造良好的消费生态。通过消费者一键"查信、评价、投诉"功能，诚信大屏实时动态展示商户整体信用情况，大大提升消费者权益保护时效和服务水平。北京路商圈消费者平均投诉处理时间从 48 小时大幅缩短至 3.63 小时，当天办结率达 98%。[1]

---

[1] 《天河路商圈、北京路商圈入选首批全国示范智慧商圈》，《广州日报》2022 年 12 月 9 日。

（五）面向政府部门的智慧应用方面：智慧应用赋能政务服务，保证商圈安全有序运营

一是推进政务服务智慧化转型。连接各方系统平台，准确掌握商圈经营状况，有的放矢制定相关政策。设置政务一体机，提供公安、税务等公共服务事项超 200 项，促进便民惠商。政务服务智慧化使北京路商圈事件流转环节压减 40%，事件处置时效提升 6 倍。[①] 二是配置智慧设备加强安防管理。商圈核心区域设置视频监控摄像点位，配备 5G 安防巡逻机器人和无人机实现全天候监控，并通过移动工作台实现商圈应急预案一键呼叫、即时调度，相关部门自动介入处置。

三 广州建设智慧商圈存在的不足与原因分析

当前广州智慧商圈建设仍处在探索和发展阶段，智慧化使商圈管理效率提升、商户经营效益提升、消费者体验升级等方面也存在一些不足之处。

（一）建设成本高而回报周期长，商圈共建程度不高

按照智慧商圈建设基本原则的要求，智慧商圈应采取"市场主导、多方参与"的方式，对接各方数据，完成统一后台、信息基础设施、智能公共设施、智能运维设施建设。南京新街口商圈和上海豫园商圈分别通过政企合作，构建"1+2+4+N"智慧商圈平台和"新基建+新模式+新监管+新场景+新治理"的"五位一体"协同创新模式。广州天河路商圈推出"政府+商业+企业"共建模式，在商圈和综合平台共建方面已取得显著成效，但仍存在一些不足之处。一方面，商圈内业态复杂，利益诉求多样，在消费、停车、能耗等数据归集方面仍有不足，尚未实现完全对接商圈内各方数据。另一方面，资金筹集和运用方面存在不足。商圈综合数据平台以及各项智慧应

---

① 《省数字政府改革建设示范区在越秀挂牌》，《南方日报》2020 年 12 月 18 日。

用设施维护成本高、设备更新快，对区域消费拉动以及经营效益改善存在一定的滞后性，回报周期较长，建设和运营需要持续投入大量资金，财政支持力度明显不足。目前，广州尚未有效集聚社会资金推进智慧商圈建设。主要原因在于以下两个方面。一是市场化运作机制有待完善。与国外商业体自发建设的模式不同，目前广州智慧商圈建设政府参与力度较大，商圈共建、收益共享的市场运作机制仍有待进一步完善。二是宣传力度不够。未能在资本市场广泛宣传智慧商圈建设的长期经济和社会效益，吸引融资机构或专项基金参与运作，投资机构参与智慧商圈建设的意愿不强。

（二）线上线下融合度不高，智慧应用共享水平较低

按照智慧商圈建设评价指标体系的要求，打造具备沉浸式智能场景、智能支付、智能停车以及优化服务的智慧应用。虽然广州目前已完成了线上平台搭建，但在构筑线上线下融合智慧化消费场景的过程中存在过度注重线上平台搭建，线上线下融合不足的问题。且相较于杭州主推数字人民币、上海主打 AR 应用，广州尚欠缺具备独特优势和影响力的智慧应用品牌，智慧应用普及率不高。主要原因在于以下三个方面。一是智慧应用实用性不强。部分服务类智慧应用和设施华而不实，看起来"智慧"实则不好操作，且无人指导，消费者体验不佳的同时容易造成设备闲置和资源浪费。二是尚未构建智慧应用研发体系。未能集聚社会力量构建产学研一体化智慧商圈应用开发体系。三是相关数字消费的规章制度、信息安全和消费者隐私保护制度亟待完善。

（三）智慧应用转化效率不高，商圈收益共赢范围不广

按照智慧商圈建设评价指标体系的要求，面向商业企业的智慧应用要具备数字化营销、信息共享、数字化转型服务、物流配送功能。广州搭建立体式、多渠道的数字化营销模式，积极推动商户进行智慧化改造，但目前部分商业企业智慧应用实用性不强，出现"新瓶装旧酒"的现象，未能有效实现经营业态升级和创新，直接转化经济效益不高，导致智慧应用在商户中普及面不广。主要原因在于以下两个方面。一是线上线下联合营销能力仍需提

升。联动各商综体、商户营销能力不足，商圈活跃度不高，商户未能显著实现降本增效，导致商户缺乏推广智慧应用的动力。相比之下，巴黎和纽约积极与大型品牌商合作，共同打造创新零售体验空间的模式值得借鉴。二是智慧项目管理和服务体系尚不成熟。部分智慧项目仍处于试运营或构思设计阶段，成熟的管理和服务体系尚未形成。

（四）智慧项目协调处理难度较大，商圈运营共治程度不深

智慧项目涉及的技术复杂、功能多样，牵涉的政府部门较多。比如北京路非遗元宇宙项目涉及商务、文旅、住建、工信等多部门，集中管理和协调难度较大，存在"重建设、轻运营"的现象，影响项目常态化运营管理。主要原因在于以下两个方面。一是各部门对项目功能的认知不一致，存在商圈管理机构与其他政府部门协作不足、各自为战的现象，影响项目运营。二是商圈内各项目之间竞争激烈，在推动项目落地的过程中存在沟通和报批效率有待提高等问题。

（五）全市智慧化发展水平不均衡，商圈智慧化共荣程度不高

广州智慧商圈发展水平不均衡，呈现越秀、天河两区发展较快而其他城区商圈智慧化转型进展较慢的情况，未能充分发挥天河路和北京路商圈的引领作用。通过对广州市居民消费情况进行问卷调查发现①，广州市民对智慧商圈建设的平均不满意度达 30%，其中"80 后""90 后""00 后"中青年群体不满意度较高。目前，广州智慧商圈建设水平与市民期待仍有一定距离。主要原因在于以下两个方面。一是行政资源分配不均衡，目前仅有北京路商圈和天河路商圈设有管委会或商会统筹负责智慧商圈运营，其他商圈尚未设立相关管理机构。二是不同商圈间人流、物流、信息流差异明显，预期效益不确定性大，协同难度较大，导致先进智慧商圈经验较难复制推广。

---

① 资料来源：广州市社会科学院"高质量发展背景下广州扩大消费的战略研究"课题组开展的"广州市居民消费情况"问卷调查，对广州的 11 个区按照常住人口规模进行等比例抽样，共回收有效问卷 1005 份。

四 国内外智慧商圈建设发展经验与启示

借鉴国内外智慧商圈建设发展经验，对广州打造全球智慧商圈建设标杆、推进国际消费中心城市建设具有重要意义。总结纽约、上海等国内外著名城市商圈建设经验。

（一）发挥政府统筹谋划作用，构建共建共享市场运作机制

一是成立智慧商圈建设领导小组，牵头构建共享开放智慧数据平台。加强政府统一谋划，协同社会力量共推智慧商圈建设。杭州成立武林智慧商圈建设工作领导小组，整合政府各部门以及社会力量，从数据融合共享、数据综合运营、整体硬件提升三个方向共建智慧数据平台，提升武林商圈智慧能级。二是构建政商联盟，共同推进数据平台建设。构建政商联盟，打通多方接口、融合多方能力，应各方需求提供不同等级的共享与开放服务。南京充分发挥政府、平台、商企的合力构建新街口"1+2+4+N"智慧商圈平台；上海通过政企合作打造"新基建+新模式+新监管+新场景+新治理"的"五位一体"协同创新模式，建设数字化全域运营平台，实现全场景融通和消费流程再造。

（二）探索创新智慧建设理念，引领商圈建设潮流

一是创新智慧建设理念，构筑智慧商圈独特优势。除了开发智慧应用小程序外，各中心城市商圈管理部门还与运营机构结成战略合作联盟，创新商圈建设理念，构筑智慧商圈独特优势。杭州与中国农业银行达成战略合作，以数字人民币为媒介，将武林商圈打造成全国城市商圈智慧管理标杆、全国城市商圈数字人民币试点应用标杆、全国城市商圈智慧推广引客标杆；上海与中国联通合作首次提出CBMG建设理念，落地建设豫园元宇宙、5G直播、数据驾驶舱等众多场景，推进"大豫园片区"智慧商圈建设。二是大力推广智慧应用，提升商圈吸引力。日本东京涩谷商圈在老牌商业综合体中引入

OMO 体验式购物空间和智慧灯光秀，并结合音乐祭、涩谷万圣节等活动打造"年轻人街区""街头时尚策源地"的 IP 形象；法国巴黎香榭丽舍大街商圈推出数字化超市和智能数字站，提升游客购物和休息便利度；重庆在解放碑—朝天门商圈建成首个 GOGO 无人超市和全国首个 5G 智慧步行街展厅，开发运用无人购物、智慧导购、智慧物流等技术，大型商业综合体智能货架、虚拟试衣镜等沉浸式智慧场景覆盖率近 40%。

（三）补贴与技术双支持，推进商户智慧化升级改造

一是加大财政补贴力度，大力推动商户智慧化升级。对纳入智慧商圈示范试点范围的商圈、商业综合体、商户给予个性化补贴，推进商圈企业智慧化转型。重庆对商圈和商综体按照不超过实际有效投资额 40% 的标准予以补助，北京对智慧化升级改造的商业企业给予不超过实际投资额 10% 且不超过 500 万元的单项补助。二是支持商户进行智慧化改造，提升商圈消费吸引力。为商户提供智慧化改造所需的技术支持，推进商户服务多元化，提高对消费者的吸引力。巴黎与耐克等品牌商加强合作，对香榭丽舍大街商圈的中世纪建筑进行数字化改造，打造创新巴黎之屋，构筑以科技感、数字化和沉浸式为主题的创新零售体验空间；纽约在第五大道曼哈顿商圈引入 PUMA 北美旗舰店和首个法拉第未来主义者体验中心，通过创新互动区、定制工作室和数字连接产品，为消费者提供独特的沉浸式购物体验。

（四）创新智慧管理理念，优化商圈营商环境

一是创新智慧管理理念，提升智慧商圈管理效能。积极与运营商合作加强数据综合集成管理，创新管理理念，提升管理品质。上海在豫园商圈打造新一代网格化管理模式，通过网格化数字基座整合直营和联营门店的会员信息，实现卡券跨品牌营销和自动化核销，此外还基于电子地图极大地缩短流程，加强品质管理。杭州开发武林商圈驾驶舱系统，与多部门数据联通，打造智慧社交、支付、服务、治理场景，构建商圈智慧"生态链"，助力商家运营决策。二是建立大数据征信体系，营造良好的商业生

态。建设基于大数据的商业企业征信体系，构建多维度、多层次信用评价标准，营造良好的消费生态。成都联合支付宝、中国银联向广大市民、游客发放"交子券"，包含惠民消费折扣、商家诚信管理、消费者商圈信用积累等内容，营造良好的消费生态。杭州推出类似的措施，将信用商誉积分化，推出"信用印章""信用礼包"，形成商家自我管理、政府数智治理、公众参与监督的闭环管理模式。

（五）智慧赋能政务服务，维护商圈秩序与安全

一是打通政商数据，提升政府服务效能。将智慧商圈大数据平台与公共信息系统对接，实现商圈公共服务协同化、实时化、智慧化。南京打通政务与新街口商圈两大数据平台，共享来自规划、公安、交通等部门的相关数据，提升政府效能。南京首创"智慧警局"并设置智能警务机器人，为群众提供查询引路、一键报警等功能。二是党建联建共治共管。党建结合新型智慧应用提升政务管理效能，保证商圈内政策施行有效、秩序安全有序。杭州拱墅区联合浙江省商务厅共同建立武林商圈"135"党建联建机制，依托辖区单位资源，强化系统联动、多跨协同，合力开展惠民购、平安巡防等活动。

随着数字化改革的深入，智慧商圈已成为城市商业发展的重要组成部分。总结国内外发展经验，建设智慧商圈有如下启示：一是数智化管理。通过大数据、云计算等现代信息技术手段，实时掌握商户的经营状况、消费者的需求变化、商圈的运营安全、运营商的管理情况等信息，实现对商圈内各类资源的数智化管理。二是精细化策略。通过对商圈行为数据进行分析，使运营商、商户、政府掌握消费者动态，从而制定精细化的运营策略，有针对性地组织营销活动，提升商圈整体收益和服务水平。三是融合化发展。通过线上线下的融合发展，商圈内的各类资源可以实现更加紧密的协同合作，实现服务"四方"的发展要求。四是体验化消费。通过采用现代信息技术手段，为消费者提供沉浸式、定制化的消费体验，实现扩大内需、铸就美好城市生活的目的。未来随着现代信息技术的进一步发展，智慧化管理将更加精准，智慧化体验将更加丰富，为商圈发展提供更加全面且多元的支持。通过

智慧商圈建设，推动城市基础设施升级和完善，为市民提供更加便捷、舒适、安全的生活和消费环境，也为城市经济发展注入新的活力和动力。

五　广州建设智慧商圈的对策建议

（一）创新合作机制，推进智慧商圈高质量发展

一是完善智慧商圈市场化运作机制。商务部门要积极引入市场机制，可参考上海"五位一体"协同创新模式，集聚社会力量探索建立商圈共建、收益共享、成本共担的智慧商圈建设模式，共同推进智慧商圈建设。二是聚集社会资金共建智慧商圈。吸引社会资金参与智慧商圈建设，可考虑建立专项基金或投资公司负责智慧商圈资本化、市场化运营，保证智慧商圈建设所需资金链，推进智慧商圈长期建设和可持续运营管理。三是创新沟通合作机制。商务部门要加强与文旅、财政、市场、住建、科技等部门协调沟通，充分借鉴杭州武林智慧商圈建设工作领导小组以及党建联建机制，发挥政府统筹作用，建立跨部门、跨领域的常态化管理组织，整合多方软硬件资源，完善配套设施建设，因地制宜、按需施策，推进智慧商圈项目落地。

（二）强化数据管理，提升智慧商圈治理效能

一是提升商圈管理智能化水平。加强数据综合集成管理，优化客流、销售、交通信息采集平台，效仿杭州武林商圈驾驶舱系统，联通多部门数据，协同打造智慧治理场景。二是强化数据分析能力。联合商务、市场、公安等部门，充分运用大数据平台，准确掌握商品的销售情况和库存状况，对商圈核心数据进行监控，实现自定义预警和智能预警，提升政务、商务管理运营效能。三是加强数据安全保障体系建设。要制定完善数据隐私保护、安全管理和知识产权保护等方面的制度，明确数据安全责任和义务；探索运用新型加密技术手段，实现数据可追溯、可信存储、可信计算和全流程安全，保证数据安全使用。

（三）提升智慧应用服务效能与商圈发展效益

一是进一步推进老街智慧化改造。可参考巴黎和纽约与大型品牌商合作推进老街改造的案例，增强街区内各方数据开放意识，进一步打通消费、能耗、投诉、停车场等系统端口，推进云闪付、抖音等 App 与商圈小程序对接，共同打造零售体验空间。二是开发具备独特优势的智慧应用。可参考杭州以数字人民币为切入点打造全国城市智慧化标杆的做法，与运营机构合作搭建智慧应用创新研发平台，对消费者行为展开深入研究分析，采用最新信息科技探索开发体验感最佳的商圈智慧应用，切实有效提升消费者沉浸式体验和商户经营效益，提高智慧应用普及率。三是构建智慧应用研发体系。出台智慧应用研发优惠政策，鼓励高校、研究机构、企业和个人共同参与智慧应用研发，支持培养和引进包括技术研发、项目管理、运营维护等方面的智慧应用专业人才，为智慧商圈持续发展提供技术和科研支持。

（四）塑造智慧商圈品牌优势，推进全市商圈智慧化改造

一是加大智慧商圈品牌宣传力度。多渠道、多平台、多媒体宣传智慧商圈发展成效，打造智慧商圈品牌形象，发展数字经济，开发文创产品，提升商圈知名度。二是开展数字化联合营销。助推商综体、商户数字化转型，加大商圈线上线下活动结合力度，联动各商综体、商户共同提升商圈活跃度，增强对消费者特别是年轻消费群体的吸引力，提升商圈品牌影响力。三是构建区域分布式合作模式，推进全市商圈智慧化改造。要加强市政府对区政府的指导和统筹，构建区政府间跨域合作组织，建立健全跨区域合作的保障制度和机制，充分实现区域内部资源整合与优势互补，将北京路、天河路智慧商圈模式在广州各区复制推广，推进全市商圈智慧化改造。

B.8

广州一刻钟便民生活圈业态特征：
地理空间大数据分析

刘松 魏颖 张荣荣*

摘 要： 广州正在建设国际消费中心城市，也是城市一刻钟便民生活圈建设试点。本报告采用地理空间大数据，运用 GIS 空间分析方法，尝试从布局形态、覆盖度、公平性、多元化和便捷性等视角，系统性剖析广州城市一刻钟便民生活圈的业态特征。结果显示，广州城市一刻钟便民生活圈业态呈现聚集分布、稀疏分布和无分布的结构形态，与广州城市发展和人口分布格局基本一致；城市一刻钟便民生活圈基本保障业态和品质提升业态基本覆盖居民社区生活，但便民生活圈的空间公平性、服务便捷性和业态多元化品质化仍需强化。为此，本报告建议从加强政策引导、改造传统商圈、科学配置业态、积极培育运营主体等方面，促进广州城市一刻钟便民生活圈空间布局提升、发展模式创新、发展品质提档。

关键词： 城市一刻钟便民生活圈 国际消费中心城市 广州

一刻钟便民生活圈是以社区居民为服务对象，服务范围为步行 15 分钟到达的区域，以满足居民日常生活消费和品质消费为目标，多业态集聚形成的社区商圈。发展社区商圈，对广州建设国际消费中心城市、实施扩大内需战略，乃至满足人民日益增长的美好生活需要都具有重要的

---

* 刘松，广州市社会科学院国际商贸研究所博士后，研究方向为商贸流通产业；魏颖，广州市社会科学院国际商贸研究所副研究员，研究方向为商贸流通产业；张荣荣，郑州轻工业大学讲师，研究方向为城市发展与区域规划。

现实意义。

　　近年来，商务部多次发布城市一刻钟便民生活圈建设相关的指导意见，随着《全面推进城市一刻钟便民生活圈建设三年行动计划（2023—2025）》（以下简称"行动计划"）出台，城市一刻钟便民生活圈建设目标和任务逐步细化。为深入贯彻党的十九届六中全会和中央经济工作会议精神，并落实一刻钟便民生活圈及推进试点城市建设，广州推进一刻钟便民生活圈建设工作刻不容缓。目前仍然存在一些困扰一刻钟便民生活圈发展的关键问题，其中之一就是如何准确、便捷地识别便民生活圈的业态。本报告采用百度地图 POI 数据，尝试解析广州一刻钟便民生活圈的业态特征，以寻求贯彻政策的可行办法。

一　一刻钟便民生活圈的建设要求

（一）一刻钟便民生活圈的范围

　　步行 5 分钟可到达的范围内配置便利店、生鲜店、早餐店、洗衣店等基本生活服务类业态，步行 10 分钟可到达的范围内配置菜店菜场、社区餐饮、快递收发、家政服务、维修缝补等便民业态，步行 15 分钟可到达的范围内配置社区商业中心（社区生活服务中心），实现社区商业基层全覆盖。本研究取 500m 作为步行 5~10 分钟（按步速 1.2m/s 计算，360~720m）范围的生活圈半径，取 1000m 作为步行 15 分钟（1.2m/s×900s＝1080m）范围的生活圈半径。

（二）一刻钟便民生活圈的业态分类

　　根据《城市一刻钟便民生活圈建设指南》，基本保障业态主要包括便利店、综合超市、菜市场、早餐、家政服务、快递网点、小修小补等，品质提升业态主要包括养老机构、休闲餐饮场所、茶饮咖啡、运动健身、幼儿托育、保健理疗等。

本报告结合百度地图兴趣点（Point of Interest，POI）数据与《城市一刻钟便民生活圈建设指南》，确定购物服务、餐饮服务、生活服务和文娱康体4种一刻钟便民生活圈业态（见表1）。

表1　基于地理空间大数据的广州一刻钟便民生活圈业态分类

业态类型	基本保障业态	品质提升业态
购物服务	便利店 综合超市 菜市场	商场 特色商业街 专卖店
餐饮服务	早餐 大众餐饮 主食厨房	特色餐饮 茶饮咖啡 休闲餐饮场所
生活服务	家政服务 快递网点 小修小补 五金杂货 照相文印	养老机构 幼儿托育 艺术培训 保健理疗 美容美体
文娱康体	社区阅读 社区医疗 社区公园 老年活动中心 婴幼游乐场所	综合医院 影剧院 休闲场所 运动健身

二　广州一刻钟便民生活圈发展现状与存在的问题

（一）业态整体上呈现梯度有序、层次分明的结构形态

广州一刻钟便民生活圈业态整体呈现中心地区集聚成团、过渡地带片状聚合、外围地区点状散布的特点（见图1）。具体归纳为三种形态：聚集分布、稀疏分布和无分布。

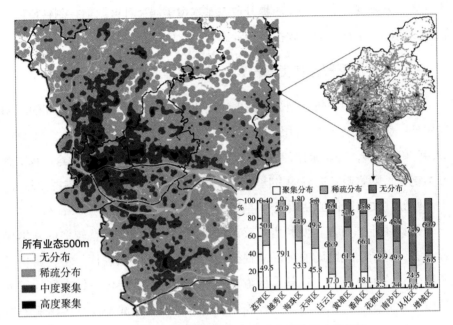

图1　广州一刻钟便民生活圈业态分布形态及占比情况

说明：审图号为粤S（2022）084号。

聚集分布为缓冲区接连成片的聚合形态，其特征是缓冲区内业态数量庞大、彼此近距堆叠成团，细分为高度聚集和中度聚集。稀疏分布为缓冲区片状聚合或点状散布的均衡形态，其特征是缓冲区内业态数量较多、彼此远距间断聚合。无分布为无缓冲区的零业态分布形态。聚集分布类型见于城区的核心地带，越秀区、荔湾区西关和芳村片区、海珠区西部片区和天河区南部片区，花都区、从化区、增城区和南沙区的城区中心等地区是此种分布形态。稀疏分布类型是一种广泛分布于城乡接合地带的形态，其中的片状聚合多见于中心城区的外围地带，例如，天河区北部、海珠区东部、荔湾区西朗片区。点状散布多见于城区的外围地带，例如，黄埔区北部区域及花都区、增城区、从化区和南沙区大部分区域。无分布类型常见于偏远居所或生态地带。

此种一刻钟便民生活圈业态分布格局与广州城市发展和人口分布格局基

本一致，基本保障业态和品质提升业态基本覆盖居民社区，但一刻钟便民生活圈的空间公平性、服务便捷性和业态多元化水平仍需提升。

（二）业态配置存在类间差异，基本保障业态发展空间较大

业态数量上，广州一刻钟便民生活圈业态拥有超过47.30万个POI，购物服务、餐饮服务、生活服务和文娱康体的占比分别为29.6%、34.8%、29.4%和6.2%，文娱康体的占比小、单体数量少。按基本保障类、品质提升类统计，购物服务二者的占比相当，餐饮服务的基本保障业态占比较大，生活服务、文娱康体的品质提升业态占比较大（见表2）。

就具体业态而言，便利店和菜市场是购物服务单体数量较多的基本保障业态，专卖店是购物服务品质提升业态的主体。大众餐饮、主食厨房是餐饮服务的主体业态，在基本保障业态中占比较高，特色餐饮在餐饮服务品质提升业态中占比较高。美容美体、艺术培训和保健理疗是生活服务业态的主体，在品质提升业态中占比较高，快递网点在基本保障业态中占比较高。休闲场所、运动健身和综合医院是文娱康体业态的主体，在品质提升业态中占比较高，社区医疗在文娱康体基本保障业态中占比较高。另外，"一店""一菜"业态单体数量较多，是购物服务基本保障业态的主体，"一修"是生活服务基本保障业态中单体数量较多的业态，"一早"和"一老""一小"分别是餐饮服务和文娱康体基本保障业态中单体数量较少的业态。

表2 广州一刻钟便民生活圈各种类型业态的占比情况

业态类型	基本保障业态占比/ 品质提升业态占比	单体数量较多的业态及其组内占比
购物服务	46.6%/53.4%	便利店(25.8%)、菜市场(11.4%)、综合超市(9.5%)
		专卖店(51.6%)
餐饮服务	76.5%/23.5%	大众餐饮(42.7%)、主食厨房(33.2%)
		特色餐饮(14.7%)

续表

业态类型	基本保障业态占比/ 品质提升业态占比	单体数量较多的业态及其组内占比
生活服务	33.8%/66.2%	快递网点(13.8%)
		美容美体(26.7%)、艺术培训(26.4%)、保健理疗(11.4%)
文娱康体	24.3%/75.7%	社区医疗(12.1%)
		休闲场所(43.4%)、运动健身(17.7%)、综合医院(12.9%)

注：以便利店为例，"组内占比"为其在购物服务中的占比。

（三）业态分布的空间公平性及供需空间匹配度仍有较大提升空间

空间分布上，一方面考察哪里的业态密布，哪里的散布；另一方面考察其与人口空间的匹配程度，进而优化一刻钟便民生活圈业态的空间布局。

业态密布的地区有珠水北岸、珠水南岸、云山西麓、云山东麓、芳村片区和外围副中心等，其他区域业态散布，这表明业态分布在空间上不均衡。对单体数量较少的业态而言，散布造成居民就近服务获取困难。例如，早餐、家政服务、小修小补、养老机构、幼儿托育、社区阅读、老年活动中心、婴幼游乐场所，即"一店一早""一菜一修""一老一小"等业态，在半径为 500m 和 1000m 的范围内布局的数量较少（见图 2）。

业态集聚地与人口集聚地在空间上错位分布，这意味着资源配置不均衡。根据街镇尺度的空间叠加分析①，有 96.1% 的街镇表现为供需空间错配，基本为供给小于需求的类型（占比为 93.3%）。供需均衡的业态占少数，如主食厨房和快递网点两类业态密度与人口密度之比处于均衡状态，大多数业态的供需比值过小（见表 3）。供需比值过小意味着资源配置不足，人口密度高的地区业态密度低，可能存在生活圈内购物、餐饮、生活和文娱

---

① 采用供需指数表示，即"业态密度"与"人口密度"均一化的比值，规定"业态密度/人口密度">1.2 为"供给较大"，"业态密度/人口密度"<0.8 为"供给较小"，0.8≤"业态密度/人口密度"≤1.2 为"供需相当"。共计 178 个街镇级行政区。

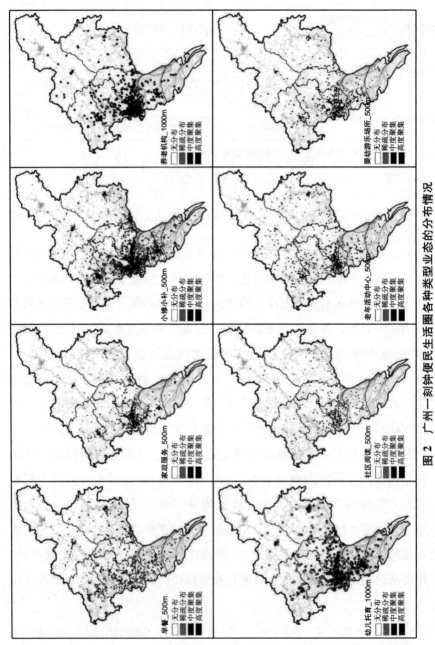

图 2 广州一刻钟便民生活圈各种类型业态的分布情况

说明：审图号为粤 S（2022）084 号。

康体等服务需求无法得到满足的情况，反之供需比值过大意味着资源配置过多，人口密度低的地区业态密度高，这会造成资源浪费。

表3　广州一刻钟便民生活圈业态供需空间匹配情况

单位：%

业态类型	业态名称	供需空间判别		
		供给较大	供需相当	供给较小
购物服务	基本_01 便利店	39.9	38.2	21.9
	基本_02 综合超市	30.9	24.7	44.4
	基本_03 菜市场	1.7	3.4	94.9
	品质_04 商场	6.7	5.1	88.2
	品质_05 特色商业街	3.4	2.8	93.8
	品质_06 专卖店	0.6	1.7	97.8
餐饮服务	基本_01 早餐	66.9	8.4	24.7
	基本_02 大众餐饮	12.4	30.9	56.7
	基本_03 主食厨房	18.0	44.4	37.6
	品质_04 特色餐饮	9.6	25.3	65.2
	品质_05 茶饮咖啡	4.5	7.3	88.2
	品质_06 休闲餐饮场所	2.2	1.7	96.1
生活服务	基本_01 家政服务	6.2	12.4	81.5
	基本_02 快递网点	30.3	40.4	29.2
	基本_03 小修小补	5.6	25.3	69.1
	基本_04 五金杂货	2.8	3.4	93.8
	基本_05 照相文印	5.6	15.2	79.2
	品质_06 养老机构	8.4	12.9	78.7
	品质_07 幼儿托育	7.9	11.2	80.9
	品质_08 艺术培训	12.4	17.4	70.2
	品质_09 保健理疗	23.0	35.4	41.6
	品质_10 美容美体	7.9	19.7	72.5
文娱康体	基本_01 社区阅读	2.8	1.1	96.1
	基本_02 社区医疗	46.6	34.8	18.5
	基本_03 社区公园	14.0	16.9	69.1
	基本_04 老年活动中心	6.2	11.8	82.0

续表

业态类型	业态名称	供需空间判别		
		供给较大	供需相当	供给较小
文娱康体	基本_05 婴幼游乐场所	8.4	16.3	75.3
	品质_06 综合医院	2.2	3.9	93.8
	品质_07 影剧院	3.4	2.8	93.8
	品质_08 休闲场所	9.6	25.3	65.2
	品质_09 运动健身	14.0	25.3	60.7

注："基本"为基本保障业态，"品质"为品质提升业态。

（四）业态分布具有地域差异，业态品质化水平参差不齐

按照"有无"标准，统计 31 种细分业态的社区分布情况，考察一刻钟便民生活圈业态的多元化和品质化情况（见表4）。结果显示，业态多元化曲线呈现"先升后降、再升再降"的双峰形态。根据曲线形态，划分"0种""1~9种""10~14种""15~24种""25~31种"业态多元化等级，超过一半（53.2%）的社区配置 15~24 种细分业态，23.9%的社区配置 1~9种细分业态，前者位于中心城区及郊区副中心，后者位于郊区副中心之外的地区（见图3a）。该结果表明，大部分社区的一刻钟便民生活圈业态种类较丰富，但是业态多元化格局呈现"核心—边缘"的地域分异结构，即越位于城市中心，业态类型越丰富，反之，业态类型越单一。

表4　广州一刻钟便民生活圈业态多元化和业态品质化统计情况

单位：%

31 种细分业态分级	"有无"标准的社区数量占比	"多寡"标准的社区数量占比
0 种	2.1	20.4
1~9 种	23.9	46.3
10~14 种	12.8	11.3
15~24 种	53.2	17.1
25~31 种	8.0	4.9

按照"多寡"标准，统计 31 种细分业态在"POI>均值"① 下的社区分布情况，考察一刻钟便民生活圈业态的品质化情况。结果显示，业态品质化曲线呈现逐渐下降的态势，近一半（46.3%）社区拥有 1~9 种超过均值的细分业态，17.1% 的社区配置了 15~24 种超过均值的细分业态，且从空间格局来看，前者位于城市中心的老城区以及郊区副中心的边缘地区，后者位于城市外围的新城区以及郊区副中心的中心地区（见图 3b）。虽然拥有 0 种细分业态的社区较多，但基本位于广州边缘地带。业态品质化呈现与业态多元化相反的格局。

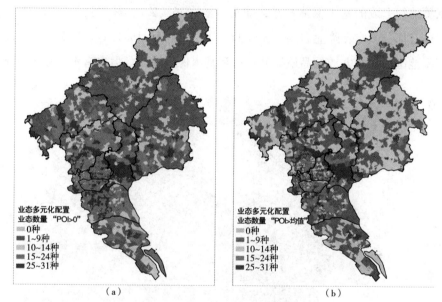

（a）　　　　　　　　　　　　　（b）

图 3　广州一刻钟便民生活圈业态多元化和业态品质化空间分布

说明：审图号为粤 S（2022）084 号。

上述情况表明，虽然大部分社区的一刻钟便民生活圈业态种类较丰富，但是每种业态的数量较少，甚至在均值以下，业态品质化水平参差不齐。这种情况在广州老城区更加突出。

---

① "POI>均值"统计标准如下：在 31 种细分业态中，若 A 社区的 a 业态（如便利店）POI 数量大于全市所有社区的 a 业态 POI 均值，则计数 1 种，否则不计数。例如，全市所有社区的便利店均值为 13.81 种，A 社区有 50 个便利店，B 社区有 5 个便利店，则 A 社区计 1 种业态，B 社区计 0 种业态，其余 30 种细分业态类推，直至统计出 A、B 社区的业态数量。

（五）步行可达空间覆盖约七成的建成区，业态服务便捷性总体较好

构建广州社区型便民生活圈，统计"5~10分钟""15分钟"步行圈的空间覆盖范围。统计数据显示，"5~10分钟"步行可达空间覆盖约七成（68.4%）的建成区，"15分钟"步行可达空间覆盖超过九成（92.1%）的建成区。空间地域上，一刻钟便民生活圈步行可达性较高的地区基本位于广州老城区（见图4）。进一步分析业态配置情况①，"5~10分钟"步行圈范围覆盖约七成的基本保障业态，如菜市场（76.7%）、家政服务（82.2%），但也有部分基本保障业态的占比较低，如早餐（58.1%）等。"15分钟"步行圈范围覆盖超九成的品质提升业态和基本保障业态。但也有不少业态分布

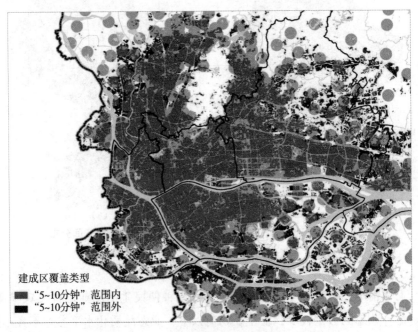

建成区覆盖类型

■ "5~10分钟"范围内
■ "5~10分钟"范围外

图4　广州一刻钟便民生活圈业态服务便捷性

说明：审图号为粤S（2022）084号。

---

① 空间统计方法：将缓冲区合并为一个整体，分别统计落在缓冲区内、外的业态数量占比。

在"5~10分钟""15分钟"步行圈覆盖范围之外，居住在这些地区的居民不得不花费更多时间在获取社区服务上。

上述结果表明，广州一刻钟便民生活圈基本覆盖大部分城市建成区，业态配置也基本满足居民基本保障和品质提升服务需求，即"5分钟"步行圈内配置便利店、生鲜店、早餐店、洗衣店等基本生活服务类业态，"10分钟"步行圈内配置菜店菜场、社区餐饮、快递收发、家政服务、维修缝补等便民业态，"15分钟"步行圈内配置社区商业中心，实现社区商业基层全覆盖。但是，根据课题组①的调查问卷统计，居民步行15分钟内的商业设施满意度为63.8%，远低于"行动计划"中90%的要求。因此，广州一刻钟便民生活圈有必要进一步提升便捷性，尤其是在消费场景和消费条件方面。

表5　广州一刻钟便民生活圈不同类型业态 POI 总数和占比情况

单位：%，个

业态类型	业态名称	"5~10分钟"步行圈覆盖范围内占比	"15分钟"步行圈覆盖范围内占比	社区数量均值	社区密度均值	POI 总数
购物服务	基本_01 便利店	66.6	91.1	13.81	37.20	36221
	基本_02 综合超市	64.6	89.9	5.07	13.30	13283
	基本_03 菜市场	76.7	94.3	6.08	25.74	15941
	品质_04 商场	73.6	93.2	0.71	2.74	1869
	品质_05 特色商业街	78.5	95.3	0.21	0.94	553
	品质_06 专卖店	77.5	94.5	27.64	128.99	72469
餐饮服务	基本_01 早餐	58.1	90.1	0.44	0.60	1166
	基本_02 大众餐饮	72.7	92.3	26.77	88.30	70190
	基本_03 主食厨房	67.9	90.9	20.81	59.15	54572
	品质_04 特色餐饮	73.9	92.8	9.26	32.12	24269
	品质_05 茶饮咖啡	78.6	94.2	5.39	23.71	14128
	品质_06 休闲餐饮场所	0.0	93.4	0.09	0.36	227

---

① 指广州市社会科学院"扩大内需背景下广州市居民消费情况调查"课题组。

业态类型	业态名称	"5~10分钟"步行圈覆盖范围内占比	"15分钟"步行圈覆盖范围内占比	社区数量均值	社区密度均值	POI总数
生活服务	基本_01 家政服务	82.2	94.5	0.32	1.62	842
	基本_02 快递网点	68.6	90.3	7.33	23.67	19225
	基本_03 小修小补	75.2	93.8	3.44	12.31	9021
	基本_04 五金杂货	64.9	90.9	3.90	12.02	10236
	基本_05 照相文印	77.7	94.4	2.93	10.92	7688
	品质_06 养老机构	77.5	93.7	0.28	1.44	725
	品质_07 幼儿托育	74.7	93.8	0.57	2.02	1491
	品质_08 艺术培训	73.7	92.5	14.00	50.16	36717
	品质_09 保健理疗	76.1	93.8	6.06	21.76	15886
	品质_10 美容美体	79.3	94.3	14.16	58.22	37132
文娱康体	基本_01 社区阅读	70.2	91.7	0.27	0.80	699
	基本_02 社区医疗	67.6	90.7	1.34	3.88	3523
	基本_03 社区公园	60.9	88.4	0.51	1.15	1332
	基本_04 老年活动中心	72.0	91.6	0.30	1.16	796
	基本_05 婴幼游乐场所	75.1	93.9	0.29	1.07	760
	品质_06 综合医院	84.9	96.3	1.44	6.88	3769
	品质_07 影剧院	74.7	93.1	0.19	0.71	490
	品质_08 休闲场所	66.1	88.9	4.84	15.45	12685
	品质_09 运动健身	74.2	92.8	1.97	6.57	5166

注："基本"为基本保障业态，"品质"为品质提升业态。

三 广州一刻钟便民生活圈进一步发展的建议

目前来看，广州一刻钟便民生活圈建设总体方案及各生活圈方案缺失，且各生活圈协同融合发展程度不高。另外，业态供给主体和属性不明确，使得政府在一刻钟便民生活圈建设中缺失，导致一刻钟便民生活圈业态配置不均衡等问题出现。因此，广州一刻钟便民生活圈建设有必要制定相关标准，系统谋划。

（一）积极推进，便民生活圈发展布局再完善

1. 加强政策引导

《广州市城乡社区服务体系建设"十四五"规划》提出深化城乡社区生活服务圈建设。在强化顶层设计的基础上，广州进一步出台一刻钟便民生活圈建设实施方案以及建设运营管理办法。

2. 明确建设要求

确立一个原则、出台一个规划、明确一条路径。"一个原则"即遵循"政府引导、市场运作、分步实施"原则，项目要立足现有商业设施，鼓励各类社会主体参与建设，不搞大拆大建大补；"一个规划"即出台一刻钟便民生活圈建设方案，设立近、中、远期建设目标；"一条路径"即根据社区建设现状，按照老城区生活圈、新城区生活圈、规划城区生活圈三大类统筹谋划、分类引导、协同推进一刻钟便民生活圈建设。

3. 坚持试点先行

2022 年，商务部办公厅将广州作为第二批一刻钟便民生活圈建设试点城市。广州在 11 个区分别开展试点，建立市、区两级联动的试点工作机制，探索形成试点方案。各单位主体及时对照评价指标开展经验总结，形成建设标准。继续扩大试点范围，及时总结，推广好经验、好做法。

（二）因地制宜，便民生活圈发展模式再创新

根据社区商业发展成熟度，以及前期社区商业发展的基础，将一刻钟便民生活圈分为邻里社区、邻里中心和邻里街区三种模式。在具体打造过程中，遵循因地制宜的原则，按照新老社区的现状及定位，探索形成以社区街道、国有企业、民营企业为运营主体打造一刻钟便民生活圈的三种发展模式。

1. 社区街道统筹，改造传统街坊式生活圈

社区生活圈以街道为建设主体，以社区为主要抓手，对原有商业网点进行适应性调整，形成了沿街式、多点式的业态布局。街道鼓励发展连锁式社区服务门店，引导企业开展送货上门、送餐上门、修理上门的"三上门"

服务，实施"社区+商圈"的志愿者服务模式，定时定点在志愿服务站提供便民志愿服务。

2. 国有企业接管，打造商住混合式生活圈

国有企业对原有商业业态进行摸底，按照"统一产权、统一建设、统一招商、统一经营"的原则，补充、选配业态。企业在街区设立便民服务中心，开展纠纷调解、社区咨询等志愿服务，增设维修和家政等服务项目，政府给予其房租和物业费减免等激励政策。

3. 民营企业主导，创新广场式生活圈

民营企业在充分调研居民对生活便利需求的基础上，探索出适合社区的维修管家、儿童教育、社区书房等创新业态。同时，为给周边社区居民出入商业广场提供便利，企业积极向城建、水利、航运等部门申请，自筹资金在周边河道架设便捷桥，方便居民通行。

（三）精准引导，便民生活圈发展品质再提升

1. 科学配置各类业态

坚持规划引领，围绕"市场（业态）+公共服务"，整合"购物、服务、休闲、健身、文化、社交"功能，支持企业、商户与居民供需对接，丰富经营品类，延伸服务功能，不仅满足居民在早餐、理发、药品、生鲜、花店、24小时便利店等日常生活方面的需求，还提供快递收发、再生资源回收、家政服务、衣物缝补、五金维修等便民服务。

2. 合理建设新老社区商业

老城区以建设邻里社区为主，在充分利用公共资源的基础上，提升现有商业网点的集聚度，补充完善短缺业态，尤其是与居民生活联系紧密的业态。新城区以邻里中心、邻里街区建设为主，全面考虑社区用地规模、周边商业状况、不同辐射半径范围内的人口数量等因素，利用底层商业，推动临街式商业网点合理布局。

3. 积极培育运营主体

充分发挥商务部门对商业网点、设施的指导作用，以集中建设团组式社

区商业中心和合理配置便利型商业网点为吸引点，引进并培育专业运营团队。同时会聚社区服务机构网点、驻区单位、社区商业运营商等各类资源，利用广州市社区商业品牌库，通过业务指导、税收减免、租金补贴等方式，支持运营企业在约定框架内丰富业态、引入连锁品牌，在社区养老、托幼、医疗、家政、保洁等方面加大运营投入，探索公共服务的长效运营模式。

B.9
广州打造具有全球影响力标志性商圈研究

康达华 *

摘　要：　培育建设国际消费中心城市是构建新发展格局的内在要求，商圈建设是国际消费中心城市供给侧结构性改革的切入点。广州市被国务院批准率先培育建设国际消费中心城市，理应在全国走在前列、做出示范，从供给侧出发聚焦商圈建设的提质升级。广州在建设国际商圈上既有一定的国际知名度、消费繁荣度、商业活跃度、通达便利度等基础，也存在文商旅融合发展不足、新业态新模式发展滞后等挑战。借鉴国内外先进城市伦敦、纽约、东京、上海等的经验，广州应该在优化完善环境配套，促进商圈品质提升，以国际化为主攻方向，提升商圈品牌知名度和显示度，深入挖掘传统特色文化，加快文商旅融合发展，加快数字化发展步伐，激发新消费需求，完善商圈建设政策配套，实现供给需求双面提升等方面不断发力。

关键词：　国际消费中心城市　商圈　文商旅融合

　　培育建设国际消费中心城市，是党的十九届五中全会做出的重要部署，是构建新发展格局、推动经济高质量发展的重要抓手。2021 年 7 月，国务院批准上海、北京、广州、天津、重庆 5 市率先开展国际消费中心城市培育建设。广州作为 5 个城市中唯一的非直辖市试点城市，应体现其城市特色和责任

---

　　* 康达华，中共广州市委党校经济学教研部副主任、副教授，研究方向为政治经济学、消费经济学。

担当。根据国家关于国际消费中心城市建设的工作要求，重点要聚焦"国际"、紧扣"消费"、突出"中心"，而标志性商圈建设无疑是整项系统工程中综合属性最强、引领辐射作用最大、人民关注度最高的关键一环。为此，本文将以商圈建设为切口，聚焦当前广州商圈发展面临的问题和不足，提出打造具有全球影响力标志性商圈的工作建议，助力广州国际消费中心城市建设。

一 研究背景

（一）培育建设国际消费中心城市是构建新发展格局的内在要求

构建新发展格局需要做大做强做优国内市场，坚持扩大内需，实现供给侧和需求侧在更高水平的均衡，通过高质量的消费升级畅通国内循环、对接国际循环，实现我国经济的跨越式发展。为此，"十四五"规划要求培育建设国际消费中心城市，把国际消费中心城市的打造作为完善内需体系的具体举措，实现供给侧和需求侧的协同发展，为构建新发展格局提供强力支撑。然而，由于经济周期性、结构性的影响，加上疫情后存在的"疤痕效应"，我国经济近年来存在需求不足的现象，近两年中央经济工作会议和政府工作报告都把扩大内需作为重要任务。在此背景下，作为国家中心城市、综合性门户城市的广州发挥了"千年商都"的深厚底蕴优势，保持了消费的强劲势头。2020年，虽然受到新冠疫情的冲击，广州市的消费市场依然保持强劲的发展势头，当年广州市社会消费品零售总额为9218亿元；2021年，广州市社会消费品零售总额首次突破万亿元，达10122亿元，并在2021~2023年的三年里连续超过1万亿元。广州市是粤港澳大湾区核心引擎，加快培育建设国际消费中心城市既是推动自身高质量发展、支撑国家构建新发展格局的需要，也是为国内其他城市打造消费中心做先行先试的探索。

（二）商圈建设是国际消费中心城市供给侧结构性改革的切入点

国际消费中心城市的打造，就是要通过供给侧结构性改革，以创新驱动、高质量供给引领和创造新需求来满足人民对美好生活的向往，其中商圈建设是重要抓手。现代商圈是一个生态圈概念，是物流、人流、资金流、信息流、科技流的双向集散和转化平台，与传统的商贸业单一、单向流动有着本质的区别，是链接各个相关产业的枢纽和平台。伦敦、纽约、巴黎、东京等世界大都市，无一不是国际消费中心城市，经济商业高度发达、消费力极其强劲，拥有世界一流商圈和众多国际品牌，吸引来自全球的消费人群，是名副其实的"购物天堂"。粤港澳大湾区是目前我国开放程度最高、经济活力最强的区域之一，产业体系完备，集群优势明显，国际化水平领先，当前正处于产业转型、消费升级的关键节点，对商品、制造、消费、服务等方方面面都提出了新的要求。从商圈建设视角研究广州培育建设国际消费中心城市问题，有助于利用广州"千年商都"特色和优势，优化空间布局，从供给侧找到应对消费升级的策略，推动广州实现老城市新活力、"四个出新出彩"。

二　广州市商圈建设的基本情况与优势、挑战

广州是国家中心城市和综合性门户城市、国际商贸中心和综合交通枢纽、粤港澳大湾区核心城市和 RCEP 地区几何中心城市，素有"千年商都"美誉，建设国际消费中心城市基础扎实、优势明显、特色突出。在国际商圈打造的过程中，广州随着国内外形势变化历经不同阶段迭代发展，既有自身的优势，也存在一定的问题。

（一）广州市商圈建设的基本情况

1. 发展阶段

广州是"千年商都"，在近代中国商贸发展历程中一直承担着重要角色，清代依靠全国"一口通商"的垄断地位，发展形成专注进出口贸易的"十三行"，其算是近代中国城市商圈的雏形。借改革开放先机，广州经济快速发展，随着中国进出口商品交易会的成功举办，广州国际商贸中心地位

进一步巩固。随着中心城区的扩容、消费结构的升级，广州商圈也步入高速成长期，并逐步呈现出成熟商圈的形态，北京路、上下九等成为国内潮流消费首选地、知名品牌集聚地、区域高端消费中心。进入新发展阶段，人民生活水平大幅提升，广州国际商贸中心地位全面提升，社会消费品零售总额连续多年过万亿元。随着城镇化的加快推进，商圈更具规模化、特色化、品牌化特征。天河路商圈、长隆—万博商圈等国内知名商圈年销售额均较高，在全市消费版图中占据重要份额。同时，商圈及其载体发展特点各异，如北京路极具岭南文化特色，天河路的太古汇集聚了全市最高端的奢侈消费品，长隆—万博商圈汇集了旅游及消费多种业态。

2. 政策梳理

为响应国家深入落实"双循环"战略，有序开展国际消费中心城市培育建设工作，有关部门先后出台了《关于培育建设国际消费中心城市的指导意见》（商运发〔2019〕309 号）、《关于开展国际消费中心城市培育建设工作的通知》（商消费函〔2021〕344 号）和《商务部　国家发展改革委　住房城乡建设部关于印发〈培育国际消费中心城市总体方案〉的通知》（商消费函〔2021〕395 号）等指导性文件，并明确上海、北京、广州、天津、重庆率先打造国际消费中心城市。广州市结合自身的消费基础、功能定位以及比较优势，对国际消费中心城市的培育建设进行了有针对性的战略部署，重点出台了《广州市建设国际消费中心城市发展规划（2022—2025 年）》《广州市加快培育建设国际消费中心城市实施方案》等文件，并出台了系列的配套文件，提出实施"尚品"、"提质"、"强能"、"通达"和"美誉"五大工程。这两个重要文件是广州建设国际商圈的基本指引，同时为商圈建设的战略路径擘画了蓝图。2023 年 4 月，《广州市促进消费提档升级若干措施》出炉，提出 12 个领域 38 条措施。

此外，广州市各区积极响应，因地制宜出台了本区打造消费中心的文件和配套措施，抢抓国家战略实施机遇，集聚消费中心培育建设合力。例如：广州市天河区人民政府印发《天河区助力广州市培育建设国际消费中心城市实施方案（2023—2025 年）》，广州市黄埔区人民政府、广州开发区管委会印发《广州市黄埔区加快培育建设国际消费中心城市工作方案》，广州市海珠区科技工业商务和信息化局印发《广州市海珠区关于加快培育建设国际消费中心城市的扶持办法》，广州市南沙区人民政府印发《南沙区参与培育建设国际消费中心城市实施方案》，广州市白云区人民政府印发《白云区加快培育建设国际消费中心城市实施方案》，广州市增城区人民政府办公室印发《增城区助力广州加快培育建设国际消费中心城市实施方案》，等等。广州还专门编制了重点商业功能区发展规划，为全市 11 个区"量身定制"发展方向，培育建设"5+2+4"国际知名商圈，形成聚合消费客流的新极点。

（二）广州市商圈建设的优势

从国际知名度看，广州是重要国际交往中心，在穗投资世界 500 强企业 345 家，投资项目 1968 个，驻穗总领馆 68 个（截至 2024 年 1 月 19 日），国际友城 91 个。2023 年，全市举办展览 373 场，合计展览面积 1089 万平方米，同比分别增长 1.0 倍、2.5 倍，其中展览面积比 2019 年同期增长超 6%，广交会单展规模世界第一。第 133 届广交会首次启用 D 区展馆，展览面积 150 万平方米，第 134 届扩大至 155 万平方米。近年来，相继举办了《财富》论坛、从都国际论坛、世界航线发展大会等重大国际会议。

从消费繁荣度看，2023 年广州 GDP 为 30355.73 亿元，同比增长 4.6%，常住人口 1800 多万，实际服务管理人口 2200 多万。2023 年，广州市社会消费品零售总额超万亿元，达到 11012.62 亿元，同比增长 6.7%。从消费领域看，广州市新能源汽车消费实现零售额同比增长 35.1%，引领全市生产消费整体升级。传统消费和新消费领域齐发力，在绿色智能家居家电、时尚消费、住宿和餐饮消费方面保持快速增长。此外，广州在新消费领域持续发力，不断推动消费与文旅、体育、数字的深度融合，打造了夜间经济新地标，建立了"羊城运动汇"全民健身品牌赛事活动体系。

从商业活跃度看，广州拥有标志性商业街区 16 个，其中天河路商圈日均流量 150 万人次，有华南第一商圈之称。广州市国际国内知名品牌数全省第一，中华老字号 36 家，广州老字号 152 家，免退税网点 76 家。在中国消费者协会《2022 年 100 个城市消费者满意度测评报告》中，广州位列 4 个一线城市第二、位列 11 个华南区域城市第一。广州市商圈建设的数字化水平不断提升，实现了直播电商"14 个全国首创"和跨境电商"6 个率先"，重塑了"千年商都"的商贸生态，天河路等商圈已入选首批全国示范智慧商圈。

从通达便利度看，广州 2023 年白云机场旅客吞吐量、旅客服务满意度测评均获全球第一。广州实施空港、海港、铁路港、数字港"四港联动"，以广州为中心的 1 小时轨道生活圈、大湾区"一张网、一张票、一串城"轨道交通格局正在形成。2022 年广州港货物、集装箱吞吐量分别居全球第 5 位、第 6 位，广州南站客流量连年居全国铁路枢纽站第 1 位，生活交通物流交通的不断改善，为广州培育建设国际消费中心城市不断注入新动能。

（三）广州市商圈建设的挑战

1. 对标对表找差距

（1）城市经济综合实力、人民消费水平仍有很大提升空间

商圈发展很大程度上受城市经济综合实力、人民消费水平影响。虽然广州经济综合实力在全国处于领先梯队，2023 年 GDP 30355.73 亿元，但无论是与大湾区的深圳，国内的北京、上海，还是与国外的纽约、伦敦、东京等国际大都市相比，均仍有差距。从后面追兵来看，重庆 GDP 规模已基本处于同一水平，2023 年社会消费品零售总额更是超过广州，达到 15130.25 亿元，比广州高很多，其背后的原因值得深究。此外，杭州电子商务快速发展，已经成为全国电商中心，成都、武汉、郑州等区域消费中心也正在快速发展，对广州形成赶超态势。

（2）超大型综合购物中心实力不强

超大型综合购物中心是一个城市商圈的名片，能有力地提升商圈的整体定位和知名度。作为传统商贸经济的主要代表城市，广州未能充分抓住互联网经济发展时机，网络经济发展远比杭州落后。2020 年，广州没有一个商

业综合体销售额进入全国前十，最高的太古汇和正佳广场年销售额约为80亿元，远低于北京SKP（175亿元）和国贸商城（160亿元），上海国金中心（110亿元）、环球港（超100亿元）和恒隆广场（约100亿元），南京、武汉、深圳、西安、成都、杭州也均有综合体排名前列。截至2022年12月30日，A股（包括上交所、深交所、北交所）百货零售行业共44家上市公司，其中有4家市值超百亿元——这里却没有来自广州的企业。

（3）国际知名品牌及门店偏少

据初步了解，广州拥有奢侈品集团品牌约60个，约为上海、北京的一半，并落后于成都、深圳；全球一百大奢侈品公司中，没有公司在广州注册。全球知名品牌非常重视在国际大都市的布局，而国际化商圈又会极大地促进知名品牌商品的销售，如上海南京西路集聚的国际品牌就有1100多个，全球十大奢侈品集团品牌的亚洲区总部中有9个设在商圈内的恒隆广场。

2.深入分析找问题

（1）基础设施配套不足

当前，广州中心城区商圈基础设施及其配套环境建设滞后，大多存在人流拥挤、指示不清晰、交通拥挤、停车难等问题，与商圈规模快速扩张之间的矛盾凸显。地下连廊、人行横道、停车场等硬件设施建设有待加快和优化，交通标识指引体系、智慧交通体系建设有待加强。从整体环境看，缺乏标志性建筑景点，没有很好地利用周边社区进行功能性延伸，周边居民小区、城中村老旧问题影响部分商圈改造进程和风貌塑造。而城市中心周边的商圈，交通通达性有待提升，特色也不够鲜明，消费者舒适感不强。

（2）国际化程度不高

广州城市风格低调，对本土一些优秀产品或服务对外推介不足，导致知名度不够。企业自身也存在小富即安思想，出于各种顾虑不愿向外布局、扩大规模。比如，广州的饮食行业企业，因追求食材的新鲜度和烹饪技艺，担心到外省品质会下降从而影响声誉。还有些老字号固守以往的经营理念，不善于用互联网技术进行经营模式的变革创新。从具有全球影响力的标志性商圈标准看，当前广州的商圈还存在明显短板。广州作为国家重要的综合交通枢纽城市，2023年白云机场旅客吞吐量全球第一，每年大量的商务旅客、过境游客的消费需求有待深入挖掘。

（3）文商旅融合发展不足

广州商圈业态结构还不够丰富，休闲旅游、文化艺术等占比仍然较低，作为岭南文化中心，特色文化资源未得到充分挖掘和活化利用，文商旅融合发展模式尚未成熟。商圈内文化项目、文化场所仍比较欠缺，活动层次较低，全球影响力不强。商圈建设与旅游线路结合度不高，缺乏"旅游+消费"的经典线路，本土文化品牌挖掘力度不足。对比而言，广州的零售企业品牌化建设水平不高，营销理念和管理手段创新不足，在运用大数据和智能化手段来优化供应链管理、调整消费结构方面探索尝试不足。

（4）新业态新模式发展滞后

广州市部分商圈仍沿用传统经营方式，消费环境未跟上时代发展，不能满足消费者更高层次需要。城市综合体发展不均衡，有同质化倾向，在管理、运营、品牌塑造上没有形成自己的特色，缺少与周边环境的互动，降低了城市综合体的经济价值。目前商圈业态仍比较单一，以传统零售、餐饮为主，商圈之间、载体之间竞争现象明显，零售、餐饮、商务配套等业态方面品牌同质化较为严重，品牌重复率较高。传统消费行业受到新业态新模式的巨大挑战，不同人群消费习惯定位不清晰，亟待挖掘新消费热点。

三　国内外先进城市建设国际商圈的经验借鉴

（一）伦敦：从中央商务区（CBD）迈向中央活动区（CAZ）的国际商圈建设之路

作为国际大都市的先行者，伦敦早在2004年的城市规划中就提出以金融城为核心，打造CAZ，促进金融、零售、旅游和文化功能的全面融合提升。从 CBD 到 CAZ，是一次城市规划理念的发展，强调从总量增长到生活质量提升。在产业类型多元化方面增加了科研、教育、文化、娱乐等功能，在服务人群多元化方面集聚了科研、教育等从业人群，并吸引了大量外地的旅游人群，在服务时间上更是颠覆性地进行 24 小时活动覆盖，伦敦成为名副其实的不夜城。在从 CBD 到 CAZ 的转型过程中，产业由服务业替代制造业，再由创新产业拯救服务业，伦敦的市中心也由此逐渐成为今天的著名国际商圈。CAZ 的打造，有效盘活了伦敦的资源禀赋，激发了城市的消费活力。伦敦 CAZ 拥有 2 项世界文化遗产、4 个皇家花园、4000 多栋保护建筑，以及 50% 的商业活动区，使得其成为世界旅游向往地、世界购物中心、夜间经济活跃地。而伦敦 CAZ 的打造引领新消费潮流，又大大促进了新产业的发展，一系列艺术、休闲、交往等新产业在伦敦蓬勃发展。

（二）纽约：从要素集聚到产业提升

纽约是从航海贸易开始发展起来的商贸城市，是美国最大的进出口贸易中心，这与广州有非常类似之处。19 世纪中后期，随着第二次工业革命的展开，纽约的产业结构也逐渐走向工业化，并在二战之后集聚了全世界大量的优质劳动力和金融资本，纽约也由此成为世界之都。与传统世界之都的伦敦不同，纽约城市的发展更具有一般城市的代表性，在工业化后期走向创新型经济类型后，国际消费中心城市的打造成为供需两端的共同选择。而纽约在打造国际消费中心城市的过程中，出台了"袖珍工业园区"等计划，特别强化纽约的总部经济功能，使得纽约城市功能变为以商业、娱乐、金融为主，纽约成为国际消费中心城市建设的典型案例。

（三）东京：工业城市向消费城市的转变

日本东京政府非常重视城市发展规划，先后于 1958 年、1968 年、1976 年、1986 年和 1999 年制定了五次首都圈基本计划，每一次首都圈基本计划都有配套的首都圈整备计划以及相关政策和措施。在 20 世纪 80 年代末期，伴随着世界第三次大的产业转移，日本已经具备基础设施、知名品牌、消费能力等一系列打造国际消费中心城市的要素。日本东京打造国际消费中心城市的过程中有很多经验值得广州去借鉴学习：首先政府高度重视城市发展规划以及细化商业政策配套，并依据不同的产业发展形势调整目标；其次，高度重视基础设施建设，打造航空、轨道交通枢纽助力文旅消费，加强城市群和卫星城建设，在国际消费中心城市建设过程中实现差异化发展；再次，统筹国内国际两个市场，不仅依赖于国际游客，更是立足国内辐射国际，推动本土品牌发展从而走向国际，提升国内消费者的消费自信是东京建设国际消费中心城市的标志性措施之一；最后，加强机场免税店、退税店和市区免税店等的建设，为有条件的地方建立离岛免税店，优化提升国际消费者的消费体验，把商旅融合做到精细化、高端化、品质化。

（四）上海：首发引领、政策赋能、金融助力、国际对标

上海是中国著名的国际大都市，由国务院指定率先培育建设国际消费中心城市。上海在国际高端要素集聚和消费市场培育上有良好的基础，近年来在国际消费中心城市建设上取得较好成绩，其经验值得广州借鉴学习。一是首发经济成为上海国际消费中心城市建设的闪亮名片，2022 年首店 1073 家，规模和质量蝉联全国城市首位，世界知名高端品牌集聚度超过 90%，这是吸引消费的流量密码和消费创新能力的集中体现。二是高举高打形成政策合力，上海已连续出台 2 轮《全力打响"上海购物"品牌 加快建设国际消费中心城市三年行动计划》，并成立高级别领导小组，构建跨部门协作机制，把培育建设国际消费中心城市重大战略落到实处。三是发挥金融优势助力国际消费中心城市建设，2021 年就由多部门联合印发了《上海市鼓励企业设立贸易型总部的若干意见》，从财政金融、税收、贸易通关等方面给予全链条政策支持。四是对标国际不断挖掘新消费、新场景、新赛道，上海市明确提出"对标国际与突出特色相结合。培育建设应对照高标准，充分借鉴利用国际先进经验"，瞄准新产业、新技术发展趋势，率先谋划，并积极加以支持引导，从而为内需市场的发展带来新的动能。

四 广州打造具有全球影响力标志性商圈的对策建议

从各国发展经验看，世界级城市都拥有特色鲜明、享誉全球的标志性商圈。因此，建议把商圈建设作为广州国际消费中心城市建设工作的一号工程，完整、准确、全面贯彻新发展理念，以目标和问题为导向，强化政府部门顶层设计和政策引导，充分调动市场主体的创造性和积极性，形成合力，加快推动广州具有全球影响力标志性商圈建设。

（一）优化完善环境配套，促进商圈品质提升

1.统筹商圈整体规划设计

统筹全市重点商圈规划布局，在整体布点、风貌塑造、社区融合等方面，坚持国际化标准与岭南文化特色兼容互济。要特别注重优化商圈的交通设施布局，突出解决中心城区商圈停车难问题，重点增加地下停车位配比，结合实际情况增加非繁忙时段短时停车，选取周边合适路段用于潮汐停车。要增强公共交通与商圈的通达性，通过智慧化、数字化管理手段解决商圈人群引流和疏导等问题。

2.构建商圈特色景观体系

高标准、高水平谋划打造世界级景观风貌，推动在重点商圈建设标志性景观，重点打造体育中心—花城广场—海心沙—广州塔—羊城广场城市标志性景观带。突出商圈特色，优化升级绿化、外立面装饰、路面铺装、广告店招、品牌标识等，打造特色突出、协调融合的整体景观体系。提升商圈夜间形象，优化夜间雕塑、指引系统展示方式，策划与周边建筑灯饰联动创意景观。

3.推动商圈硬件智慧化升级

推进智慧商圈信息基础设施建设，实现区域 Wi-Fi 和 5G 网络全覆盖，加大智慧灯杆铺设密度，优化智慧照明、信息交互、智慧充电等服务。支持提升商业载体智能化水平，在商业楼宇大堂和街区等公共空间增设智能便利

店及无人售货机。充分运用大数据、云计算等技术手段，统筹推进智慧商圈综合信息平台建设。

（二）以国际化为主攻方向，提升商圈品牌知名度和显示度

1. 提升商圈品牌知名度和显示度

用好广州各类国际会议、会展、节庆活动举办契机，利用国内外媒体及外国驻穗领馆、海外华侨组织资源，加大广州商圈品牌形象传播力度，提升商圈品牌知名度和显示度。支持各类影视作品、直播平台等选取广州的商圈作为拍摄取景地，动态发布商圈消费地图、美食榜单、购物指南等，增强消费者认同感和体验感。

2. 做强做优重点商贸载体

支持重点商贸载体做强做优，在规划、管理、服务、活动策划等方面给予更大力度支持，搭建对接平台，鼓励举办更具全球影响力的活动，推动载体加快提升规模能级，增强国内国际影响力。与重点载体开展联合招商，推动产业加快转型升级，吸引更符合新消费、潮流消费热点的商户入驻。在商城内部改造、旅游线路策划等方面给予支持，更好地推动商圈载体间差异化发展。

3. 大力发展首发经济

吸引更多国内外知名品牌在广州商圈开设亚洲首店、全国首店，支持品牌举办大型新品首发活动，鼓励国际知名品牌在商圈同步上市全球新品，打造全球、全国新品首发地。协调解决首店落户过程中检验检疫、安全监管、消防等问题，提升新品通关速度；优化政务服务，为新品首发品牌提供更便捷高效的专利和商标注册申请、质押登记服务，以及场地、宣传等支持。

（三）深入挖掘传统特色文化，加快文商旅融合发展

1. 促进文商旅加快融合

增加文化消费供给，鼓励支持文化特色门店进驻，定期举办线下活动，邀请知名作家、艺术家举办签售会，扩大商圈文化影响力。更大力度引入大

型国际体育赛事和大型文化演出,重点招引国际电竞赛事,借助广马、广网等国际赛事,创建集电竞泛娱乐、休闲、观赛、购物、美食、住宿于一体的世界级体育休闲综合体。深化广东省全域旅游示范区建设,推动都市旅游景区景点升级,形成商贸与旅游相互促进的氛围,更好地整体策划打造"旅游+购物"经典线路,多渠道提升商圈消费水平。

2.擦亮夜间经济品牌

引进一流创意团队策划夜间综合大型文化演出和国内外知名夜间体育赛事品牌,打造夜间精品文化旅游体育项目;鼓励商圈商业载体及各类食、住、游、购、娱等企业和场馆开展延时服务;支持商业载体推出各具特色的夜间消费节促销活动;支持有条件的商业载体开辟天台空间,开展趣味游逛、夜景观赏等夜间活动;加大品牌连锁 24 小时便利店建设布局力度。此外,鼓励抖音、快手等新媒体灵活运用现代化宣传手段,以直播、短视频等形式宣传夜间消费。

3.激发本土消费品牌活力

鼓励本土国有企业积极参与商圈建设,特别是具有岭南文化特色的企业要积极布局重点商圈,共同营造岭南文化特色商圈消费氛围。深入挖掘本土特色品牌,加快活化利用好沉睡资源,进一步提升"国潮""广货"品牌价值。集中发展品牌旗舰店、体验店和主力店等新型业态,积极支持本土品牌,培育老字号,提高全球消费者对中国文化、广州品牌的认可度和信赖度。

(四)加快数字化发展步伐,激发新消费需求

1.大力发展创新消费模式

打造商圈直播基地、粤港澳网红直播基地,引导商业综合体运营商开拓线上业务,发展"线上引流+实体体验+直播带货"新模式。培育引进新零售企业,扶持内容电商、社交电商等新业态。组织开展夜间消费、云上逛街、美食之旅、直播带货等活动,活跃消费市场氛围。指导发动商圈载体联合场内商户开展各类新模式、新玩法的大力度惠民促销活动,促进消费提质扩容。

2.不断增加数字消费供给

结合商圈和区域产业特色,重点引进消费电子、电子竞技体验、游戏娱乐等,大力发展互动体验业态。加快布局电竞直播中心、体验中心,打造电子竞技人才培养基地。加快载体转型升级,创造与数字化需求相适应的消费场景,打造更多创新应用示范与体验中心和消费体验中心旗舰店,培育智能家居等智能硬件产业新增长点。

3.打造智能商贸示范区

发展虚拟现实(VR)、增强现实(AR)、超高清视频、智慧城市等5G应用场景,拉动与5G相关的产品和服务体验及消费。支持本地电商平台企业在商圈落地线下门店,鼓励重点商业载体积极利用移动互联网、地理位置服务、大数据等信息技术,建立客流分析系统,分析消费者行为数据和需求,进行定制化营销,提高用户体验感和便利度。

(五)完善商圈建设政策配套,实现供给需求双面提升

1.多措并举开展优质招商

通过在国际上做城市广告及举办国际大活动等方式提升广州的国际知名度,可借鉴重庆实施的"重庆消费"全球推广活动,将"广州消费"概念充分融入广州形象宣传片和文旅品牌宣传片中对外宣传,并进行"广州消费"的英文、法文多语种推广平台建设。

2.扩大消费规模和辐射力

加快建设与佛山、肇庆、深圳、东莞、中山、珠海等珠三角其他城市直达连通的地铁或城铁、轻轨,提供高速廉价的便捷交通往返服务。同时,在广州购物节等消费节庆活动开展前夕,通过网络、报纸等平台加强在珠三角地区的推广宣传。还可以联合珠三角其他城市打造跨区域的购物节、大型促销活动,促进珠三角其他城市市民到广州消费。

3.健全优质商品生产消费的体制机制

一方面,要从政策上支持鼓励商品生产向与人工智能、绿色节能、健康安全等方面相结合上转型,如给予政府采购商品服务的优先权,给予技术补

贴、税费减免，引导金融机构提供更多符合产业发展方向、贴近消费需求的专属消费信贷产品。另一方面，要健全消费信用体系和市场监管机制，建立"广州优质名牌商品"目录清单制度，定期遴选能够代表广州品质的优质名牌商品，并引入市场监管机制进行动态管理，引领消费导向。

参考文献

耿小烬：《金融资源分布、区域性金融中心布局与西部金融中心建设研究》，《改革与战略》2020年第2期。

卢星冉、曹磊：《新零售环境下国内外购物中心商业模式演进路径比较》，《商业经济研究》2019年第22期。

赖穗怡：《广州建设国际消费中心城市的思路与对策》，《城市观察》2021年第3期。

梁钢华：《天河路商圈建设的政府支持策略研究》，华南理工大学，硕士学位论文，2015。

陈昌盛等：《我国消费倾向的基本特征、发展态势与提升策略》，《管理世界》2021年第8期。

黎传熙：《"双循环"新格局下消费中心城市构建路径研究——以粤港澳大湾区协同层城市为视角》，《湖北经济学院学报》2022年第1期。

刘司可、路洪卫、彭玮：《培育国际消费中心城市的路径、模式及启示——基于24个世界—线城市的比较分析》，《经济体制改革》2021年第5期。

陆铭、彭冲：《再辩大城市：消费中心城市的视角》，《中山大学学报》（社会科学版）2022年第1期。

Terry, Nichols, Clark, "Making Culture into Magic: How Can It Bring Tourists and Residents?" *International Review of Public Administration*, 2007 (1).

Edward L. Glaeser, Jed Kolko, Albert Saiz, "Consumer City," *Journal of Economic Geography*, 2001, 1 (1).

Lee S., "Ability Sorting and Consumer City," *Journal of Urban Economics*, 2010, 68 (1).

Qiao W. et al., "Analysis of the Environmental Sustainability of a Megacity Through a Cobenefits Indicator System—The Case of Shanghai," *Sustainability*, 2020, 12 (14).

B.10
以城市更新加快广州世界级纺织时尚商圈建设研究

联合课题组*

摘　要： 在建设世界级纺织时尚商圈和产业转移升级的双重要求下，中大纺织商圈所在的海珠区康鹭片区作为广州城市更新和城中村改造的重点地区之一，面临着"去弱留强"式转移恐难充分支撑时尚之都建设、产业转移要求与承接能力之间尚有差距，更新改造模式与利益分配机制顶层设计难度大及外来人口"落脚"和后续发展亟待妥善应对等问题，需要从精准提升核心功能出发，遵循"生态升级、有效转移、渐进式更新、持续性收益、低成本空间"的发展模式，走出一条城市更新与产业转型升级高度互动互促之路，为广州推动城中村改造和加快世界级纺织时尚商圈建设贡献力量。

关键词： 城市更新　时尚产业　国际商圈　纺织服装

纺织服装产业是广州打造国际商贸中心和国际消费中心城市的重要支撑。经过多年发展，广州已形成从设计、制造、流通到消费，产业链、供应链、价值链完整，行业竞争力在全国领先的纺织服装专业市场商圈集群，其

---

* 课题组组长：詹美旭，广州市城市规划勘测设计研究院规划研究中心副主任，九三学社广州市委会委员，研究方向为城市体检。课题组成员：姚宜，广州市社会科学院国际问题研究所副所长、研究员，研究方向为城市国际化；王慧芹，广州市城市规划勘测设计研究院规划研究中心城市战略部部长，研究方向为城市体检；陈作任，广州市城市规划勘测设计研究院工程师，研究方向为区域经济与城市战略；洪思思，广州市城市规划勘测设计研究院规划师，研究方向为城市地理与区域发展。

中中大纺织商圈汇集了大量的纺织业上下游企业，行业发展高峰时期有 64 个分市场，直接从业人员超 10 万人，关联产业人员超 200 万人，年交易额超 2000 亿元①，是国内最大的服装面料采购中心之一。《广州市建设国际消费中心城市发展规划（2022—2025 年）》提出要做强时尚消费，打造时尚消费示范区，打造中大国际时尚消费中心，建设海珠潮流时尚消费商圈，同时要求通过城市更新"调优做强"各区消费功能。2023 年 4 月广州市海珠区发布《中大纺织商圈发展规划纲要》，明确了要打造"具有全球时尚话语权及影响力的国际纺织时尚商圈"，推进中大纺织商圈产业转型升级、有序转移。

从发展现实来看，长期以来中大纺织商圈处于自发生长状态，在多轮转型升级过程中不同利益方难以形成共识，加上对改造升级给广州纺织服装产业链可能带来影响的忧虑，导致转型升级工作进展缓慢。中大纺织商圈所在的海珠区康鹭片区是广州城中村改造的四大重点试点片区之一，通过城市更新推动成熟纺织服装产业集群的有效转型和有序转移，实现康鹭片区人居环境质量和产业发展水平的"双提升"，是加快中大纺织商圈顺利转型"世界级纺织时尚商圈"、广州服装加工产业成功转移和共建广清"现代轻工纺织产业集群"的关键一环，也是探索城市更新路径、实现高质量发展新纵深、打造产业型城中村改造的海珠样板、促进广州城市更新"加速跑"的迫切需求。

一　中大纺织商圈及康鹭片区的产业链价值

（一）中大纺织商圈在区域纺织服装产业链中的价值

广州是全国乃至全球重要的服装批发集聚地，原材料、纺织、服装、销

---

① 《康鹭片区旧村改造策划方案公示：让纺织商圈"变身"时尚之都》，"金羊网"百家号，2023 年 9 月 26 日，https：//baijiahao.baidu.com/s？id=1778054191837531690&wfr=spider&for=pc。

售的全产业链相对完整，纺织服装是广州进出口最主要的商品之一。根据《2022 年广州市国民经济和社会发展统计公报》，2022 年广州纺织纱线、织物及其制品的进出口总值为 177.84 亿元，服装及衣着附件的进出口总值为 407.85 亿元，纺织服装相关商品进出口总值占全部商品进出口总值的 5.35%。中大纺织商圈则是珠三角服装原辅材料集散地、时尚信息枢纽中心和淘宝电商的重要生产基地。

1. 采购中心——珠三角服装原辅材料集散地

从改革开放初期起，中大纺织商圈就是珠三角服装原辅材料集散地。根据相关研究，珠三角 80%以上的服装工厂与它有着密切的产业联系。截至 2023 年，中大纺织商圈有 64 个交易市场，入场商户约 2 万户，散档商户约 4000 户，经营商品超过 10 万种[1]，其是全国最大的专业面料辅料交易市场之一，是辐射珠三角的面料辅料一站式采购中心。

2. 信息源——时尚信息枢纽中心

"全国面料看广东，广东面料看中大"，中大纺织商圈是全国纺织经营品类最全、产品样式最新的纺织商圈之一，在辅料、针织、染整等品类交易上较为领先，业态逐步扩展到时尚设计、时尚发布、直播电商、面料研发等。企业调研结果表明，国内外面料辅料等研发设计的最新消息和产品都是从中大纺织商圈第一手出去，然后才会去到柯桥、普宁、石狮、晋江等地。

3. 生产基地——淘宝电商的重要生产基地

以中大纺织商圈为中心，集聚了 3 万多家制衣厂、作坊、店铺和 1 万多名时装设计师，形成了全国最快的"小单快返"集聚区，其他地区的专业市场从面料辅料制作、设计、打板到实物生产，一般需时 3 天，中大纺织商圈只需要 24 小时便可完成[2]。

中大纺织商圈在区域纺织服装产业链中的位置见图 1。

---

[1] 数据来源：广州市规划和自然资源局。
[2] 数据来源：部门座谈及企业调研。

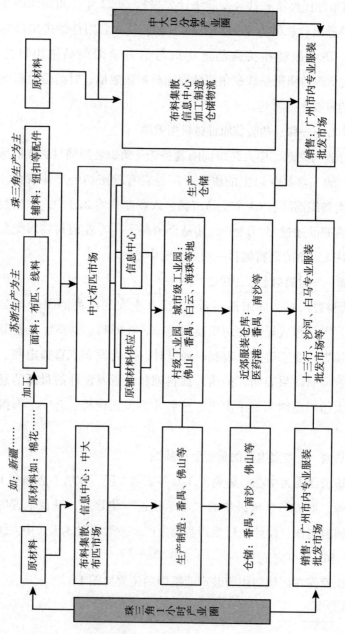

图 1　中大纺织商圈在区域纺织服装产业链中的位置

资料来源：课题组绘制。

（二）康鹭片区在中大纺织商圈产业链中的价值

中大纺织商圈主要包括前端的专业市场原辅材料展销区和后端的康鹭片区城中村服装设计制造区。康鹭片区城中村不仅为布匹市场提供了廉价、灵活、高效的仓储和物流等服务，更集聚了众多产业链下游的加工部门，提供成衣、辅料的加工制造服务，以最快速度推动原辅材料成品的流转和变现，其特点包括以下几个。

"全"——产业链全覆盖。中大纺织商圈的品类齐全新颖，涵盖布匹面料、皮革、毛绒、花边、五金等服装面料辅料，而临近的康鹭片区集聚了众多纺织服装产业链下游的加工部门，提供成衣、辅料的加工制造、仓储和物流服务。

"快"——难以复制的康鹭速度。康鹭片区距离中大纺织商圈步行仅5分钟，与沙河等服装批发市场距离仅10公里左右，中间品、成品运输及面对面沟通的效率高，"上午采购—下午生产—隔天出货"的供应效率在其他地方难以实现。

"准"——即时的信息匹配。康鹭片区高密度的产业和人口集聚优势衍生了长约1公里的康隆大街—鹭江南约大街"信息中枢"，订单与生产、生产与技术工人可快速匹配，即时的信息匹配也衍生了应对纺织服装行业淡旺季的最佳生产和招聘模式。

"柔"——高度兼容的空间利用模式。康鹭片区内生活、生产、贸易、物流等功能集聚，工厂、宿舍、作坊混合分布在居民楼内，共同打造了一个高效的生活生产综合体。

二 康鹭片区产业有效转型和有序转移面临的问题及其原因分析

（一）"去弱留强"式转移恐难充分支撑时尚之都建设

康鹭片区若以打造时尚之都为目标推动纺织服装产业转型升级，预计大约 7350 家小规模制衣厂需往外搬迁，其余 120 家稍具优势的制衣厂则需要原地提升。对米兰、纽约等国际时尚城市建设经验和产业发展规律的研究表明，"去弱留强"的产业发展方式具有不可预测、不可逆向、不可持续等现实弊端，对原有产业生态环境可能造成破坏，尤其在当前纺织服装产业正处于结构变革、转型升级的关键阶段，而成本自始至终都是纺织服装产业发展的核心要素，就康鹭片区而言，更新改造、"入园上楼"、用工要求提高等变化都会导致制衣厂成本增加，加上以希音（SHEIN）等为代表的"高档贴牌"模式不断压缩制衣厂利润空间，120 家目前看似具备优势的制衣厂未来将面临更加激烈的行业"内卷"，只依靠有规模、有贡献、有优势的"强厂"是否能支撑起整个片区的纺织服装产品森林及时尚之都目标的实现，需要进一步分析思考。随着"小单快返"、个性化定制生产等新业态的快速发展，一些有着地方根基、专精特新、低成本的小制衣厂，目前看似是可有可无的"沙子"，却构成了这片纺织服装产品森林的基壤，聚沙成塔才会有位于塔尖的"赢家"，进而才会有打造时尚之都所必需的持续迭代和创新。

（二）产业转移要求与承接能力之间尚有差距

2022 年 12 月，广州明确将中大纺织商圈加工生产制造业向广清经济特别合作区转移，清远市正在规划建设"纺织园"，为承接产业转移提供条件。从当前运行情况来看，清远目前尚未形成成熟的产业生态环境，而康鹭片区集聚的企业、工厂和作坊一是多专注于服装生产链条上单一或几道工序，需要与上下游产业配合工作、互相构成协作生产体系，难以转移进而实现持续发展，二是以响应"小单快返"的市场需求为主，需要紧靠中大布匹市场和客源专业服装批发市场，清远与各大专业服装批发市场的距离皆较远，暂时难以快速满足市场需求。

（三）更新改造模式与利益分配机制顶层设计难度大

城中村改造工作在推进中面临的一个重要问题就是土地增值收益分配问

题。产业集聚为康鹭片区村民带来了丰厚的租金收益，如康乐村村民人均自建房租金收入超 10 万元/年，人均物业租金收入超 20 万元/年①。据粗略计算，康乐村初始地均投入是珠江新城的 1/20。与此形成鲜明对比的是政府从市场和地区获得的收益较低，以产业税收为例，中大纺织商圈年交易额超2000 亿元，但增值税、房产税和所得税 3 项主要税种纳税额仅约 6 亿元，约占年交易额的 0.3%，地均税收为 526 万元/公顷。该片区超八成的纳税群体为个体工商户，普遍纳税额较少，税收主要来源于几个大型布匹市场的租金收益（2021 年租金收益约 4 亿元）②。基于以上原因，康鹭片区在更新改造中，面临着高效综合利用土地资源的政府要求和获取可持续经济收益的村民诉求之间的矛盾，对于村民收入和政府收益如何实现均衡分配，需要进一步探讨。

（四）外来人口"落脚"和后续发展亟待妥善应对

外来人口对于城市发展的重要性毋庸置疑，对广州来说更是日趋"老龄化"社会的重要劳动力补充，是城市活力的重要来源。城中村是外来人口"落脚"城市的重要空间载体，城中村更新改造如果采取"排斥性"思路，让非户籍外来人口丧失低成本居住空间而流失他处，一是将加大社会"摩擦成本"，不利于城市良性运行发展，二是易造成相关人才和产业工人流失，出现"用工荒"问题。对于外来人口，康鹭片区是一个以地缘和业缘为纽带、可助力其快速在穗落脚的地区，城中村大量制衣厂和低成本居住空间不仅让他们能够在此居住生活和就业，也是他们创业的孵化器。截至2023 年，康鹭片区城中村外来人口有 10 余万人，更新改造可能大大压缩外来人员的低成本居住空间，如何构建包容性改造机制，在实现片区空间品质提升、产业转移升级的同时考虑到众多外来人口的后续发展，是需要深入研究的一项课题。

---

① 数据来源：广州市规划和自然资源局。
② 数据来源：广州市海珠区工信局。

三 康鹭片区产业有效转型与有序转移的思路与建议

（一）生态升级：提升发展定位，留住核心功能，强化产业生态系统

1. 提升发展定位

广州纺织服装产业历史悠久，从丝绸之路到历史上的十三行，再到全国乃至全球重要的服装批发集聚地，产业链齐全，商贸生态成熟，对外贸易合作活跃。2023年3月印发的《广州市建设国际消费中心城市发展规划（2022—2025年）》提出要做强时尚消费，纺织服装产业则是夯实时尚消费基础的特色产业之一，是增强广州国际商贸中心功能、建设国际消费中心城市的重要支撑。因此，要站在全市发展战略高度谋划中大纺织商圈的升级发展，将它打造成为国际商贸中心、国际快时尚研发设计中心、国际采购中心、国际时尚消费体验中心，使之真正成为具有全球影响力的纺织服装面料辅料产业及市场的研发中心、技术中心、产学研中心、集散中心和展示销售中心，不断整合资源和转型升级，持续提升品牌价值、扩大市场空间。

2. 留住核心功能

巴黎、米兰、东京等所具有的引领世界时尚新潮流的地位，离不开橱窗背后能够快速响应的时装产业基础。米兰纺织服装产业大、中、小型企业合作共存、协调发展，形成产供销一条龙体系。大型企业以重视创新能力、面料和加工质量闻名，其品牌遍布全球；中型企业以灵活性为特色；小型企业则致力在一种或几种产品上"专精特新"以满足不同消费需求，超过九成的纺织服装企业为小型企业，大部分小型企业员工数量仅数十人，却对米兰纺织服装销售收入有举足轻重的作用。借鉴国际经验，从康鹭片区的核心功能和中大纺织商圈定位及实际出发，要做到两"留"。

第一，留"生意"。持续强化面料辅料专业市场发展，加大数字信息技术应用力度，大力推广大数据分析、智慧物流、数字支付等数字化技术以就

地扩大面料辅料交易的同时，强化奢侈品牌店、精品时尚店等高端门店发展。

第二，留"生产"。需要保留的"生产"环节一是打板；二是小批量快交付的"小单快返"生产；三是高端定制。打板是服装设计走向服装实体的重要环节；"小单快返"生产将设计快速落地推向市场和判断市场认可度，推动资金周转和行业效率提升；高端定制则是产业创新和高端化的有力支撑。为避免制造加工的无序集聚，在康鹭片区改造过程中可采取"工业上楼"、增加综合产业用地等都市工业发展路径和新一代产业园区集聚发展模式，由市属、区属等国企、国资平台建设供应现代化、高品质厂房，针对数字化、环保程度等条件设置入园门槛，面向纺织服装产业的产业链上下游制造环节定向招商，完善产业生态。

3. 强化产业生态系统

功能提升有赖于良好的产业生态系统，如纽约政府有意识壮大纺织服装产业，截至2023年，寸土寸金的曼哈顿城中仍有约1600家成衣制造公司，其中400多家位于第五大道旁的纽约时装区，政府从政策、资金等方面入手保护服装创意、设计、生产制造空间。要实现城市更新与产业转型升级的互促互动，需要进一步强化产业生态系统。

一是强品牌营造。发达的时尚产业是建设时尚之都的根本和基础。应面向粤港澳大湾区、聚焦全球时尚产业，引进一批高端国际化时尚产业（品牌），深化集群建设、促进品牌升级、强化设计力量、全面数字赋能、构建立体发声渠道，推动时尚产业向更高水平迈进，打造全球时尚产业高地，建设全球时尚之都。

二是强人才保障。原创服装设计师是纺织服装产业的灵魂，也是其活力所在。强人才保障首先要留住原创服装设计师和原有创新业态，对办公、居住、教育培训、认证、知识产权保护等要素进行保障。建议利用"互联网+数字孪生"技术，结合科技创新成果，建设"原创服装设计师孵化平台支持系统"，将原创服装设计师群体与面料商、生产商、服务商等有机连接，为创意的快速转化创造良好条件。

三是强成本压缩。成本自始至终都是纺织服装产业发展的核心要素,通过多种措施协助制衣厂、交易市场进一步压缩成本,是促进纺织服装产业转型升级的有效途径,包括加大专业人才培养力度、组织对口工人招聘、提供行业小额贷款、提供长期稳定的低成本生产厂房、提供统一使用的高效率公共仓储空间、优化行业物流运输体系、提供低成本的园区物业管理服务等,此外还需强化发布展示、广告会展、时尚媒体、时尚摄影、咨询策划、法律金融等服务,丰富产业生态系统。

(二)有效转移:优先疏解大中型企业,逐步复制"中大—康鹭"纺织服装产业生态

1. 首批疏解大中型企业和长周期交付生产

"小单快返"的生产模式需要成熟的产业生态环境,包括产业链上下游协作及信息源、货源、订单的短距离配合,这也决定了康鹭片区和中大纺织商圈的小工厂、作坊无法快速有效转移至清远产业园。大中型企业、长周期交付生产才是有效转移的对象,部门和企业调研也发现,现有意愿转移或已转移至清远的就是规模较大、客户稳定的大中型工厂。

2. 复制"中大—康鹭"纺织服装产业生态

企业轻型化、模块化是纺织服装产业发展趋势,应推动康鹭片区甚至广州中心城区城中村小型工厂的迁移。一是将纺织服装产业链上下游各环节引入清远产业园,打造便捷的协作环境和"康鹭速度";二是引入前沿的原辅材料销售和展示,便于模块工厂与前沿信息接轨及迅速完成生产;三是保障生产、生活空间的合理供应,结合"小单快返"的生产需求,创新用地供给和楼宇功能混合,同时满足不同产业环节需要。

3. 畅通清远与布匹市场、专业服装批发市场的联系

开设清远产业园和中大布匹市场、各大专业服装批发市场的物流专线,引入专业运营、高频次、小批量的众包物流以应对小型工厂时间成本、物流成本敏感等问题。建立广州—清远融合前后端供应链的统一服装数字化 IT管理系统。参考希音让所有供应商接入信息化生产管理系统并培训其使用的

做法，由政府牵头或多主体合作开发供应链平台，集成订单端、原辅材料端、加工制造端、人力端等，以线上平台替代实体的康鹭"南约大街"，高效统筹管理订单、面料、生产、人工的供需匹配信息，延续"小单快返"的高效匹配需求，实现原辅材料、供应链工厂制造端和供应商共享客户实时数据，并借此指导设计、生产、管理过程。

（三）渐进式更新：定制综合产业用地，留住灵活便捷的生产、生活空间

1. 定制综合产业用地满足"小单快返"需求

中大纺织商圈作为集商贸、设计、加工、仓储与物流于一体的产业集群，产业链各环节的空间邻近性是保障"康鹭速度"的重要前提。对于康鹭片区的纺织服装产业，留住综合产业用地、保留产业链完整性，是在城市更新过程中延续中大纺织商圈优势的重要基础，也是巴黎、米兰时装生产的实践经验。为提高用地效率，需结合纺织服装产业的生产模式，推动"工业上楼"，完善各类设施配套，实现"上下楼"即是产业链上下游。

2. 留住灵活便捷的生产、生活空间

为适应康鹭片区原有柔性生产的产业集聚方式，城市更新应创新供应混合用地，加强不同尺度产业建筑空间的供给，强化生产、生活功能的融合，同时探索建筑空间的灵活供给，保留用地和建筑空间的使用弹性，以适应不同阶段、不同产业链各环节企业的需求。结合城市更新，创新规划设计高效地下货运物流系统，减弱物流对城市的影响并提高物流效率；定制楼宇垂直货运系统，便于产业链货物运转。

3. 分期分片渐进式更新改造

传统大拆大建的更新模式下，产业工人的离开和产业集聚优势的消失易导致中大纺织服装产业乃至广州服装商贸的产业链断裂和链节缺失，非但不能实现转型升级反而导致产业衰落。"渐进式更新改造"策略可根据实际情况分期分片来实施规划方案，从北到南、从西到东、从中间到外围，按照规划一步一步走，可更好地推动产业发展；同时充分考虑原料供应商、服装制

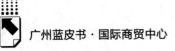

造商与批发市场的经济、空间关系，在不破坏原有供求关系的前提下进行产业结构更新，兴建工厂大厦，为服装制造业集聚提供空间支撑。

（四）持续性收益：构建"政府—村民—开发商"利益均衡机制

1.采用政府收储与市场参与改造的模式

按照应储尽储原则将城中村的土地纳入政府征收储备计划，完成土地整理后，按城市规划对经营性用地通过公开招标出让给房地产开发商，并由其配建村民复建住宅。村民复建住宅应坚持"房子是用来住的，不是用来炒的"定位，解决城中村长期存在的一户多宅、少数人多占宅基地的不公平问题。通过征收储备，对土地实施精细化整备，大幅节约集约利用土地，为城市高质量发展提供充足的土地资源，控制房价无序上涨，构建友好型城市。

2.打造产业社区，提高村集体经济收入

围绕村集体物业建设，逐步开展全村的复建工作，适当提高村集体经济发展留用地的容积率，增加村集体物业的总量，确保村集体收益有所增长。采取区政府、合作企业协助招商，引进符合区产业发展需求的企业承租村集体物业。强化资产管理，加强对村级"三资"的清理登记管理，建立"三资"管理台账，管好村民的"钱袋子"。拓宽投资渠道，引导各村将集体资金投入区产业投资基金，促进本区优质企业发展、村集体资金实现保值增值。

（五）低成本空间：供应多元居住空间，凝聚外来人口

1.构建多元居住空间格局

以人为本、以需定供，综合考虑安置融资问题，合理划定复建区和融资区，优化中小户型配置与合理控制居住区规模。基于片区具有众多外来低收入务工人员的特点，强化中小户型配置，如集体宿舍型（单人间不小于16平方米）、单间型（30平方米以下）、小户型（30~60平方米）、中户型（61~90平方米）。科学设置居住区规模，采用较小规模的小区模式，引导

多种职能空间在居住空间附近有机分散，形成居住空间与其他多种职能空间混合布局的格局，避免同一阶层家庭过度集聚导致的居住分异问题，构建多类型群体有机融合、和睦共处的居住空间。

2. 优化公共服务设施配套

根据原住村民生活习惯以及商业住宅居民的品质生活需求，结合片区实际环境、人文等方面的因素，量身打造教育、医疗、文体等类型设施的配套格局。在景观方面，科学设置休闲广场和公园绿地等景观设施，满足高品质生活人群的需要。在交通方面，以服务片区内部产业货物运输、人群生活出行为导向，优化道路结构系统，完善对应交通设施，改善片区内交通秩序，打造安全、便捷、宜业、宜居的交通网络。

3. 强化社区归属感

根据片区内部人群结构特点，重视本地居民传统文化及外来人口特色文化等多方面需求，完善文化公共服务设施及其供应。例如，为本地居民修缮复建宗祠，设置村委会办公区域及相应的综合活动区域；增设文化展览长廊，展示康鹭片区的纺织服装产业发展历史、杰出企业家个人传记、产业从业者奋斗史，打造具有片区特色的文化名片，强化不同类型人群对片区的归属感以及留驻本地工作生活的幸福感。

融合发展篇

B.11
推动广州文商旅体服融合发展
建设国际消费中心城市研究

广州市人民政府研究室课题组*

摘　要： 本文综合梳理广州文、商、旅、体、医、教、养、餐、娱、美等消费资源的基础和优势，分析广州国际消费中心城市建设过程中存在的禀赋上"资源强、品牌弱"、业态上"集散强、张力弱"、运行上"流量强、留量弱"、发展上"事业强、产业弱"、质量上"总量强、贡献弱"等突出问题，提出通过聚人气、引尚品、连空间、融产业、联湾区等具体举措推动文商旅体服融合发展，将消费资源优势转化为经济发展胜势的对策建议。

关键词： 国际消费中心城市　资源融合　广州

*　课题组成员：潘其胜，广州市发展与改革研究中心主任，研究方向为产业经济和科技创新；蒋国学，广州市发展与改革研究中心博士后创新实践基地主任，一级调研员，研究方向为社会发展；吴勤，广州市发展与改革研究中心副主任，研究方向为产业经济和公共管理；陈钏楠，广州市城市规划勘测设计研究院规划师，研究方向为产业经济、区域规划；吴凯滔，广州市城市规划勘测设计研究院规划师，研究方向为产业规划、空间规划与城市经济学。

消费是畅通国内大循环的关键环节和重要引擎，对经济增长具有持久的拉动力。广州作为国务院批准的全国首批且唯一的非直辖市国际消费中心城市重点培育建设城市，消费资源丰富，消费流量庞大，消费潜力巨大，是传统流量经济的代表。以消费服务为主导的服务经济占比超过七成，这既是广州经济的特色，也是城市热力、活力、动力的重要体现，构成了广州经济的"基本盘""压舱石"。新征程上，广州加快实现老城市新活力、"四个出新出彩"，继续在高质量发展方面发挥领头羊和火车头作用，必须立足当前、着眼长远，吹糠见米、拨土见金，扬长避短、抬升"底板"，充分发挥文、商、旅、体、医、教、养、餐、娱、美等资源优势，推动资源整合、串珠成链，智慧赋能、品质提升，文化跃升、黏性增强，供需互促、相得益彰，全力筑牢"基本盘"，更好发挥其对稳增长、促发展的基础性作用，把"基本盘"优势转化为发展胜势。

一　广州消费能级提升基础厚实、优势突出

自 2021 年 7 月获国务院批准开展国际消费中心城市培育建设以来，广州依托"千年商都"底蕴，锚定"国际"重要方向、"消费"核心功能、"中心"关键定位，统筹国内国际两个市场、两种资源，发挥区位优势，强化枢纽网络，拓展消费场景，优化消费环境，挖掘消费潜力，为叠加融合各类消费资源、激发消费活力、提升消费能级奠定了坚实基础。

（一）资源有广度：各类资源富集

文化资源特色明显。作为首批 24 个国家历史文化名城之一，以及岭南地区政治、经济、文化中心，广州历史底蕴深厚，旅游文化资源丰富，培育了迎春花市、广府庙会、波罗诞千年庙会、国际龙舟赛等知名节庆文化品牌。演艺文化市场火爆，2023 年大中型演出数量居全国第 1 位，在广州举办演唱会的艺人数量也居全国第 1 位①，广州成为"全国演唱会第一城"。

---

① 数据来源：广州市统计局《2023 年广州经济运行解读》。

商业资源底蕴深厚。共有各类专业市场 551 个，商户约 80 万户，从业人员超过 150 万人，年交易总额超过 1 万亿元，其中具有全国或国际影响力的专业市场超 300 个①，白马服装市场、美博城、万菱广场、黄沙水产市场、芳村茶叶市场、三元里皮具市场、新塘国际牛仔城、江南果菜市场等是细分领域的"领军市场"。健体资源活力强劲。创建有 1 个国家体育产业示范基地、2 个国家体育旅游示范基地、4 个国家体育产业示范单位。体育赛事蓬勃发展，承办世界三人篮球锦标赛、金砖国家运动会、国际篮联篮球世界杯，承办中超、CBA 和足协杯等职业联赛主场赛事，广州马拉松赛、世界羽毛球巡回赛总决赛、国际龙舟邀请赛等国际大赛影响力日渐增强。服务资源繁盛集聚。"广交会"被誉为中国第一展，广州国际照明展览会（光亚展）、中国广州国际家具博览会、中国（广州）国际建筑装饰博览会、广州国际美容美发美妆博览会等专业性展会规模世界第一。"读懂中国"国际会议、从都国际论坛等国际高端会议先后落户。医疗资源全国领先。作为全国第三大医疗中心，拥有三甲医院 44 家、全国百强医院 9 家②、国家区域医疗中心输出医院 12 家，均稳居全国第三。呼吸科、眼科 2 个医学专科全国第一，肿瘤学、变态反应 2 个学科全国第二，整形外科、心外科、肾脏病科 3 个学科全国第三。医疗服务覆盖华南、华中和西南地区，2022 年总诊疗人次 1.41 亿，其中市内、省内市外、省外国外各占 1/3③。

（二）区位有位度：大湾区消费市场庞大

作为国家中心城市，广州具备引领华南，辐射西南、华东、华中，集散全国资源要素功能。近 2000 万常住人口规模孕育巨大的消费需求，形成了日均 28 亿元的社会消费品零售总额，以及 1.44 亿元的粮油食品类、1.13 亿元的服装鞋帽类、1.42 亿元的中西药品类和 3.91 亿元的汽车类限额以上

---

① 数据来源：《广州市建设国际消费中心城市发展规划（2022—2025 年）》。
② 数据来源：《中国医院竞争力报告（2023）》。
③ 数据来源：广州市卫生健康委员会。

单位商品零售额①。2023 年，全市社会消费品零售总额连续第三年突破万亿元。作为粤港澳大湾区核心引擎，大湾区超 8000 万常住人口产生庞大消费市场，强大的先进制造业体系提供了丰富的消费供给。随着"澳车北上""港车北上"政策落地实施，穗港澳三地交通更加顺畅，港澳居民到广州探亲、旅游、经商等往来更加便利。作为南方门户枢纽，广州对外联系密切，贸易通达全球 200 多个国家和地区。作为省会城市，广州既是广东的政治、经济、文化中心，也是消费中心，全省 1.27 亿人口为广州提供了强大的消费支撑。

（三）交通有强度：国际综合交通枢纽流量大

广州作为国际综合交通枢纽，可 1 小时直连大湾区其他各市、2 小时互通省内、3 小时互达泛珠三角、5 小时连通长三角和成渝地区双城经济圈。2023 年，各类运输方式完成旅客运输量合计 3.05 亿人次、货物运输量合计 9.29 亿吨②。航空枢纽方面，作为国内三大枢纽机场之一，白云国际机场连通的国家和地区达 40 个，国内国际航班通达城市 220 个，居全国第 3 位；2023 年旅客吞吐量 6317.35 万人次，同比增长 141.95%，货邮吞吐量 203.11 万吨③。航运枢纽方面，国际航运中心地位持续提升，世界排名从第 26 位上升至第 13 位，国内排名从第 7 位上升至第 4 位。2023 年，广州港货物、集装箱吞吐量分别为 6.75 亿吨、2541 万标箱，分别居全球第 5 位、第 6 位④。铁路枢纽方面，2023 年铁路客运总量 1.31 亿人次、货运总量 2524.63 万吨，广州南站旅客发送量 9127.57 万人次⑤，均居全国第 1 位。2022 年，广州地铁全年运送乘客 23.58 亿人次，日均客运量 646 万人次⑥，

---

① 数据来源：广州市统计局《2023 年广州经济运行解读》。
② 数据来源：广州市统计局《客运高位运行　货运稳步提升　2023 年广州市交通运输业交出亮眼成绩单》。
③ 数据来源：《广州白云国际机场股份有限公司关于 2023 年度业绩预告的公告》。
④ 数据来源：广东省交通运输厅。
⑤ 数据来源：广州市统计局《2023 年广州经济运行解读》。
⑥ 数据来源：《广州地铁 2022 年年报》。

居全国第 1 位。物流枢纽方面，2023 年快递业务量达 114.5 亿件，快递业务收入完成 892 亿元，各项数据约占全省的 33%，约占全国的 8%[1]，居全国第 2 位，是深圳的近 2 倍、上海的 3 倍多、北京的 5 倍多。

（四）产业有厚度："尚品"产业基础雄厚

拥有联合国分类的 41 个工业大类中的 35 个，是华南地区工业门类最齐全的城市，形成 6 个产值超千亿元的先进制造业集群，在"前店"和"后厂"中起着循环链接的核心枢纽作用。服装产业链条完善，拥有制造业企业 2.28 万家，企业总营收 678 亿元，服饰品牌 3000 多个，设计、打板、定制、生产、批发、零售等产业链配套完善，支持短时间内完成从草图到成衣的一条龙快捷服务。美妆日化产业配套齐全，是全球最大的化妆品生产基地和出口基地之一，化妆品企业注册登记数量、专利数量均居全国第 1 位。珠宝首饰产业享誉世界，集珠宝原材料采购、设计、铸造、交易、鉴定、销售于一体，集聚全球 30 多个国家和地区的 400 多家珠宝制造企业、2000 多家销售经营企业，40 年来稳坐我国珠宝首饰产业头把交椅。定制家居全球领先，拥有定制家居企业 1.64 万家，规上企业 801 家，年营收近 2000 亿元，获联合国工业发展组织首批全球"定制之都"案例城市称号，全国 9 家上市定制企业广州占 4 席，全球家居定制前 5 企业广州独占 3 家。汽车产业规模领先，是全国最重要的汽车生产基地之一，拥有 12 家整车制造企业、1200 多家零部件和贸易企业[2]，为汽车消费提供了强大的产业支撑。此外，在皮具箱包、灯光音响、茶叶、花卉等领域也形成了一批特色突出、集群效应明显的产业集聚区，孕育了多个新国货知名品牌。

（五）开放有深度：高水平对外开放走在前列

"千年商都"底蕴和改革开放前沿赋予广州鲜明的开放特质，"开门发

---

① 数据来源：广东省邮政管理局。
② 数据来源：广州市工业和信息化局。

展"是广州持续焕发活力的宝贵经验。2023年，全市商品进出口总值1.09万亿元①，成为国内第3个进出口总值和社会消费品零售总额双双突破1万亿元的城市。跨境电商、数字贸易、保税加油、平行汽车进口等新业态发展态势良好。2023年，广州跨境电商进出口总值达2000亿元，全市跨境电商实现进出口规模9年增长136倍，进口规模连续9年全国第一②。国际交往中心建设有力推进，对外交往影响力、海外传播力稳步提升，分别居全国第3位、第5位；驻穗领馆68个、国际友城38个（另有国际友好合作城市66个），均居全国第3位，仅次于北京和上海。

二　制约广州消费能级提升的短板问题

与自身资源优势相比，与率先建成名副其实的国际消费中心城市要求相比，广州还存在禀赋上"资源强、品牌弱"、业态上"集散强、张力弱"、运行上"流量强、留量弱"、发展上"事业强、产业弱"、质量上"总量强、贡献弱"等突出问题。

（一）枢纽城市流量尚待转化为消费"留量"

客运流量的消费转化不足。白云国际机场、广州南站等枢纽商业业态匮乏、功能单一、配套不足，枢纽内部及周边的商业氛围不浓，高端消费供给不足，客运人群未能向消费客群转化，巨大的客流消费潜力未能得到有效释放。游客流量的消费转化不足。2023年中秋国庆超级黄金周期间，接待游客1759万人，实现文旅消费总额131亿元，旅客人均消费744.7元，远低于杭州、上海、北京、苏州③。会展流量的消费转化不足。会展场馆与消费功能区融合度不高，场馆周边缺少多元消费场景，消费形态单一，未能为本地消费"聚流"和"引流"。快递流量效益较低。

---

① 数据来源：广州海关。
② 数据来源：《广州市进一步推动跨境电子商务高质量发展若干政策措施》。
③ 数据来源：广州市文化广电旅游局。

2023 年快递业务量（114.5 亿件）是上海（37.0 亿件）的 3 倍多，业务收入（892 亿元）却不及上海（2089 亿元）的一半①。尚未培育出具有竞争力的物流龙头企业，2023 年《财富》世界 500 强有 15 家物流企业，广州无一上榜②。

（二）国家中心城市服务能力尚待转化为消费"能量"

医疗等公共服务事业的产业转化能力较弱。医疗资源赋能生物健康产业渠道尚未完全打通，医疗—康复—健康管理全流程服务能力有待提升，配套大型医疗机构的康养服务消费亟须激发。衔接我国港澳地区及东南亚国家的保险、医保、社保有待突破，医疗国际化、产业化进程有待加快。顶级赛事、大型演出的经济效益有待提升。广州马拉松赛收入集中于门票和广告，经济带动效益远不及上海国际马拉松赛。从化马术场运营近 6 年，吸引国内外消费者较少，与马相关的体育运动、休闲骑乘、文化旅游、专业化马产品等的发展步履缓慢。2023 年全年演艺市场火爆，但并未带来消费市场的火爆。

（三）"世界工厂"的产地优势尚待转化为消费"胜势"

"广货"产品创意创新不足。2023 年，服装、皮具、美妆日化、灯光音响、定制家居、珠宝首饰等都市消费工业企业数量占全市制造业企业总数的比重超过 50%，有效发明专利数占工业企业专利数的比重不到 19%。以美妆日化行业为例，企业的研发活动主要是外观设计，如瓶子、外包装等，产品低端化、同质化问题突出，与国际一线品牌差距较大。"广货"品牌价值亟待提升。都市消费工业企业 5.7 万家，"专精特新"企业仅 316 家③，多数企业主要从事代工、贴牌生产或批发、代理，缺乏开展原创设计、打造原

---

① 数据来源：国家邮政局《2023 年邮政行业运行情况》。
② 数据来源：根据《财富》世界 500 强排行榜整理。
③ 数据来源：广州市工业和信息化局。

创品牌的主动性、积极性。至今无一品牌入围世界品牌500强及世界最有价值品牌100强。"广货"企业对外扩张谨慎保守。总体呈现"粤内领跑，粤外失速"现象，国内外知名度较低、影响力较弱。

（四）国际消费中心城市名片尚待转化为消费"品牌"

城市品牌塑造力不强。在2023年全球百强城市品牌榜中居第85位，落后于上海、北京、深圳等国内城市，与伦敦（第1位）、纽约（第2位）、巴黎（第3位）等国际城市差距显著。城市海外传播力不及北京、上海、成都、深圳、杭州，并有下滑趋势。2022年国际展览业协会（UFI）认可展览数量仅17场，与上海（156场）差距较大。行业头部企业引育不足。在餐饮行业，仅5家企业上榜正餐领跑企业50强，不及北京（8家）和上海（7家）。在文旅领域，仅1家主题公园在全国综合排名前20，不及上海（3家）、深圳（3家）、北京（2家）；仅2家企业上榜中国旅游集团20强，不及北京（5家）、上海（6家）。在体育领域，仅1家企业上榜体育上市公司40强，不及北京（8家）、上海（3家）、杭州（3家）、深圳（2家）。国际知名品牌渗透率低。2021年，进驻国际奢侈品品牌数97家，居全国第11位；奢侈品品牌门店数54家，居全国第9位；奢侈品消费总量约占全国的1.50%，居全国第9位；新增首店数量超过200家，其中国际知名品牌首店仅8家。

（五）岭南文化中心优势尚待转化为消费资源优势

文化资源挖掘提炼、活化利用不足。历史文化遗产的保护与发展、认知与传播不及北京、上海、重庆等城市。全市仅有长隆旅游度假区、白云山风景区2家5A级景区，低于重庆（11家）、北京（8家）、上海（4家）[①]。各类资源缺乏立体串联、业态互嵌。景点较为分散，缺乏串联互动。长隆旅游度假区、白云山风景区等旅游载体运营与科普、研学等多业态融合不足，未

---

① 数据来源：《中国城市历史文化遗产保护利用指数评估报告》。

形成促消费合力，难以将"一日游"向"多日游"、"过境旅客"向"过夜旅客"转化。国际认可度和知名度不高。至今未实现世界文化遗产零的突破，仅南越国史迹、海上丝绸之路被列入中国世界文化遗产预备名单。未进入全球100强旅游目的地榜单前40，远落后于巴黎、纽约、伦敦、上海、北京等城市。

三　提升广州消费能级的对策建议

当前，进出口和投资双重承压，广州要将提升消费能级置于城市优先发展战略位置，以建设国际消费中心城市为抓手，大力聚人气、引尚品、连空间、融产业、联湾区，推动文商旅体服互导流量、互嵌资源、互植服务，形成协同效应、聚合效应、叠加效应，实现"广聚天下客、广卖天下货、广货卖天下"，将消费资源优势转化为经济发展胜势。

（一）聚：聚人气，唱响"千年商都"招牌

1.凝练城市IP，讲好"广州故事"

凝练城市发展特点。挖掘广州城脉、文脉、商脉，构建多维度、多层次的"千年商都"城市形象特色符号；聚焦新"三轴三核"，围绕文化保护传承、存量空间更新、产业转型升级、风貌精细治理、城市事件策划、打造世界级城市标杆品牌，让"广东的广州、湾区的广州、中国的广州、世界的广州"形象更靓、名号更响。挖掘历史文化资源优势。在广府城市肌理之中挖掘、梳理、策划、营造出一系列小而精、小而美的文化空间，结合城市更新中的老工业区、专业批发市场等存量空间的转型升级，打造一批可感知且深受人民群众喜爱的历史文化保护传承典范之地。创设文商旅体服消费场景。对老字号、传统产业与非遗精粹进行维护、展示和创造性转化，将岭南文化、广府文化、百年花市、粤式餐饮等传统文化元素与新空间、新产业、新节事深度融合，打造融合历史、文化、餐饮、消费、旅游特色的城市网红品牌。

2. 创新城市营销，持续输出"爆款"

制订城市全球营销推广计划。制定国际消费中心城市建设整体宣传方案，构建部门合作、政企合作、行业合作、区域合作的一体化宣传格局，多方式、多渠道、多语言、全方位宣传推介，让广州城市话题常新、热度持久。构建全球推介网络。发挥驻外机构作用，建设一批海外推介办事处、联络点、客户中心，加强城市海外营销推介；与具有国际影响力的媒体、广告公司、公关机构合作，建立属地化、专业化、国际化、精准化的推介矩阵，塑造广州城市形象，打造国际网红城市。加大政府平台宣传力度。持续优化政府官网"魅力广州"板块，全方位展示广州消费品牌；制作英语、日语、德语、法语、俄语等多语种官方宣传片、宣传手册，投放于境内外媒体或机场、车站、会展中心、酒店等人流集聚地。持续策划"爆款"事件。发挥广交会、广州马拉松赛等的桥梁纽带作用，围绕美食、旅游、会展、枢纽免税商店等主题策划"广府美食纳百川，岭南佳肴迎天下""冬暖花开，锦绣南国""中国会展第一城""国际枢纽，世界驿站"等一系列重大宣传活动。

3. 提升城市美誉度，实现全球"出圈"

树立服务型城市思维。对标顶级全球消费城市建设标准，增加"一站式"服务、数字化服务、全龄友好服务、个人定制服务等的供给。加强综合交通、应急安全、民生保障等基础设施建设和数字化、智能化管理，重点提升商圈、大型公建、城市公园、历史文化街区等网红文商旅目的地的可达性、体验感和环境安全保障程度。营造引领潮流的全球活力新场景。充分运用新设计、新技术、新模式，持续培育一批彰显全球活力的新消费、新休闲、新产业网红场景。支持 VR/AR、数字化、元宇宙、智慧零售等新科技在各大商圈、文旅街区精准应用，让消费体验更丰富多彩。

（二）引：引尚品，擦亮"买在广州"名片

1. 放大首店首发效应，引领时尚消费潮流

补齐政策短板。出台《广州市鼓励发展首店首发经济的若干措施》，引

进国内外知名品牌首店、旗舰店、体验店、定制中心，发展原创品牌概念店、定制店。放大首店首发效应，吸引更多品牌中国"第二店""第三店"落户，打造首发经济生态链。建立标准体系。建立首店认定、长效评价等标准体系，发布首店品牌评审细则及政策、首店品牌白名单等。将首店标准体系建设与"中国时尚都市指数"、《中国时尚都市发展白皮书》的研究和发布工作相结合，形成时尚界的"广州标准"，推动时尚之都建设高质量推进。

2. 加大品牌招商力度，引育头部旗舰企业

招引国际大品牌。促进广州文化单位与国内外知名文化机构合作，鼓励国际国内知名院团和艺术家将优秀演艺作品的全球首演、国内首演落地广州，丰富驻场演出、实景演出、主题公园演出等不同形态的高品质演艺产品。申办和引进更具影响力、更高品质的国际高端体育赛事，打造体育品牌赛事名城。争取服贸会、消博会、链博会等展会论坛落户广州，提升国际会展能级。培育本土大品牌。支持定制企业设立连锁体验店和大型定制中心，建成完整的规模化个性化定制产业体系和发展生态，打造"世界定制看中国，中国定制看广州"金字招牌。鼓励长隆欢乐世界、正佳极地海洋世界、融创乐园等游乐园引进专业运作团队，围绕冰雪、海洋、水上运动、亲子等主题内涵深入挖掘 IP 价值，打造特色鲜明的文旅产品。提升广交会琶洲展馆、保利世贸博览馆、白云国际会议中心等大型会展场馆综合服务能力，做强广交会、中博会等会展 IP。扩大钻级酒家、米其林、黑珍珠等餐厅规模，支持本地企业"走出去"，培育一批全国性、国际性餐饮集团。

3. 做大免税消费体量，促进枢纽流量变现

争取增设口岸和市内免税店。争取设立口岸免税店，在南沙国际邮轮母港、广州北站等枢纽开设口岸免税店及免税品监管仓库，将口岸免税店建成广州国际消费中心城市的展示和消费窗口。争取设立市内免税店，在交通枢纽设立市内免税店，鼓励各免税店差异化定位经营，建设快速退税通道。创新免税消费模式。创新"邮寄送达""返穗提取""担保即提""即购即提"提货模式，提升离穗旅客购物体验。申请扩大免税店商品覆盖范围，持续扩

大免税商品范围，增加免税购买件数、免税额度，不断挖掘枢纽免税消费潜力。推进"免税+文旅"高质量融合。推出"机票+免税购物+旅游"礼包，策划一日游、半日游路线，由点对点景区旅游专线免费乘载游客游览市内文旅景点。

（三）连：连空间，串联"羊城揽胜"画卷

1.连通"最广州"历史文化步径

优化提升步径路线。以微改造推动"红色基因""古都年轮""城央水脉""丝路遗风""粤味探悠""工场传奇""西关小筑""街市揽胜""文宗之旅"9条"最广州"历史文化步径的串联建设，开展沿线地区品质提升工作，将沿线历史文化资源活化为文旅消费资源。丰富步径沿线文商旅资源。在永庆坊、东山口、沙面、上下九等人气热点和线路热点地区增加小型画廊、非遗小店、咖啡馆等文商旅资源载体，打造标志性的场景和打卡点，组织沿线小型文化表演，提升文化显示度。提升步径软件配套水平。完善沿路自行车道和自行车设施等慢行系统和历史文化步径标识，预留临时停车场地，配备历史文化步径旅游讲解志愿者。加强步径宣传推广。用好短视频等新媒体平台，推出相关展览策划和讲座，通过手工艺体验、舞台演出、纪录片拍摄等多样化形式，吸引市民和游客"走读广州"。

2.连接"最岭南"粤菜美食街区

打造粤菜美食街区。依托北京路、大西关等特色商圈，打造形成粤菜领先、川湘鲁东北菜追赶、多菜系并存发展的多元餐饮格局。加强粤菜品牌建设，推进美食"老字号"传承保护与创新发展，支持潮式、客家、广府风味特色小吃发展，推动发展创意菜系品牌，引领美食消费新潮流。打造世界美食街区。依托天河路—珠江新城、长隆—万博、金融城—黄埔湾、白鹅潭、广州塔—琶洲等世界级地标商圈，引进国内外知名餐企、美食品牌首店，打造高端美食集聚地。结合广州外籍人口分布情况，打造天河南日式美食集聚区、小北非洲美食集聚区、琶洲混合外籍美食集聚区、南沙港澳特色风情街、棠景韩国特色风情街。打造以美食为核心的文旅产品。依托黄沙水

产专业市场、珠江琶醍等区域，推动黄沙水产海鲜美食、珠江啤酒等向产业化、标准化、规模化、国际化发展，打响"黄沙水产全国领鲜""珠江啤酒"招牌，以高品质美食推动"空铁水陆"枢纽流量转化。

3. 建设"最养生"医疗康养高地

构建"北养—中诊—东检—西商—南特"医疗康养新格局。"北养"，依托广州北部白云国际机场、从化温泉风景名胜区等建设北部医疗康养服务区，发展以医疗康养服务产业为主，包含商业、酒店和公寓配套设施的医疗康养综合体。"中诊"，发挥中心城区高水平医院、高校与科研机构集聚优势，重点发展诊疗、医美、康复、眼科、口腔等医疗服务消费，打造中部诊疗综合服务区。"东检"，结合"两城一岛"化学药、现代中药和医疗器械、再生医学、体外诊断产品及检验服务等产业优势，发展体检、疫苗、诊疗等医疗康养服务，打造东部体检诊疗区。"西商"，培育国际医药港，建设集中药材、功能性食材、医疗器械、保健品、健康服务等多业态于一体的西部大健康商贸区。"南特"，借鉴海南博鳌乐城国际医疗旅游先行区建设经验，依托南沙自贸区政策建设特需医疗先行区，争取医疗器械和药品进口注册审批、临床应用与研究的医疗技术准入等优惠政策。丰富医疗康养旅游服务。紧抓北方消费者来南方过冬机遇，开发森林康养、温泉浴养、茶道养生、生态休闲、阳光冬暖养生度假等产品，增加健康养生旅游消费供给。推动旅游景区与医疗机构合作，将健康管理引入养生休闲度假旅游开发中。

4. 连接"最浪漫"温情蜜月线路

打造北部温泉蜜月小镇。依托从化温泉风景名胜区、流溪温泉旅游度假区、宝趣玫瑰园等景点打造温泉蜜月小镇，建设具有浓郁浪漫气息的旅游目的地。开发诗意婚礼、婚纱摄影、蜜月服务等婚庆特色产品，个性化打造私密婚庆民宿、私人定制高端旅拍等创新产品。打造中部都市蜜月专线。优化"广州塔—二沙岛—海心沙、花城广场—大沙头码头—北京路步行街—白云山风景区—永庆坊—沙面"蜜月线路，在情人节、5.20、七夕等重要节日持续策划浪漫珠江夜游、乘坐"蜜粤巴士"等活动。打造南部广府婚庆主题品牌。依托沙湾古镇、宝墨园等岭南传统文化资源载体，挖掘岭南民俗文化和广府婚俗文化特色，策划组织系列婚庆文旅主题活动，打响广州"蜜月经济"婚庆旅游品牌。推动打造"南沙游艇会—蒲洲花园—天后宫—广州南沙花园酒店"海誓山盟祈福线路。

（四）融：融产业，放大"跨界融合"效应

1. 创新文体业态，串联"情绪消费"链条

延伸"粉丝经济"消费链。强化演艺活动留客消费功能，支持航空公司、酒店、旅行社、餐饮公司联合推出"门票、机票、餐饮、住宿"组合产品，以延长观众停留时长、提升消费水平为目标，策划相应旅游线路产品。在演艺活动场馆周边，宣传广州的网红景区景点、文艺展演活动、主题线路、乡村文旅公交专线等，给予粉丝景区、游乐园、服装店、特色餐饮店折扣优惠，将演艺活动流量最大限度延伸至旅游景点、酒店、餐饮、购物等消费场所或领域。拓展体育赛事消费链。注重发展赛事衍生经济，带动"吃住行游购娱"全链条消费。在广州马拉松赛、世界羽毛球巡回赛总决赛等大型赛事中融入文化、旅游、娱乐、科技等元素，联合旅行社、景点等推出多条文体旅游精品线路，举办体育产业博览会、相关体育专业论坛等活动，为参赛人员发放专属文体旅游消费包，着力构建"一日比赛，多日停留""一人参赛，多人消费"旅游新模式。

2. 集聚医美资源，打造"美丽消费"中心

建设大型时尚消费综合体。依托美妆日化、灯光音响等传统产业优势，打造"医美、服饰、美妆、珠宝、箱包"全时尚消费链条。推动知名整形医院探索创办集医疗美容、生活美容、高档化妆品、珠宝、服装、皮具箱包等于一体的大型医美综合体。打造医美旅游特色街区。立足珠江新城片区医美机构集聚优势，推出美丽经济主题线路，联动购物、住宿、美食、旅游等业态，打造"美丽消费"特色街区。鼓励医美机构与资源和信誉良好的旅游景区、免税店、线上平台机构进行合作，形成具有广州特色的医疗美容旅游模式，推动医美向景区、康养休闲等领域拓展延伸，带动酒店、文旅、会展、电商、贸易等关联产业发展。

3. 依托教育高地，提升"知识消费"能级

打造"留学广州"品牌。依托华南理工大学国际校区、香港科技大学（广州）等在穗高校，建设外语授课来穗留学品牌课程、来华留穗教育示范基地，推进来穗留学质量认证，利用广州"空铁水陆"枢纽流量及"港车北上""澳车北上"政策红利，吸引优秀学子来穗留学消费。壮大广州国际友城大学联盟。扩增广州国际友城大学联盟国际成员高校，推动成员高校间开展以跨学科为基础的科研合作和合作举办国际会议等活动，邀请成员高校学生来穗学习旅游。持续推进与港澳学校合作办学。鼓励和支持港澳地区高校与广州高校合作办学、合作科研、互派教师授课、共同举办学术会议和建立产学研基地。

4. 释放会展流量，深化"参展消费"联动

办好建博会、家博会、美博会、照明展等专业行业展会，做强汽车、家具、建材、家电、酒店用品等传统消费型展会，培育动漫、手游、潮玩、艺术、智能产品、定制服务等新型消费类展会。依托庞大的会展流量为美食、酒店、零售、旅游消费引流。在广交会、广州车展、广州国际名酒展、广州国际茶叶展、广州国际大健康产业博览会等国际展会举办期间，打造广州美酒节、美食节等活动，拉动参展消费。

（五）联：联湾区，畅通"双向奔赴"通道

1. 推进湾区制造消费协同

结合广州"坚持产业第一、制造业立市"发展战略，为港澳品牌孵化提供产业腹地支撑。重点围绕汽车、纺织服装、美妆日化、家居定制等优势产业，协同港澳等湾区城市组织开展对接会、展览会、交易会、洽谈会等产销对接活动，实现制造与消费协同发展，形成"客流共享、平台互联、主体互动、宣传互通"的湾区联动机制。联合湾区其他城市和粤东西北城市结合自身产业优势，发起联合促消费活动，促进湾区消费协同互促。

2. 用足用好湾区消费市场红利

用好"港车北上""澳车北上"政策红利，联合打造"穗港澳消费季"

"粤港澳大湾区消费季"，通过推出一批标志性主题消费活动、发布一批穗港澳旅游线路等系列举措，满足穗港澳消费者文艺品鉴、逛街购物、旅游休闲、体育健身等多层次、多样化消费需求。加强与港澳宣传部门合作，宣传广州"广府文化""低生活成本""优质医疗资源全国领先"等优势，扩大港人澳人来穗养老消费。

3. 联合申办国际顶级盛事

探索建立穗港澳联合办赛机制，共同申办知名度高、专业性强、根植性强的国际职业体育赛事，推动广州马拉松赛和香港马拉松赛联动发展。推动穗港澳共同申办服贸会、消博会、链博会等系列高端国际会议及专业论坛，共同打造湾区联合时装秀，深度强化湾区时尚影响力。与香港、澳门协商共办"巴塞尔艺术博览会""艺聚香港""香港艺术节""博物馆高峰论坛""香港美酒佳肴巡礼"等展会活动，在广州设立分会场。共同举办香港单车节、香港国际七人榄球赛、世界女排大奖赛、高尔夫球公开赛等具有全球影响力的体育赛事，支持打造湾区本地自主品牌赛事体系。

B.12
中国时尚都市指数解读及广州时尚产业生态研究

中国时尚都市指数研究课题组*

摘　要： 为响应国家培育建设国际消费中心城市的号召，越来越多的城市重视并推动时尚产业的发展。开展《中国时尚都市指数暨广州时尚产业生态主力阵容报告》的研究，有利于展示中国时尚都市的发展水平和潜力，推动时尚之都的高质量发展。本文对上海、广州、深圳、北京等 10 个致力于打造时尚之都的中国城市进行深入的评估并形成相关报告。基于广州在时尚产业实力上领先全国，本文对其时尚产业生态进行详细分析。

关键词： 时尚都市指数　时尚产业生态　广州

发展时尚产业、建设时尚之都，不仅具有巨大的经济价值，还具有文化价值、国际交往价值。一个真正的国际消费中心城市，必定能引领全球消费潮流，国际时尚之都具有引领时尚消费潮流的重要作用。高度发达的时尚产业所创造的时尚潮流和产品吸引全球消费群体集聚，消费需求不断被时尚激发并满足，形成国际消费中心城市发展的良性循环。近年来，为响应国家培育建设国际消费中心城市的号召，越来越多的城市重视并推动时尚产业的

---

* 课题组成员：段传敏，著名战略营销专家、财经作家，高端品牌实验室主任；段淳林，华南理工大学品牌研究所所长、教授、博士生导师，广东省新媒体与品牌传播创新应用重点实验室主任；刘志明，中外传播智库理事长；吴纲，CCTV《大国品牌》总出品人；李英，广州市场商会、广州现代产业创新发展促进中心秘书长；刘庆，广州市促进民营经济发展研究院院长，《新穗商》总编辑；余清娜，广东现代专业市场研究院研究员。

发展。

为更好地研究中国城市时尚发展水平及时尚产业，广州市场商会、广州市促进民营经济发展研究院联合多家顶级智库，包括中国传媒大学国家广告研究院、中外传播智库、华南理工大学品牌研究所等，完成了《中国时尚都市指数暨广州时尚产业生态主力阵容报告》。

一 中国时尚都市指数评价指标体系的构建

当前，我国经济从高速增长阶段转向高质量发展阶段，经济增长从出口和投资拉动转向创新和消费驱动。根据世界银行的统计报告，发达国家的最终消费支出占 GDP 比重为 80% 左右。我国消费率从 2010 年的 49.3% 上升至 2019 年的 55.8%，呈上升趋势，消费升级存在很大空间。

作为全面促进消费的重要举措之一，"培育建设国际消费中心城市"被正式写入我国"十四五"规划，相关工作正在有序推进中。时尚消费是提高品质消费水平的重要方面，寄托着人们对美好生活的向往。时尚产业作为引领消费结构升级、激活经济增长内生动力的新兴产业之一，引领、创造和拓展着消费需求，助力国际消费中心城市建设。

时尚都市的建设与时尚产业的发展密不可分，可谓"无产业，不时尚（都市）"。开展《中国时尚都市指数暨广州时尚产业生态主力阵容报告》的研究，有利于展示中国时尚都市的发展水平和潜力，推动时尚之都的高质量发展。

课题组利用社会科学的统计分析方法和大数据挖掘技术，综合考量包括广州在内的中国主要时尚都市的核心驱动因素及其子因素，根据简约、可量化、可操作原则，参考国际研究机构有关时尚都市共同的评价指标，确定中国时尚都市指数评价指标体系，具体分为产业实力、消费实力、时尚环境、文化传播、包容能力等 5 个一级指标，并进一步将它们细化为若干二级指标（见表 1）。

表1　中国时尚都市指数评价指标体系

	一级指标	二级指标
中国时尚都市指数评价指标体系	产业实力	纺织服装、美妆日化、家具家居、珠宝饰品、鞋子箱包、灯光音响等产业产值,世界品牌500强数量,企业数量
	消费实力	经济实力、消费结构、消费偏好、消费活力、追赶潮流
	时尚环境	商业环境、政策支持、消费环境、时尚创新、时尚品牌青睐度
	文化传播	都市文化、时尚活动、青年表达、时尚传播、文创魅力
	包容能力	人才吸引力、城市创新力、包容度、友好度

二　中国主要城市的时尚都市指数比较与分析

《中国时尚都市指数暨广州时尚产业生态主力阵容报告》首次从第三方视角出发,构建一个全面评价时尚都市发展水平的指标体系,对上海、广州、深圳、北京、杭州等10个致力于打造时尚之都的中国城市(不含港澳台)进行深入的评估(见图1)。

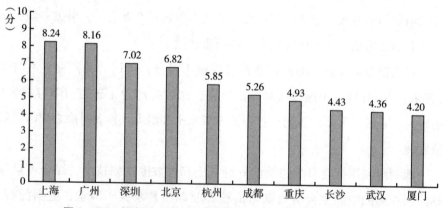

图1　2023年中国城市(不含港澳台)十强时尚都市指数得分

资料来源:课题组测算结果。

在报告中,上海凭借其强大的消费实力、优越的时尚环境和卓越的包容能力,以8.24分的总分(10分制)的优异成绩荣登榜首。广州紧随其后,以微弱的 0.08 分之差位居第二，但其产业实力和文化传播的单项指标均一马当先。报告中的十大时尚都市排名依次为：上海、广州、深圳、北京、杭州、成都、重庆、长沙、武汉、厦门①。

（一）上海：时尚界的"三好学生"，总分：8.24分

上海是一座将时尚浸透到骨子里的城市，曾经引领时尚潮流上百年，与世界接轨，受到国际大牌的青睐，更成为中国品牌"出海"的练兵场。

上海以 8.24 分的总分名列榜首，在"消费实力""时尚环境""包容能力" 3 个一级指标上排名第一，堪称时尚界的"三好学生"，同时在另外两项指标上均排名第二（见图 2），显示出其在时尚都市建设上全面均衡的综合实力。

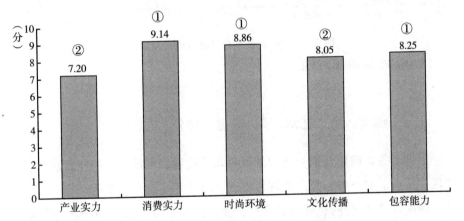

图 2　上海时尚都市分项指数得分及排名

资料来源：课题组测算结果。

（二）广州：低调的时尚巨人，总分：8.16分

在不少人的印象中，广州曾在 20 世纪八九十年代创风气之先，激情澎

---

①　因武汉、厦门排名靠后且表现与长沙相似，后文便不再具体展开论述。

湃，勇往直前。如今，广州展现浓厚的岭南风土人情，这正是广州的个性：低调包容、松弛奢华。

广州以8.16分的总分名列第二，在"产业实力""文化传播"2个一级指标上排名第一（见图3），显示出其时尚产业十分发达。

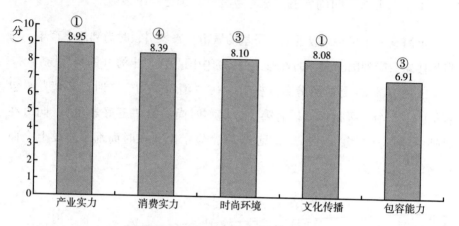

图3　广州时尚都市分项指数得分及排名

资料来源：课题组测算结果。

（三）深圳：活力之城、实力之城，总分：7.02分

深圳是我国改革开放奇迹的见证者和受益者，也是一座年轻而富有活力的现代都市。它不但科技产业发展迅速，时尚产业也十分发达。

深圳以7.02分的总分排名第三，在"产业实力"和"消费实力"指标上排名第三。在其他3项指标上，深圳均排名第四（见图4），仅次于上海、广州和北京，显示出"北、上、广、深"作为超一线城市的雄厚实力。

（四）北京：两极化发展带来的遗憾，总分：6.82分

北京是中国的政治、文化和国际交往中心，这使其具有引领城市时尚发展的地位和便利，但经济功能的日益淡化所导致的产业虚化和消费不振正在削弱其时尚影响力。这种两极化的发展正给北京的时尚都市建设带来缺失和遗憾。

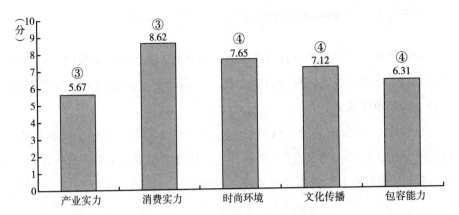

图4 深圳时尚都市分项指数得分及排名

资料来源：课题组测算结果。

北京以6.82分的总分名列第四。可以看出，其在"消费实力""时尚环境""包容能力"3个一级指标上依然颇具竞争力，均排名第二；在"文化传播"上排名第三。但同时，北京在关键的"产业实力"指标上却滑到了第5位（见图5），这一点值得关注。

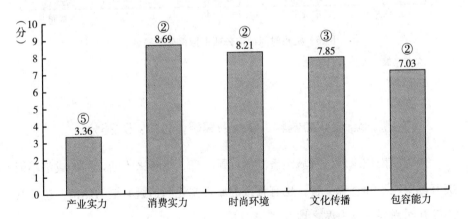

图5 北京时尚都市分项指数得分及排名

资料来源：课题组测算结果。

（五）杭州：新一线城市领航者，总分：5.85分

身处华东经济发达区域且紧邻上海，拥有悠久的历史、丰富的自然和人文景观且数字经济发达，种种因素令杭州这座新的"亚运之城"注定会成为新一线城市领航者。

杭州以5.85分的总分名列第五。它在"产业实力"指标上排名第四，超过了北京；在"消费实力""时尚环境"维度上也实力不弱；唯有在"文化传播""包容能力"方面需要加强（见图6）。

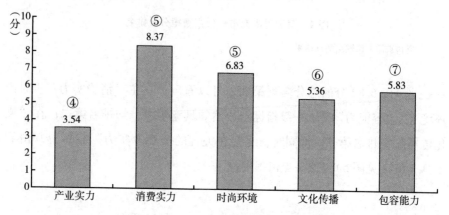

图6　杭州时尚都市分项指数得分及排名

资料来源：课题组测算结果。

（六）成都：硬实力偏软、软实力偏硬，总分：5.26分

作为西南成渝地区双城经济圈的一颗明珠，近年来不断走红的成都不但拥有国宝熊猫和香辣美食，也有雅致的城市文化和追赶时髦的热情，这让其逐渐在时尚界占据一席之地。

成都以5.26分的总分名列第六。它在"文化传播""包容能力"2个一级软实力指标上排名第五，超过了杭州，但在"产业实力"和"消费实力"2个一级硬实力指标上明显不足（见图7）。

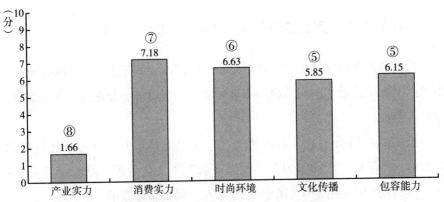

图7 成都时尚都市分项指数得分及排名

资料来源：课题组测算结果。

（七）重庆：直辖市需要勇追时尚，总分：4.93分

这座山城依傍山水而建，令其在时尚的道路上有些曲折；丰富多样的民俗文化令其与现代时尚有些距离。然而，这座西南唯一的直辖市正依托国家的成渝地区双城经济圈建设战略努力成为中国经济"第四极"的支撑。

重庆以4.93分的总分名列第七，仅在"产业实力"指标上超越兄弟城市成都，"消费实力"在十大城市中排名垫底（见图8）。从积极层面讲，重庆未来时尚潜力巨大，须奋起直追。

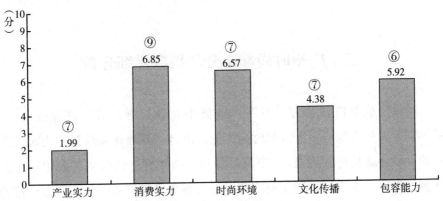

图8 重庆时尚都市分项指数得分及排名

资料来源：课题组测算结果。

（八）长沙："网红城市"夜经济迷人，总分：4.43分

长沙是首批国家历史文化名城之一，中国的"娱乐之都""网红城市"，由湖南卫视综艺带动的娱乐服务业十分发达，夜经济十分迷人，在全国城市中令人瞩目。

长沙以4.43分的总分名列第八。它在"消费实力"指标上比较突出，排名第六，但在"产业实力""时尚环境""文化传播"指标上均排名第九，"包容能力"更是排名第十（见图9），需要奋起直追。

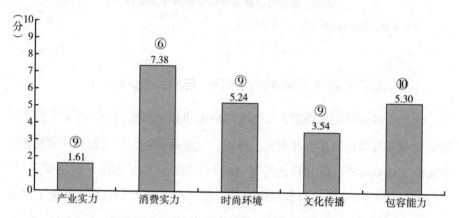

图9　长沙时尚都市分项指数得分及排名

资料来源：课题组测算结果。

三　广州时尚都市分项指数详细分析

时尚产业是广州"万千百"产业链中8条"万亿级"产业链之一。近年来，广州市政府高度重视时尚产业，出台一系列相关政策，为时尚产业的发展创造良好的机遇。《中国时尚都市指数暨广州时尚产业生态主力阵容报告》是在全国视野下对广州时尚发展水平和时尚产业的全方位梳理与盘点。

（一）"产业实力"指标分析：广州8.95分，排第1位

时尚产业是时尚都市建设的基础载体和重要推手。"产业实力"指标由三大细分维度组成：产业产值、世界品牌500强数量、企业数量。其中，产业产值直接按时尚产业的六大细分行业划分，即纺织服装、美妆日化、家具家居、珠宝饰品、鞋子箱包、灯光音响等。

广州时尚产业实力处于遥遥领先的位置，在时尚产业六大板块中有雄厚的基础，其中美妆日化、家具家居、鞋子箱包、灯光音响的"产业产值"在十座城市中均排名第一。另外，在"企业数量"上广州居领先地位，显示出其企业活跃度和丰富度较高，在创业环境上居于前列。

（二）"消费实力"指标分析：广州8.39分，排第4位

消费实力是建设时尚都市的基础所在，整体反映一座城市的经济发展水平、居民收入状况和消费升级后对时尚潮流的需求。"消费实力"指标由五大细分维度组成：经济实力、消费结构、消费偏好、消费活力、追赶潮流。

"千年商都"广州展示出强大的消费实力，在"消费结构""消费偏好"上排名第三。值得注意的是，广州在"经济实力"上排在4个超一线城市的末尾，"追赶潮流"也排名第四。

（三）"时尚环境"指标分析：广州8.10分，排第3位

打造有利于时尚产业、品牌、人才生存和发展的环境是建设时尚都市的必要条件，正所谓"筑得好巢引凤来"。"时尚环境"指标由五大细分维度组成：商业环境、政策支持、消费环境、时尚创新、时尚品牌青睐度等。既有硬的基础设施，也有软的创新能力和品牌意识。

广州在"商业环境""政策支持"上均排名第二，表明广州营商环境良好，政策支持力度较大，拥有时尚产业发展壮大的沃土。"时尚创新"和"时尚品牌青睐度"均排名第四，三级指标"机场旅客吞吐量"和

"纺织服装创意设计试点园区数量"均处于领先位置。但"消费环境"排名第八，三级指标"2022年购物中心开业量"、"购物中心销售额排行榜TOP70数量"和"2022年全国首店入驻数量"均有待提升，表明广州购物中心的数量与质量仍有较大提升空间，需要做出努力吸引更多高品质商业品牌入驻。

（四）"文化传播"指标分析：广州8.08分，排第1位

时尚的形成，体现在社会公众于一定时期、一定范围内对某种既定模式的跟随与模仿，伴随而来的是时尚讯息的流通、获取和传递。没有传播，就无法形成时尚。"文化传播"指标由五大细分维度组成：都市文化、时尚活动、青年表达、时尚传播、文创魅力。

广州的"文创魅力"排名第一，得益于广州有数量众多的服装设计公司和动漫公司，其三级指标"服装设计公司数量"和"动漫公司数量"均跻身前三；"时尚活动""时尚传播"均排名第二，其三级指标"展览数量"、"TOP20时尚公众号数量"和"电视剧、电影、音乐公司数量"均排名第二；"都市文化""青年表达"均排名第三，广州在全国首屈一指的夜生活魅力是一个重要得分项，三级指标"夜生活魅力"表现突出，排名第一。

（五）"包容能力"指标分析：广州6.91分，排第3位

时尚除了代表着不同的文化和风格外，还是一种表达个性、展示自我和释放情感的方式，更因与世界联系而具有多元性。因此，一座时尚都市，其包容性十分重要。"包容能力"指标由四大细分维度组成：人才吸引力、城市创新力、包容度、友好度。

广州"人才吸引力"排名第三，仅次于上海和北京；"包容度"排名第二，仅次于上海；"友好度"排名第二，仅次于深圳，其中三级指标"高校在校人数"方面，广州排名第一，大幅领先于其他城市，三级指标"国家级科创园区数量""外来人口占比""常住外籍人口数量""宜居城市指数"均跻身前三；但其"城市创新力"有待提升。

四 广州时尚产业生态主力阵容解读

正如前文所分析的，广州在"产业实力"这一单项指标上表现十分突出。因此，报告把广州作为首个被观察的城市对象，对其时尚产业从9个领域（纺织服装、美妆日化、家具家居、珠宝饰品、鞋子箱包、灯光音响、产业集群、时尚商圈、时尚平台）进行详细观察，并首次分行业发布"主力阵容"名单，共评选出来自六大行业的64家企业，还评选出6个产业集群、8个时尚商圈以及21个时尚购物中心和7个时尚平台。

（一）纺织服装行业：全国乃至全球重要的服装批发集聚地

广州纺织服装行业拥有得天独厚的地理位置和悠久的制造及交易历史。广州是中国重要的纺织服装生产基地之一，也是全国乃至全球重要的服装批发集聚地。在市场规模和产业链完善度方面，广州纺织服装行业一直处于领先地位。

广州纺织服装行业"主力阵容"名单（排名不分先后）见表2。

表2 广州纺织服装行业"主力阵容"名单（排名不分先后）

企业名称	品牌
比音勒芬服饰股份有限公司	比音勒芬
广州市例外服饰有限公司	例外 EXCEPTION DE MIXMIND
广州爱帛服饰有限公司	edition MO&Co.
广东哥弟时尚服饰研发有限公司	AMASS（阿玛施）
广州市汇美时尚集团股份有限公司	茵曼
赫基（中国）集团股份有限公司	ochirly、Five Plus、COVEN GARDEN
广州市格风服饰有限公司	歌莉娅
快尚时装（广州）有限公司	URBAN REVIVO
广州迪柯尼服饰股份有限公司	DIKENI（迪柯尼）、CARSYDA（珈仕达）
广州市卡宾服饰有限公司	Cabbeen（卡宾）
广东领英科技有限公司	欧定
摩登大道时尚集团股份有限公司	卡奴迪路

资料来源：课题组统计。

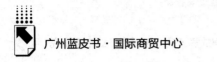
1. 代表企业比音勒芬服饰股份有限公司：坚持高端品牌定位

公司成立于 2003 年，总部位于中国广州，2016 年 12 月于深交所上市，是中国高尔夫服饰第一股，被资本市场称为"衣中茅台"。公司以服饰研发设计、品牌运营、营销网络建设及供应链管理为主要业务，坚持高端品牌定位，实施多品牌发展战略，目前旗下拥有比音勒芬、比音勒芬高尔夫、CARNAVAL DE VENISE（威尼斯狂欢节）、CERRUTI 1881 和 KENT&CURWEN 五大品牌。

公司作为中国国家高尔夫球队合作伙伴，以"三高一新"即高品质、高品位、高科技和创新为研发理念，致力于打造高尔夫高端时尚运动服饰品牌。2023 年 4 月公司完成收购了两大国际奢侈品品牌，6 月举办了集团 20 周年庆典，首次对外发布了未来十年发展战略，着力打造国际奢侈品集团，聚焦于细分服饰领域，构建多品牌矩阵。

2. 代表品牌欧定：助力广州擦亮"定制之都"招牌

定位中高端休闲男装定制品牌的欧定隶属于广东领英科技有限公司，集团拥有强大的自主供应链体系，和全球顶级的面料辅料供应商保持深度联合研发合作，拥有全球最新最前沿的衬衫原材料与制作技术。通过自主开发的 AI 智能定制系统以及智能化生产线，领英工厂定制服装年产量超过 100 万件，为广州持续擦亮"定制之都"招牌。

2020 年底新生的欧定，仅用 12 个月时间即实现了从 0 到 1 亿元营收的增长，用户量突破 50 万人，线上 500 元以上衬衫品类销售 TOP1。

（二）美妆日化行业：中国美妆看广东，广东美妆看广州

广州化妆品工业产值已经超过 1000 亿元，产业规模约占全国的 55%，位居全国第一。《2023 广州化妆品产业白皮书》显示，截至 2023 年 9 月，广州持证化妆品生产企业有 1870 家，占广东省（3152 家）的 59.3%，占全国（5561 家）的 33.6%，化妆品注册备案数量占全国的 60%。此外，广州化妆品专利申请数量在国内也是遥遥领先。

目前，广州已形成"白云美湾"（白云区）、"南方美谷"（黄埔区）、

"中国美都"（花都区）、"湾区美谷"（从化区）4个优势突出的化妆品产业集群。中国美妆看广东，广东美妆看广州，广州在美妆日化行业具有"巨无霸"地位。

广州美妆日化行业"主力阵容"名单（排名不分先后）见表3。

表3　广州美妆日化行业"主力阵容"名单（排名不分先后）

企业名称	品牌
广东丸美生物技术股份有限公司	丸美、春纪、恋火
广州逸仙电子商务有限公司	完美日记
广州卡姿兰企业管理有限公司	卡姿兰
美尚（广州）化妆品股份有限公司	COLORKEY（珂拉琪）
广州立白企业集团有限公司	立白
蓝月亮（中国）有限公司	蓝月亮
诺德溯源（广州）生物科技有限公司	simpcare（溪木源）
广州环亚化妆品科技股份有限公司	美肤宝、法兰琳卡、幽雅、滋源
广州阿道夫个人护理用品有限公司	阿道夫
广州梵之容化妆品有限公司	谷雨
广州蛋壳网络科技有限公司	HomeFacial Pro
广东丹姿集团有限公司	丹姿、水密码、色彩地带

资料来源：课题组统计。

代表品牌为阿道夫：打造国货新势力。

阿道夫创立于2013年，是广州阿道夫个人护理用品有限公司旗下的高端香氛洗护品牌，一直以"树生态匠心，立可持续发展战略"为发展宗旨，秉承"匠心之上，匠美至上"的品牌理念，致力于满足消费者对洗护产品的升级需求。

自2018年起，阿道夫连续5年位居国货洗护品牌榜首。凯度消费者指数研究数据表明，2019~2022年，城市常住家庭对洗发水的消费中，阿道夫的销售份额在国产品牌中排名第一。在2023年的6·18期间，阿道夫多个品类在天猫、京东、抖音、唯品会等平台26个官方榜单中表现突出，累计摘得7个TOP1。此外，它连续3年入选新锐品牌价值榜TOP100；2023年，入选高端品牌TOP100。

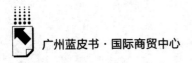

（三）家具家居行业：中国定制家居之都

2022年，广州市新增登记注册家具制造企业311家，现有登记注册的在业存续的家具制造企业4121家，高新技术企业72家，同比增长15.2%，24家企业被认定为各级"专精特新"企业。据资料统计，60%的上市定制家居企业在广州，其中欧派家居集团股份有限公司、索菲亚家居股份有限公司、广州尚品宅配家居股份有限公司、广州好莱客创意家居股份有限公司合计占比40%，被誉为"四大天王"。中腰部品牌也在广州开设生产基地或设立总部，广州因此被誉为"中国定制家居之都"。

广州市家具家居行业整体实力较强，中国十大办公家具企业有4家诞生在广州；中国家具家居行业首家上市企业香港皇朝家私集团立足广州多年；广东首个荣获中国驰名商标的传统家具制造企业——永华家具，近年来深耕传统家具领域的文化技艺传承，以文化推动企业发展进步。还有一批在户外家具（广州亚帝实业有限公司）、饰品画饰（广州市番禺思联现代画饰有限公司）、电动晾衣架及智能锁（广东好太太科技集团股份有限公司、广东晾霸智能科技有限公司）、数字化软件（广东三维家信息科技有限公司）等细分领域处于行业领先位置的"单项冠军"企业。它们共同构成广州家具家居行业在国内国际全产业链中的独特竞争力。

广州家具家居行业"主力阵容"名单（排名不分先后）见表4。

表4 广州家具家居行业"主力阵容"名单（排名不分先后）

企业名称	品牌
欧派家居集团股份有限公司	欧派、miform、欧铂丽、铂尼思
索菲亚家居股份有限公司	索菲亚、司米、华鹤、米兰纳
广州尚品宅配家居股份有限公司	尚品宅配
广州好莱客创意家居股份有限公司	好莱客
广州市欧亚床垫家具有限公司	穗宝
优派控股集团有限公司	优派
广州市百利文仪实业有限公司	VICTORY（百利）

企业名称	品牌
广州市至盛冠美家具有限公司	QUAMA（冠美）
广州黛柏睿家具制造有限公司	DEBRAH'S MODERN HOME
广州市番禺思联现代画饰有限公司	SILIAN（思联画饰）

资料来源：课题组统计。

1. 代表企业欧派家居集团股份有限公司：家具家居行业首富

欧派家居集团股份有限公司创立于 1994 年，以整体橱柜为龙头，带动相关产业发展，包括全屋定制、衣柜、卫浴、金属门窗、装甲门、软装、厨房电器、家具、家居用品、整装大家居等，形成多元化产业格局，是国内综合型的现代整体家居一体化服务供应商。欧铂丽是集团旗下的轻奢时尚品牌，主打年轻的家居风格。2020 年，集团推出高端品牌，正式进军高定市场。2021 年，集团成为中国家具家居行业首家营收破 200 亿元和市值破千亿元的企业。2022 年，集团营业收入达到了 224.8 亿元，业绩、利润、市值都同步上涨。

2. 代表企业广州市百利文仪实业有限公司：中国办公家具十大品牌企业

广州市百利文仪实业有限公司成立于 1990 年，是一家通过产品设计创新和空间数字化技术，打造办公、医疗、教育、康养家具产品与智慧空间设计整体方案，提供专业顾问、集成设计、融合配套、施工一体化服务的集团公司。VICTORY 品牌被评为"广东省著名商标"和"广东省名牌产品"；公司被认定为国家高新技术企业、广东省工程技术中心、广东省工业设计中心、广州市企业技术中心，获得 90 多项殊荣，获得国家专利授权 130 多项。

（四）珠宝饰品行业：广州珠宝在全国占据重要地位

广东作为中国重要的珠宝首饰加工制造产业集聚地，不仅占全国珠宝玉石产业产量和交易量的 70%，更形成从原料采购、研发设计、生产加工到批发零售的相对完整的产业链条。广州珠宝在全国占据重要地位，其中广州番禺金银首饰的加工量占香港转口贸易量的 70% 以上，占全球市场的 30%。

目前广州已形成以沙湾珠宝产业园、大小罗塘珠宝小镇为中心的产业经济圈。辖区内拥有来自全球 30 多个国家和地区的珠宝市场主体约 1 万家，从业人员近 10 万人，形成了集原料销售、生产工具制造销售、技术培训、设计研发、半成品和成品销售、电子商务、检验检测、会展服务、珠宝文化鉴赏、旅游等于一体的完整产业链。2021 年，广东省番禺区国家外贸转型升级基地（珠宝首饰）总产值达 43 亿元，进出口总值达 465 亿元，同比增长 65%，产品出口至美国、加拿大、欧盟、东南亚、日本等国家和地区，坐稳了全国珠宝饰品加工贸易的头把交椅。

广州珠宝饰品行业"主力阵容"名单（排名不分先后）见表 5。

表 5　广州珠宝饰品行业"主力阵容"名单（排名不分先后）

企业名称	品牌
周生生(中国)商业有限公司	周生生
六福珠宝(广州)有限公司	六福珠宝
广东皇庭珠宝股份有限公司	皇庭珠宝
谢瑞麟(广州)珠宝有限公司	谢瑞麟
柏丽德珠宝(广州)有限公司	APM Monaco
广州市卓尔珠宝股份有限公司	卓尔珠宝
广州每颗星控股有限公司	ZEGL
广东旭平首饰有限公司	旭平首饰
广州利他网络科技有限公司	APORRO
广州梅梅珠宝科技有限公司	LARWINER

资料来源：课题组统计。

1. "广州时尚产业珠宝联盟"

2021 年 11 月 3 日，"广州时尚产业珠宝联盟"正式成立。联盟成员包括卓尔珠宝、亨利珠宝、葩缇珠宝等知名珠宝品牌，覆盖珠宝加工、首饰镶嵌、原创设计、市场营销、配套服务等诸多领域。卓尔珠宝创立于 1994 年，旗下产品包括钻石、翡翠、黄金、彩宝、手表、高端银饰六大品类，截至 2023 年，在全国拥有专卖店 500 余家。亨利珠宝隶属于亨利珠宝（广州）

有限公司，集珠宝饰品生产、加工、设计与品牌运营于一体，致力于打造中国最具辨识度的拍卖级、可传承的高端艺术珠宝品牌。葩缇珠宝聚焦彩色宝石原材料加工、首饰设计生产，服务涵盖宝石切磨和首饰设计研发、生产、销售、专业培训等领域。

2. 代表品牌 ZEGL：精致的代名词，生活美学提案者

ZEGL 主打快时尚，设计师通过将天马行空的设计灵感与表现概念相融合，传递出卓然出众的时尚品格与生活方式，形象诠释了新时代女性独立自信的品牌精神。自 2013 年成立以来，ZEGL 的时尚地位不断地受到社会各界认可，通过渠道的专业化运营、媒介平台的精细化推广，市场销量与媒体曝光度都得到极大提升。

ZEGL 始终秉持"为追求时尚、个性、有趣的独立女性设计高品质原创首饰"的使命，凭借团队多年的努力探索，已具备快速创新设计能力和核心竞争优势，致力于成为中国领先的原创个性首饰品牌，为用户创造有质感的生活方式。ZEGL 致力于原创的力量，拥有一支非常年轻且极具创造力的顶级原创设计师团队。2019 年受邀参加 GLO 戛纳全球首秀，斩获"戛纳全球中国原创最佳创意奖"。

（五）鞋子箱包行业：占据我国皮具产业半壁江山

鞋子箱包行业是广州市的传统优势行业，从设计研发、皮具皮料到五金配套、生产加工、销售等产业链十分完整，产值超千亿元，占据我国皮具产业半壁江山。

广州鞋子箱包行业"主力阵容"名单（排名不分先后）见表 6。

表 6　广州鞋子箱包行业"主力阵容"名单（排名不分先后）

企业名称	品牌
天创时尚股份有限公司	KISSCAT、KISS KITTY、TIGRISSO、ZSAZSAZSU、MUST-HAVE
广州佳晨皮具有限公司	HONGU、SISI、m2m
骆驼（中国）户外用品有限公司	骆驼

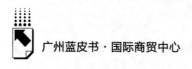

续表

企业名称	品牌
金利来(中国)有限公司广州分公司	金利来
广州市稻草人皮具有限公司	稻草人
广州半坡品牌管理有限公司	半坡
广州古良吉吉服饰实业有限公司	古良吉吉
广东玖留米时尚科技有限公司	OGR
广州罗尔纳莉贸易有限公司	RENR
广州俪宸时尚科技有限公司	拉菲斯汀

资料来源：课题组统计。

"中国皮具商贸之都"位于广州市白云区，这里有着中国首个自发性的皮具市场——三元里皮具商圈，素有"中国的三元里，世界的皮具城"之美誉，产品远销世界各地，成为重要的皮具采购基地，被中国皮革协会授予"中国皮具商贸之都"称号。该市场 1987 年形成，高峰时期拥有 35 个皮具皮革专业市场，1.2 万户经营户。如今，这里已"变身"为皮具批发零售发布的时尚舞台，成为原创皮具品牌时尚买手基地。

（六）灯光音响行业：广州灯光"点亮"国际赛事

近年来，广东省舞台灯光发展速度较快，注册企业由 2010 年的 2576 家上升到 2019 年的 28064 家，复合增长率达 30.39%。广东省舞台灯光的发展水平在全国一直处于领先地位，广东省注册的舞台灯光企业数在全国的占比稳定在 20% 以上。

其中，广州拥有 17703 家，占广东省的 63.08%、全国的 13.09%（2019 年数据），有数家为行业龙头企业。在 2022 年北京冬奥会上，来自广州的 10 多家灯光音响企业集体"秀"实力，小到各种灯具、话筒，大到光声电解决方案，共同助力打造了绚丽多彩的开幕式。

广州灯光音响行业"主力阵容"名单（排名不分先后）见表 7。

表7　广州灯光音响行业"主力阵容"名单（排名不分先后）

企业名称	品牌
广州市浩洋电子股份有限公司	特宝丽、雅顿浩洋紫外、WTC
广州市番禺区珠江灯光音响实业有限公司	珠江灯光
广东博朗灯光音响科技有限公司	博朗
广州市锐丰音响科技股份有限公司	锐丰科技
广州市升龙灯光设备有限公司	LIGHT SKY
广州市明道文化科技集团股份有限公司	GTD
广州彩熠灯光股份有限公司	FINE ART
广州市雅江光电设备有限公司	SILVER STAR
广东保伦电子股份有限公司	ITC
广州市迪士普音响科技有限公司	DSPPA

资料来源：课题组统计。

1.广州国际灯光节：世界"三大"之一

作为广州一年一度的盛事，广州国际灯光节自2011年举办至今，已发展成为一个艺术、科技、文化等多领域联动的大型活动，为中外设计师提供了一个艺术交流平台。同时，它利用自身的品牌影响力，将灯光文化艺术推广到全国乃至全球其他城市。

如今，广州国际灯光节已与法国里昂灯光节、澳大利亚缤纷悉尼灯光音乐节并称为世界三大灯光节，并在2015年入选联合国教科文组织"国际光年"大型文化活动，通过"国际光年"官网向世界进行特别推荐。创办至今，广州国际灯光节共吸引超过6300万名游客参观，创下国际灯光节类型项目参观人数之最。

2.广州国际照明展览会（光亚展）：世界级展览会

广州国际照明展览会（光亚展）创办于1996年，迄今为止已成功举办28届，是集聚全球优秀且全面的照明领域生产及贸易企业、专业观众和相关机构组织的世界级高水平展览会。

它不但为消费者提供"一站式"的采购平台，还每年同期举办上百场论坛交流活动，以高规格的展览及会议，将整个照明、灯饰产业链的制造企、品牌方、渠道方连接起来，成为照明人一年一度交流产品、技术、思想的盛会。

（七）产业集群：到2024年，广州时尚产业集群规模达到万亿元级

2022年8月，广州市工业和信息化局与广州市商务局联合印发《广州市时尚产业集群高质量发展三年行动计划》。该计划明确提出，到2024年，广州时尚产业集群规模达到万亿元级，力争培育出20位广州时尚名师、20个广州时尚名品、20家广州时尚名店、20个广州时尚设计师工作室。

截至2023年，广州已成功打造2个国家级纺织服装创意设计示范园区（平台），6个省级试点园区（平台），申报工信部2022年消费品工业"三品"战略示范城市，持续推进美妆日化等的数字化特色产业集群平台建设，共服务企业8578家，连接设备1281台，接入生态合作伙伴近150家，实施"定制之都"532示范工程（培育形成5个示范产业集群、30家示范企业、20个示范名品名牌）。

广州产业集群"主力阵容"名单（排名不分先后）见表8。

表8　广州产业集群"主力阵容"名单（排名不分先后）

产业集群	代表	区域
美妆日化 产业集群	美博城、白云美湾	越秀区 白云区
纺织面料 产业集群	广州国际轻纺城、珠江国际纺织城、 长江国际纺织城、红棉中大门	海珠区
服装服饰 产业集群	白马服装市场、红棉国际时装城、 apM时代国际、广州U:US、 汇美国际服装商城、新塘服装商贸城、 广州T.I.T创意园、十三行服装市场	越秀区 荔湾区 增城区 海珠区
鞋子箱包 产业集群	中港皮具城、广大鞋业商贸城、 白云皮具世界贸易中心、 步云天地环球国际鞋城、 名商天地皮料五金龙头市场、 新濠畔鞋材皮革五金批发广场、 佳豪国际皮具皮革城	越秀区 荔湾区 白云区 花都区

产业集群	代表	区域
珠宝饰品 产业集群	大罗塘珠宝小镇、华林国际玉器城、 沙湾珠宝产业园	番禺区 荔湾区
灯光音响 产业集群	巨大产业园	番禺区

资料来源：课题组统计。

（八）时尚商圈："5+2+4+22"广州时尚商圈建设提速

2023 年 7 月，广州市商务局正式印发《广州市重点商业功能区发展规划（2020—2035 年）》，明确广州将建设服务湾区、辐射全国、世界知名的重点商圈，力争至 2035 年，全市形成 33 个重点商圈，将广州打造成为"活力千年商都、国潮时尚天堂"。

该规划提出构建多级商圈体系，在此前提出的建设 5 个世界级商圈（天河路—珠江新城商圈、广州塔—琶洲商圈、金融城—黄埔湾商圈、长隆—万博商圈、白鹅潭商圈）、2 个具有世界影响力的岭南特色商圈、4 个枢纽型国际特色商圈的基础上，明确构建 22 个 "一区一特色" 区域级都市特色商圈，打造出 "5+2+4+22" 共 33 个重点商圈的格局。

广州时尚商圈 "主力阵容" 名单（排名不分先后）见表 9。

表 9　广州时尚商圈 "主力阵容" 名单（排名不分先后）

时尚商圈	时尚商圈
天河路商圈	上下九—永庆坊商圈
北京路商圈	长隆—万博商圈
珠江新城商圈	白云新城商圈
环市东商圈	江南西商圈

资料来源：课题组统计。

广州主要时尚购物中心见表 10。

表 10　广州主要时尚购物中心

时尚购物中心	时尚购物中心
正佳广场	花城汇
太古汇	IFC 国金天地广场
天河城	领展购物广场
天环广场	中华广场
K11	白云万达广场
IGC 天汇广场	东方宝泰
四海城商业广场	广百百货
广州保利国际广场	万菱汇
百信广场	南沙环宇城
富力海珠城	广州友谊集团
粤海番禺天河城	—

资料来源：课题组统计。

（九）时尚平台：番禺两大独角兽企业：希音和 TEMU

在广州番禺，有两家独角兽企业希音和 TEMU。这两家跨境电商平台企业因其境外的"现象级"火热消费而备受关注。希音成立于 2008 年，现已是世界上最大的时尚公司之一，也是近年来快速崛起的跨境电商平台企业。2022 年跻身全球第三大独角兽企业。TEMU 公司取自"team up price down"，意为"团购让价格更优惠"，是电商巨头拼多多旗下的跨境电商平台。创办仅 1 年时间，TEMU 就先后于 47 个国家上线，平均每天发出 160 万个包裹。TEMU 的口号是"像亿万富翁一样购物"。

广州时尚平台"主力阵容"名单（排名不分先后）见表 11。

表 11　广州时尚平台"主力阵容"名单（排名不分先后）

时尚平台	时尚平台
希音	一手
唯品会	哆啦
temu	洋葱
致景科技	—

资料来源：课题组统计。

代表企业为广州致景信息科技有限公司。致景科技成立于 2013 年 12 月，是领先的纺织产业互联网企业、国家高新技术企业。旗下拥有"百布""全布""天工""致景金条""致景纺织智造园""致景智慧仓物流园"等业务板块，致力于通过大数据、云计算、物联网等新一代信息技术，全面打通纺织服装行业的信息流、物流和资金流，帮助行业实现协同化、柔性化、智能化升级，构建纺织服装纵向一体化的数智化综合服务平台。

2018 年，公司获得中国十大产业互联网独角兽企业称号；2019 年，获得"中国高科技成长 50 强"、获得德勤"广州高科技高成长 20 强"；2020 年 11 月，被广州市科技创新协会、快公司杂志社联合评选为"2020 年广州独角兽创新企业"；2021 年 11 月，入围工信部"2021 工业互联网平台创新领航应用案例"；2023 年 6 月，公司在胡润研究院发布的《2023 胡润中国产业互联网 30 强》B2B 交易平台 10 强榜单中排名第三。

B.13
元宇宙技术赋能广州文旅产业
高质量发展研究

华南理工大学课题组*

摘　要：　大数据和人工智能开辟了元宇宙社会新空间，元宇宙产业具有巨大发展空间。国内外对此研究在理论上迅速增多，而在实际也成为中国布局产业新赛道的重要路径。本调研面向全国文旅元宇宙消费者和供给文旅元宇宙技术及产品企业，获得2380份消费者问卷和304份企业问卷，充分展示了文旅消费者对元宇宙的认知情况及其体验偏好和意愿，反映了元宇宙技术研究相关公司的技术应用情况、实现程度以及相关技术在文旅行业的应用情况等。在调研基础上，分析了元宇宙技术赋能广州市文旅产业存在企业规模偏小、内容生产不足、政企沟通不畅和现象级产品匮乏等问题。最后，着眼优质生产力培育导向的广州文旅产业高质量发展根本目标，从优化顶层设计、强化扶持、创新场景、树立标杆、创新营销和优化环境方面提出元宇宙技术赋能广州文旅产业高质量发展的对策建议。

关键词：　元宇宙技术　文旅产业　广州　高质量发展

---

*　课题组组长：江金波，国家社科基金重大项目首席专家，华南理工大学南方文旅产业研究院院长，广州文化和旅游融合发展研究基地主任，二级教授，博士生导师，研究方向为旅游创新。课题组成员：张海琳，华南理工大学旅游管理博士研究生、桂林旅游学院教授，研究方向为区域旅游合作与非物质文化遗产保护；刘荣荣，华南理工大学旅游管理博士研究生，研究方向为文旅融合、政策创新；徐强，华南理工大学旅游管理博士研究生、贵州民族大学讲师，研究方向为知识管理、乡村旅游；龙云，华南理工大学旅游管理博士研究生，研究方向为文旅融合政策创新；陈佳瑜，华南理工大学旅游管理硕士研究生，研究方向为文旅融合创新。

一 调研背景与技术路线

（一）理论背景

以 Web of Science 核心集为文献来源，以 metaverse+tourism（元宇宙+旅游）、metaverse +culture（元宇宙+文化）、metaverse +travel（元宇宙+旅行）、metaverse +recreation leisure（元宇宙+娱乐休闲）、metaverse +entertainment（元宇宙+娱乐）、metaverse +performance（元宇宙+表演）、metaverse + dining/catering（元宇宙+餐饮）、metaverse + event/festival（元宇宙+节事）、metaverse+cultural creativity（元宇宙+文化创意）、metaverse +shopping（元宇宙+购物）为十大主题词进行搜索，截至 2023 年 6 月 29 日，共搜索 180 篇。其中，effect（影响）、game（游戏）、problem（问题）、mechanism（机制）、content（内容）、opportunity（机会）、virtual environment（虚拟环境）、digital twins（数字孪生）、communication（沟通）等成为核心关键词，这显示了欧美研究倾向于元宇宙相关理论研究支撑。而从中国知网北大核心、CSSCI 期刊检索来看，截至 2023 年 6 月 29 日，以元宇宙+旅游、元宇宙+文化、元宇宙+文旅、元宇宙+休闲、元宇宙+娱乐、元宇宙+演艺、元宇宙+餐饮、元宇宙+节事、元宇宙+文创、元宇宙+购物等为主题词进行搜索，文献达到 276 篇。相较于欧美研究，中国研究更多关注元宇宙技术的现实层面，呈现以数字藏品、虚拟现实、区块链、数字技术等为关注点（见图 1）。然而，无论是中国还是欧美，研究机构和学者均对元宇宙领域有很高的关注度，体现了元宇宙领域的理论研究价值。

（二）现实背景

国家大力推动文旅产业数字化转型。《"十四五"旅游业发展规划》《关于推进实施国家文化数字化战略的意见》《关于推动数字文化产业高质量发

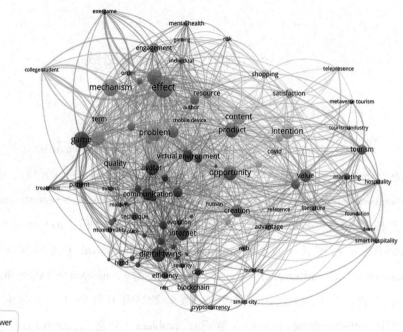

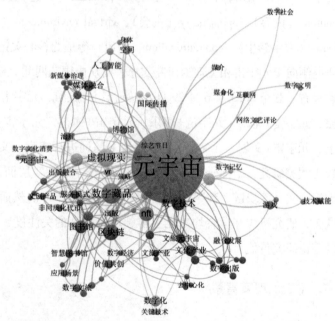

图1 元宇宙研究关键词共现分析

展的意见》等举措的推出，在国家层面呈现文旅产业数字化、智能化、创新化转型良好态势。同时，《广东省数字经济促进条例》《广东省"十四五"旅游业发展规划实施方案》《关于新时代广东高质量发展的若干意见》等文件的编制出台，吹响了广东省建设旅游业高质量发展示范省的号角，以更高标准打造数字文化引领地、文化创意新高地、文旅融合示范地成为广东人民的共识。为此，广州在具有良好的元宇宙产业基础，黄埔、南沙等区为元宇宙产业提供政策支持以及具有元宇宙技术赋能文旅产业发展的优秀案例前提下，响应建设旅游业高质量发展示范省，借助"文旅+元宇宙"形成文旅产业新业态和新消费方式，积极推动广州市文旅元宇宙场景产业发展势在必行。

（三）技术路线

立足上述研究背景，本文在广东省内外开展了一系列实地调查。其中，省内相关企业包括虚拟现实头部企业、虚拟现实研究机构、采用元宇宙辅助销售的传统知名企业以及相关元宇宙活动场景等；省外走访了杭州、重庆、西安、北京等地的典型产业园区、消费场景，如杭州图灵小镇，西安大唐芙蓉园、大唐不夜城，重庆南滨路文化产业园，浙江元宇宙产业基地等或参与元宇宙相关展会。

本文还设置相关问卷，在全国范围内对元宇宙产品或技术供给者、元宇宙产品的消费者开展调查。其中，对元宇宙产品或技术供给者的调查是通过线上问卷精准投放的方式进行的，调研省份主要选取的是元宇宙技术在国内发展较为靠前的省份，如北京、上海、广东、山东、江苏、浙江等，最终共回收问卷340份，其中有效问卷304份，回收问卷的有效率达89.41%。对元宇宙产品的消费者的调查时间是2022年11月30日至2023年3月2日，采用问卷星平台和朋友圈分享两种发放问卷的方式，共收集问卷2380份，其中有效问卷2380份，无效问卷0份。课题组对问卷进行了相应的设置，无效问卷会被自动退回，无法提交。

二 文旅元宇宙消费者体验和技术实践

（一）文旅元宇宙消费者的体验分析

1. 调研情况

在 2380 份消费者调研问卷的区域来源统计中，有 9 份来自国外，主要涉及韩国、美国、澳大利亚、马来西亚、新加坡等国家。有 2371 份来自中国境内，其中江苏省数量最多，达到了 550 份，占消费者问卷的 23.11%，其次为广东省（21.26%）、广西壮族自治区（9.45%）、河南省（7.44%）、浙江省（6.64%）、山东省（5.96%）等。总的来说，调研对象覆盖范围较广，基本涉及全国，问卷具有较强的代表性。

2. 调研结果及分析

（1）文旅元宇宙消费者基本画像

以年轻群体为主。其中，18~25 岁的占比最大，为 52.69%；26~34 岁的占比为 17.44%；35~44 岁的占比为 11.47%；45~54 岁的占比为 10.04%；18 岁以下、55 岁及以上占比较小，分别为 2.27% 和 6.09%（见图 2）。Z 世代已经崛起成为文旅消费新群体，受教育程度普遍较高。超过 70% 的受访者受教育程度为本科及以上，其中本科占比为 52.98%，硕士及以上占比为 18.24%，而大专占比为 18.32%，高中及以下为 10.46%（见图 3）。调研对象在职业上以学生和企业员工为主。其中，学生、企业员工、行政及事业单位员工占比较大，分别为 45.71%、19.12%、14.83%，而个体经营户、自由职业或自主创业者、离退休人员、其他等占比较小，分别为 8.40%、8.11%、1.01% 和 2.82%（见图 4）。调研对象文旅元宇宙消费频率以 1 年多次为主，占比是 32.65%，显示出文旅元宇宙具有一定的客群基础，但文旅元宇宙消费水平不高，近九成的调研对象文旅元宇宙消费水平在 10000 元及以下，其中 2000 元及以下的占比为 42.77%（见图 5）。

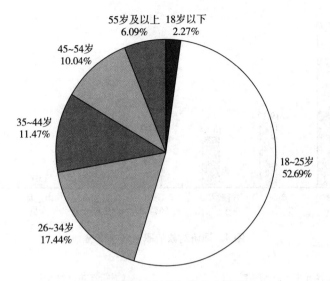

图 2　调研对象的年龄分布情况

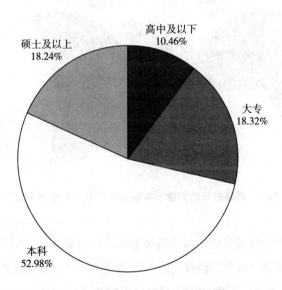

图 3　调研对象的受教育程度分布情况

（2）文旅元宇宙消费者偏好和意愿分析

第一，历史文化类和主题乐园类的文旅元宇宙产品比较受欢迎。其中，44.59%的文旅元宇宙消费者有过历史文化类的文旅元宇宙产品体验；45.93%的

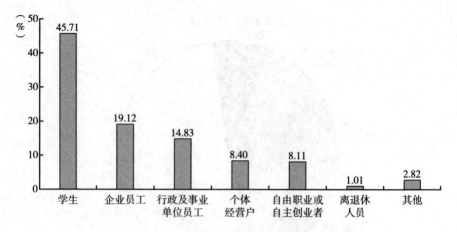

图 4　调研对象的职业分布情况

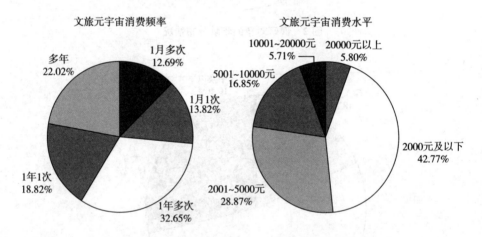

图 5　调研对象的文旅元宇宙消费频率及消费水平情况

文旅元宇宙消费者有过主题乐园类的文旅元宇宙产品体验。第二，偏好跨时空体验和沉浸式的感官体验。调查发现，53.28%的文旅元宇宙消费者认为体验难以抵达的地方，如喜马拉雅山、火星等，是文旅元宇宙的吸引点；52.69%的文旅元宇宙消费者认为跨越时间维度的体验是文旅元宇宙的吸引点（见图6）。第三，关注体验的临场感、互动性和场景丰富度。文旅元宇宙消费者关注文旅新场景的临场感和互动性的占比分别为68.19%和63.99%；场景丰富度占比为57.18%（见图7）。第四，文旅元宇宙消费者更期望通过文旅元宇宙消费获得沉浸感和社交。66.64%的文旅元宇宙消费者希望元宇宙在沉浸感方面进行拓展，想要获得更加真实和丰富的体验与环境；52.48%的文旅元宇宙消费者希望元宇宙在社交方面进行拓展，即可以结识不同的朋友、发展多样的关系（见图8）。

第五，文旅元宇宙消费者的体验意愿较高、对价格的敏感度较高。调查显示，17%的文旅元宇宙消费者表示十分愿意体验文旅元宇宙产品，35%的文旅元宇宙消费者愿意体验文旅元宇宙产品，分别仅有11%和13%的文旅元宇宙消费者表示非常不愿意和不太愿意体验文旅元宇宙产品。在价格敏感度上，72%的文旅元宇宙消费者对文旅元宇宙产品的可接受价格在500元及以下，仅有5%的文旅元宇宙消费者愿意消费2000元以上的文旅元宇宙产品（见图9）。

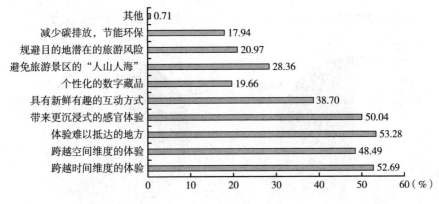

图6　文旅元宇宙的吸引点

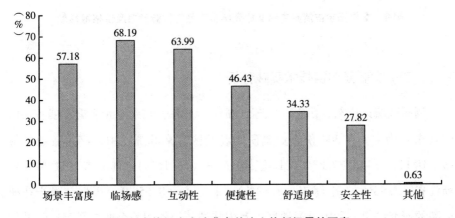

图7　文旅元宇宙消费者关注文旅新场景的要素

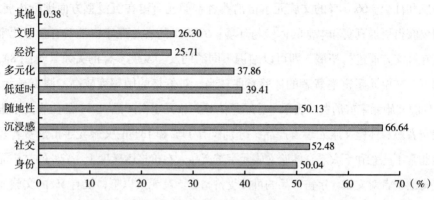

图8　文旅元宇宙消费者希望元宇宙拓展的方面

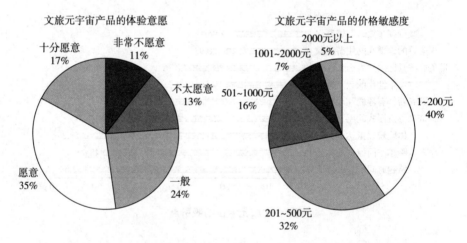

图9　文旅元宇宙消费者对文旅元宇宙产品的体验意愿及价格敏感度

（二）文旅元宇宙技术实践分析

调研区域以广东、山东、江苏、浙江、上海、北京等元宇宙发展较快的省（市）为主。在304份企业调研问卷的区域来源统计中，广东省数量最多，达115份，占37.83%，其次为山东省（13.16%）、江苏省（11.51%）、浙江省（8.88%）、上海市（8.88%）、北京市（8.55%）。根据前瞻产业研究院的研究结果，我国沿海地区以及内陆的四川省相关企业在元宇宙领域发展时间相对较早，元宇宙相关行业企业注册地整体呈现从东南沿海地区向中部内陆地区扩散的态势，东南沿海地区是我国元宇宙产业集聚发展的重点区域，这与问卷统计数据呈现的结果高度一致。

（1）受访企业基本特征

一是成立时间较长，但从事元宇宙技术开发的年限较短。在所调研的304家企业中，成立时间大多在6年以上，占比在八成左右（79.93%），其中成立6~10年的占32.89%、成立10年以上的占47.04%。二是企业从事元宇宙技术开发的年限较短，集中在1~4年，占65.79%。公司人员规模集中在100人以上，年营业收入集中在2001万~1亿元。在所调研的304家企业中，公司规模均较大，人员规模在101~300人的有137家，占45.07%，人员规模在301人及以上的有101家，占33.22%。三是年营业收入方面，约55.59%的公司在2001万~1亿元，其中5001万~1亿元的企业数量最多，占比达到31.25%，1亿元以上和301万~2000万元的企业占比相当，各为20%左右，300万元及以下的企业数量最少。高营业收入体现了元宇宙产业良好的市场前景和巨大的发展空间，越来越多实体企业入局元宇宙产业，多家上市公司通过投资等方式加码布局元宇宙产业。

（2）技术应用及实现程度特征

首先，支撑技术呈现六大技术并举的特色。统计结果表明，在六种基础的元宇宙相关支撑技术中，受访企业应用最多的是网络及运算技术，占比为78.3%；紧随其后的是人工智能技术，占比为70.4%；有199家受访企业选择了应用区块链技术，有159家受访企业选择了应用交互技术，分别占65.5%和52.3%；选择最少的为电子游戏技术，占比为34.5%（见图10）。其次，元宇宙技术研究涉及的层面主要有五类，分别为硬件、软件、内容、应用和服务。其中，受访企业对"软件"层面的选择度最高，占比为91.1%，主要包括信息处理和系统平台，其也是国内相关公司近年来着力突破的层面；随后是"应用"层面，共有257家受访企业选择此项，占84.5%，主要包含消费端应用、行业应用端以及政府端应用；有64.1%的受访企业认为"服务"是涉及的主要层面（见图11）。再次，调查统计表明，元宇宙技术的应用场景主要有娱乐场景、文旅场景、教育场景、工业场景、健康场景、办公场景、生活场景和其他。元宇宙技术在办公场景的应用最多，占比为 70.7%；随后是娱乐场景，占比为 56.6%；然后是文旅场景，占比为 55.6%（见图 12）。最后，元宇宙技术为企业提供了一些帮助。受访企业选择利用元宇宙技术获取了更多可利用的资源的占比最大，为92.10%，而 87.50%的受访企业对元宇宙技术的使用提升了企业服务水平也持较高的支持度。此外，元宇宙技术提升了企业营销能力以及改善了企业组织结构也是重要选项（见图 13）。

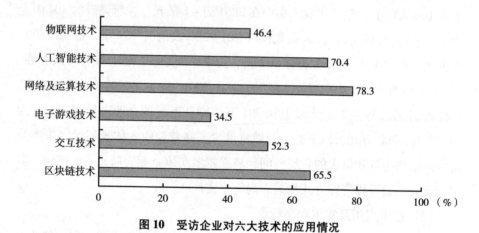

图 10　受访企业对六大技术的应用情况

图 11　受访企业元宇宙技术研究涉及的层面

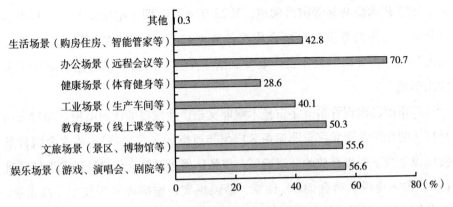

图 12　元宇宙技术的应用场景

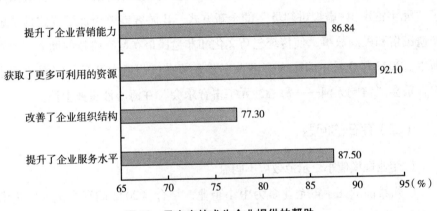

图 13　元宇宙技术为企业提供的帮助

三　广州文旅元宇宙的发展现状及存在的问题

（一）发展现状

2022 年 3 月，广州市成立元宇宙创新联盟，当年 4 月，黄埔区、开发区出台了粤港澳大湾区首个元宇宙创新发展扶持政策《广州市黄埔区　广州开发区促进元宇宙创新发展办法》，扶持范围涵盖技术创新、应用示范、知识产权保护、人才引流等十个方面，重点培育工业元宇宙、数字虚拟人、数字艺术品交易等前沿领域。2022年6月，国务院印发了《广州南沙深化面向世界的粤港澳全面合作总体方案》，从技术攻关支持、创新平台资助等九个方面对其元宇宙产业发展给予全方位支持，以加速实现元宇宙应用落地。

广州市已出现许多元宇宙技术赋能文旅产业发展的优秀案例。2022年6月打造的全国首个元宇宙非遗街区广州非遗街区（北京路），成为全国首条实现线上线下同步开放的非遗街区。该街区通过对具有代表性的非遗精品进行3D数字建模，结合5G云计算、增强现实、虚拟现实等技术，高精度、全方位地展示了产品细节，呈现了广府特色非遗集市，带领大众领略非遗工艺的精妙。2022年7月，广州元宇宙数字乞巧文化博物馆亮相，首次采用了"元宇宙展馆+虚拟讲解员"的全新方式，让游客能够更加沉浸式地了解非遗民俗和民间故事，使传统乞巧文化和非遗民俗在数字科技的助力下焕发新生。2023年3月，湾区元宇宙数字艺术节在广州盛大开幕，沉浸式元宇宙音乐会"宙响天河——海心沙元宇宙音乐会"在海心沙震撼上演。

（二）存在的问题

1. 企业规模偏小，示范效应不明显

广州目前的元宇宙企业多为中小企业，结合《2022胡润中国元宇宙潜力企业榜》，广州上榜的企业仅有元宇宙生态应用端的三七互娱一家，缺乏行业龙头企业。相较于北京、上海、深圳和杭州，广州在数字产业的先发优势还不够突出，缺少像腾讯、字节跳动等互联网巨头企业，中小元宇宙企业资金少、规模小、利润薄、抗风险能力低，广州元宇宙头部企业的带动和示范效应不明显。

2. 内容生产不足，产品同质化严重

元宇宙仍处于发展初期，内容生态存在底层协议不明晰、平台壁垒较多等问题，内容生产能力不强。目前，在文旅应用场景方面，广州元宇宙企业预想的一些模块和功能仍需时间打磨，尽管场景主题有所不同，但设备的基本技术应用和呈现方式大同小异，产品同质化。调研发现，个别运营良好的

企业更倾向于保持原有业务，抗风险能力偏弱，不愿意开拓新赛道。一些企业能提供虚拟现实产品定制服务，但由于推广难度大、收入难以覆盖成本、创新性内容生产不足，颠覆性产品有限。

3. 政企沟通不畅，政策扶持应跟进

调研发现，企业与政府沟通较少，存在企业用地难、管理部门认知不足的情况。目前，广州元宇宙企业和政府之间存在信息壁垒，主体之间缺乏协调、联动，政企沟通机制需优化。涉企政策信息主要由政府部门自上而下传达，缺乏政企间协商互动，科技型中小企业的政策建议往往得不到有效回馈。同时，政府在元宇宙技术赋能的宣传、引导顾客消费等方面有待提升。

4. 现象级产品匮乏，广州文旅元宇宙需"出圈"

面对文旅元宇宙新赛道，国内一些重要旅游城市的文旅元宇宙应用场景和产品已成功"出圈"。例如，张家界成为全国首家成立"元宇宙研究中心"的景区、西安大唐不夜城打造全球首个基于唐朝历史文化的元宇宙项目"大唐·开元"等；2022年元旦期间，青岛电视台跨年AR光影秀视频一经发布，观看人数超5000万人，转发量将近900万人次，被外交部发言人和央视等多家媒体转发，形成现象级传播和影响力。相比之下，广州尚缺乏现象级的文旅元宇宙应用场景和产品，与国内经济、文旅、创新和创意一线城市存在一定差距，在全国文旅元宇宙创新领域的引领力急需强化。

四 元宇宙技术赋能广州文旅产业高质量发展的建议

在国家大力推动文旅产业数字化转型，广东奋力建设更高水平的文化强省和旅游业高质量发展示范省的背景下，元宇宙成为广州市建设数字经济引领型城市和国际一流智慧城市的重要抓手，广州文旅行业谋划文旅元宇宙产业新赛道，以借此扩大广州文旅产品供给、拓展文旅产业发展空间和促进文旅产业提档升级。本文基于广州文旅元宇宙的发展现状，分析其存在的问题，着眼优质生产力培育导向的广州文旅产业高质量发展根本目标，提出元宇宙技术赋能广州文旅产业高质量发展的对策建议。

（一）优化顶层设计，抢占国内文旅元宇宙新赛道

一是制订广州元宇宙五年行动计划。首先，要在领导层面形成元宇宙产业是未来产业蓝海，更是摆脱广州土地、资源等要素约束，依托科技支撑发展的优质生产力所在的共识；其次，要着眼长远，研制元宇宙产业起步规划，积极开展元宇宙产业布局的社会化试验，如制订"元宇宙广州五年行动计划2024—2029"，打造"元宇宙广州"公共服务平台，并应用于经济、文化、旅游、教育和信访等城市公共业务领域，为广州文旅元宇宙发展奠定宏观基础。二是建设广州元宇宙文旅产业园。在整合现有元宇宙产业基地的基础上，建设广州元宇宙文旅产业园，构建数字化、沉浸式新型文化旅游综合体，搭建文旅元宇宙企业孵化器、创新创业学院、数字艺术实验室、专家工作站和文旅元宇宙产业基金等五大生态平台。番禺、南沙、黄埔等区已有一定产业基础或政策优势，建议将其作为建立元宇宙产业聚集区的优先选择。三是探索中国文旅元宇宙技术标准。围绕数字艺术品、数字人、数字空间、XR互动内容与装备等领域编制国标和行标，打造文旅元宇宙"广州标准"，推进文旅元宇宙标准化建设。

（二）加强人财物支持，构建广州文旅元宇宙新格局

一是培养跨学科专业人才。鼓励驻穗重点高校增设文旅元宇宙交叉学科，在土地、人才等方面给予政策支持，建立孵化园、产业基地和大师工作室等平台引育人才。二是提供金融财税支持。设立广州文旅元宇宙专项产业基金，通过国有资本的参与带动更多社会资本进入元宇宙产业领域，优化产业布局。从企业税收、个人所得税、定制化税收服务等方面探索适应广州文旅元宇宙新经济模式的税收支持。三是加强基础设施建设。加快实现景区、文化场馆、旅游度假区、历史风貌区、星级饭店等重点区域5G网络规模化建设。在南沙设立元宇宙渲染算力中心，助力广州市成为元宇宙算力国际中

心。四是畅通政企沟通渠道。在文旅领域建立针对元宇宙产业创新常态化的政企沟通机制，保障各项政策落到实处。

（三）创新消费场景，激发文旅消费市场新活力

显然，高质量发展是为了满足人们对美好生活向往的高端产品供给的发展。为此，一是优化现有文旅应用场景。依托头部企业动画、渲染、数字可视化等技术与项目优势，推出一批有代表性的广州文旅元宇宙作品，在全国形成示范和标杆；利用元宇宙技术升级广州旅游地图、数字导游系统和广州本地宝等应用工具，打造 3D 实景地图，实现沉浸式、穿越式导览功能。二是开发应用新场景。开发新故事、新内容，引领和创造新需求，从虚拟现实较为成熟的文化、观光、娱乐与游戏体验等领域，向探险、科考、体育、演唱会和虚拟试穿等领域拓展。三是创新文旅元宇宙推介活动。推动本地举办的广交会、广州文化产业交易会等重点展会进行线上云展厅拓展。打造广州元宇宙文旅应用设计大赛、产品设计大赛和文旅艺术节。

（四）深挖广州多元文化，树立一批场景项目标杆

一是强化内容生产。深挖广州广府文化、客家文化、潮汕文化和时尚文化等多元文化价值，投资一批内容制作商，鼓励与生成式人工智能（AIGC）相结合，协调优化内容制作者与技术平台的关系，开发优质文旅内容和创意。二是打造广州元宇宙文化 IP。基于广州岭南十三行、海上丝绸之路、醒狮、粤剧和喜洋洋等传统与现代元素，在元宇宙平台打造一批具有世界影响力的广府文化 IP，讲好广州故事。三是树立不同场景标杆项目。按照展会节事、非遗保护、文创产品、在线博物馆和文旅公共服务等类别打造元宇宙文旅产品新标杆。编制"元宇宙技术赋能广州文旅产业高质量发展实施方案"，试点打造广州 10 个重点"元宇宙+文旅"代表性应用场景项目和 100 个应用创新项目，集中力量打造 1~2 项广州现象级元宇宙文旅产品，全面提升广州文旅元宇宙应用水平和市场影响力。

（五）探索元宇宙营销，搭建一站式广州文旅推介平台

一是打造广州文旅数字代言人。加强对元宇宙环境下虚拟数字人的生成、驱动、交互、标注、场景穿越等关键技术的研究，基于广州的历史文化底蕴，结合 Z 世代年轻群体的审美，打造广州文旅产业宣传推广数字代言人。二是建设集成式广州文旅元宇宙推介平台。为中外游客认识广州和体验广州生活提供全天候、便捷、高效、低成本、高质量的数字窗口，与携程、猫途鹰等头部在线旅行商合作，构建广州元宇宙文旅营销预订一站式平台。三是发售广州文旅 NFT 数字藏品。聚焦红色文化、广府文化及岭南文化特质，鼓励广州的代表性景区、博物馆、文旅企业、艺术家授权头部平台提供创意研发，发售文旅 NFT 数字藏品，推动数字艺术品在文博场馆、景区、演艺场所和创意空间等场景的应用。

（六）完善安全保障措施，优化文旅元宇宙发展环境

一是预防资本无序炒作。政府应制定元宇宙文旅产业发展规则，通过制度明确投资的边界、红线和底线。二是防范意识形态与伦理道德风险。坚守意识形态的底线，在身份界定、行为约束和价值取向上建立文旅元宇宙道德规范与秩序规则管理体系。三是强化日常监管与服务。在平台垄断、数据安全、个人隐私、监管审查和税收征管等方面加强文旅元宇宙监督与服务，建立行业标准以及法律规范，保护投资者和消费者的权益。四是加强知识产权保护。加快数字文化权益保护关键技术突破，推动基于数字水印的版权保护和确权、侵权监测与追踪溯源、数字防伪编码等技术研究；及时发布数据产权、数据安全和数字资产确权等相关法律法规，建立文旅元宇宙知识产权保护体系和文旅元宇宙产业生态体系。

B.14
广州商贸产业链韧性评价及提升对策

林梨奎 徐印州 钱洁琪*

摘 要: 产业链韧性是产业应对外部冲击的动态能力,提升产业链韧性对广州商贸产业高质量发展以及建设国际商贸中心具有重要意义。本文从抵御能力、恢复能力和潜在动力3个维度选取10个基础指标,基于2006~2022年的数据,构建商贸产业链韧性综合指数,并采用主成分分析法(PCA)测度广州、上海、北京、深圳、南京和杭州六大国际商贸中心城市的商贸产业链韧性综合指数。研究发现,广州商贸产业链韧性综合指数总体上呈现提升趋势,2014年在全国城市商贸产业链韧性综合指数中位居第一,而后滑落至第三。在韧性细分指标中,广州的抵御能力、恢复能力表现良好,但潜在动力不足。本文将模型分析结果和广州经济发展的实际情况相结合,给出补链、拓链和强链等提升广州商贸产业链韧性的对策建议。

关键词: 产业链韧性 主成分分析法 国际商贸中心 广州

一 引言

纵观百年未有之大变局下的世界经济,大国博弈关系的不稳定性、地缘政治紧张、贸易主义抬头、关键技术仍受制于人等因素影响我国产业链的健康运转,提升产业链韧性是不可回避的任务,而且任重道远。面对"稳经

---

* 林梨奎,广东金融学院讲师,经济学博士,研究方向为金融与经济发展;徐印州,广东财经大学教授,研究方向为商贸经济与商贸产业;钱洁琪,广东金融学院,研究方向为金融与经济发展。

济"和"高质量发展"的挑战，我国高度重视增强产业链韧性、提升产业链水平，为在国际竞争中形成具有更强创新力、更高附加值的产业链而不懈努力。习近平总书记在二十大报告中，将提高产业链韧性上升到维护国家产业安全的战略高度，明确提出要"着力提升产业链供应链韧性和安全水平"。习近平总书记的指示对推动高质量发展，加快建设现代化经济体系具有极其重要的意义。

广州有 2200 多年的建城历史，素来享有"千年商都"的美誉。广州建设国际商贸中心既是历史基因的延续，也是主动肩负"国家使命"和顺应全球化发展趋势的必然选择。广州作为全国唯一从未关闭过的对外通商口岸，自古是商贾集聚之地，有着浓厚的商业文化底蕴，是岭南久负盛名的商都，广州的城市发展史俨然就是一部商贸发展史。广州经过 40 多年的改革开放，产业逐步升级、经济快速发展，在全国乃至全球产业链供应链中的地位持续攀升，核心竞争力不断增强。2023 年，广州克服多重困难，实现全市社会消费品零售总额 11012.62 亿元，同比增长 6.7%，实属难能可贵。"千年商都"广州因商而立、因贸而兴、因通达五洲四海而辉煌，其独具一格的城市形象早已尽人皆知、闻名世界。广州建设国际商贸中心是国家中心城市建设的应有之义，具有优势的商贸业在过去、现在和未来都是广州成为实至名归的国家中心城市和国际化大都市必然倚重的主导产业。但是，在新冠疫情冲击以及国际政治经济剧烈变动的情势之下，人们的思维方式、生活习惯以及消费模式不可避免地发生变化，对外开放受到干扰，市场行情瞬息万变，商贸产业安全和发展形势严峻，急需对商贸产业链韧性进行深入思考。对标名副其实的国际商贸中心，广州的商贸产业链韧性究竟如何，与北京、上海、深圳等商贸业发达的城市相比又如何？如何进一步提升广州商贸产业链韧性？这一系列关乎产业链韧性的问题都值得深入研究。

本文从产业链韧性的概念与内涵出发，结合广州商贸产业链的实际情况，运用主成分分析法对广州商贸产业链韧性进行测度分析，与其他城市商贸产业链韧性做比较，并给出提升广州商贸产业链韧性的对策建议。

二　产业链韧性的概念与评价方法

"韧性"（Resilience）一词来源于拉丁语中的"resilio"，意为回到原始状态。加拿大生态学家首次将韧性引入系统生态学领域，表示生态系统在受到冲击之后吸收伤害、恢复平衡状态的能力。① 随着学术界对韧性研究的不断深化，这一概念逐渐被应用于物理学、心理学、经济学等不同学科领域。关于韧性的经济学研究主要集中在宏观经济、城市发展和区域经济等细分领域，衍生出"经济韧性""产业链韧性""城市韧性"等概念。② 随着韧性这一概念的进一步拓展，国内外学者逐渐将其引入产业经济学这一领域，"产业链韧性"概念随之产生并受到广泛关注。韧性城市是城市可持续发展的新模式，即一个城市在各种风险和灾害冲击下所具备的抵御风险、减轻损失并且能够合理地调配资源以从破坏中快速恢复、重建和发展的能力。

国内外学者大多数采用构建综合评价指标体系的方法来测度产业链韧性，产业链的抵御能力和恢复能力通常成为评价指标体系必不可少的指标，更有学者认为产业链可以在应对冲击过程中抓住发展机遇对产业进行更新和转型升级，因而在抵御能力和恢复能力的基础上加入产业链引领能力、可持续能力③、再组织能力和更新能力④等指标，以增强评价指标体系的准确性。也有学者参考韧性在物理学中的定义，将产业韧性划分为断裂韧性和冲击韧性，并采用主成分分析法来确定各指标权重，以构建我国高技术产业韧性水平综合评价指标体系。⑤

---

① C. S. Holling, "Resilience and Stability of Ecological Systems," *Annual Review of Ecology and Systematics* 1 (1973)：1–23.

② L. Brown, R. T. Greenbaum, "The Role of Industrial Diversity in Economic Resilience：An Empirical Examination across 35 Years," *Urban Studies* 6 (2017)：1347–1366.

③ 谷城、张树山：《数字经济发展与产业链韧性提升》，《商业研究》2023 年第 5 期。

④ 王泽宇等：《中国沿海省份海洋船舶产业链韧性测度及其影响因素》，《经济地理》2022 年第 7 期。

⑤ 刘莉君、冉宇圆：《技术创新显著提升高技术产业韧性吗？——基于产业升级和产业集聚视角》，《中南林业科技大学学报》（社会科学版）2023 年第 4 期。

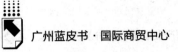

产业链韧性对于一个国家、地区或产业的可持续发展至关重要。它有助于减少生产中断的风险，提高产业链的效率和稳定性，同时增强企业竞争力和抵御外部冲击的能力。产业链韧性的影响因素包括内在因素和政策因素。内在因素是产业内部实行技术创新，推动数字经济驱动产业链韧性提升；政策因素在于国家政策对产业链韧性的提升具有重要的导向作用，如知识产权示范城市政策对产业链韧性的提升存在积极效应、自贸试验区的设立能够增强产业链韧性等。从广州国际商贸中心建设全局着眼，广州需要一个衡量商贸产业链韧性的综合指数，以更好地理解商贸产业链的结构和性能，并与其他先进城市进行综合评估和比较，从而及时调整发展策略和制定应对措施，全方位增强广州商贸产业链韧性。

三　广州国际商贸中心商贸产业链韧性综合指数的构建

在以往的研究中，许多学者通常使用赫芬达尔—赫希曼指数来衡量产业链的产业集中度，以评估产业链的韧性。然而，单一指标往往难以全面反映问题的复杂性。相比之下，选择不同层面的基础指标，使用加权法构建的综合指数能够更全面地涵盖信息，从而更具综合性和客观性。综合指标权重确定的方法主要有三种：层次分析法、评分系统法、主成分分析法。层次分析法将复杂问题分解为多个层次，通过分析不同因素的相对重要性来确定其权重，适用于多准则决策问题。然而，层次分析法依赖专家判断，因此主观性会相对较强。评分系统法通常基于预定的评分标准及专家意见，对各个指标进行评分，并根据评分结果确定权重，虽然相对直观，但评分标准的合理性和一致性可能会受到质疑。相比而言，主成分分析法是一种数据降维技术，通过提取主要成分来确定指标的权重。这种方法能够提供较为客观的权重分配，并在保留大部分原始信息的同时减少指标数量，从而简化分析过程。本文在国内外已有研究的基础上，采用主成分分析法构建商贸产业链韧性综合指数，并与其他商贸业发达的城市，如北京、上海、深圳等对比，对广州商贸产业链韧性做出客观的评价，提供更为全面的分析结果。

本文基于科学性、系统性和可操作性，从抵御能力、恢复能力和潜在动力等3个维度选取10个基础指标，构建广州、上海、北京、深圳、南京、杭州等6个城市的商贸产业链韧性综合指数。商贸产业链韧性综合指数具体如表1所示。

抵御能力（RES），主要包括城市货运交通配套（FTT）、城市客运交通配套（PTT）、城乡融合度（URD）和城市消费能力（UCC）。

恢复能力（REC），主要包括商贸业增加值增速（TRG）、商贸业固定资产投资额增速（TIA）和社会消费品零售总额增速（RTR）。

潜在动力（POT），主要包括城市创新投入（UCI）、互联网基础设施配套（IIT）和金融支持水平（FSL）。

表1 商贸产业链韧性综合指数

维度	基础指标	变量符号
抵御能力（RES）	城市货运交通配套	FTT
	城市客运交通配套	PTT
	城乡融合度	URD
	城市消费能力	UCC
恢复能力（REC）	商贸业增加值增速	TRG
	商贸业固定资产投资额增速	TIA
	社会消费品零售总额增速	RTR
潜在动力（POT）	城市创新投入	UCI
	互联网基础设施配套	IIT
	金融支持水平	FSL

本文数据来源于各城市统计年鉴，部分数据缺失时，通过手动获取整理各市各年的国民经济和社会发展统计公告数据，对于仍无法获取的个别缺失数据则通过多年平均增长率插值填充。由于收集的数据统计口径单位不一致，因此在对数据进行主成分分析时，首先对具有不同量纲大小的原始数据进行归一化处理，公式如下：

$$Z\_X_i = \frac{\{X_{ij} - \min(Z\_X_i)\}}{\{\max(Z\_X_i) - \min(Z\_X_i)\}}$$

其中, Z_X_i 为原始数据经归一化处理后的值。

第一，商贸产业链韧性的抵御能力是指产业链在面临外界风险或冲击时，依然能够正常进行运转的能力。基础设施配套和经济实力无疑是商贸产业链韧性抵御能力的基础支撑，如城市货运交通配套、城市客运交通配套、城乡融合度和城市消费能力。本文的城市货运交通配套用广州市货运总量来衡量，城市客运交通配套用广州市客运总量来衡量。货运量和客运量等统计数据，在一定程度上可以反映一座城市商贸产业的发展程度。货运量和客运量的增加可以提高物流运输的效率和灵活性、加强商贸产业链与市场之间的联系和交流、促进不同产业之间的协同发展，在面对突发事件或市场波动时，可以更好地抵御产业链断裂的风险，维持商贸业的平稳运行。城乡融合度用城市人均可支配收入和农村可支配收入之比来衡量。这一指标反映城乡收入的差距，从而间接反映城乡经济发展的均衡性和判断商贸产业是否单一地依赖城市市场。因此，城乡融合度的提高对商贸产业链的提升产生正向影响。城市消费能力的提高，促使商贸产业链不断创新升级和市场规模不断扩大，进而带动商贸产业链上下游环节的协同发展，从而增强自身抵御市场波动和风险的能力，增强商贸产业链韧性。

第二，商贸产业链韧性的恢复能力是指产业链在遭遇外部冲击时，快速恢复正常运营的能力。产业自身实力的增强、营商环境的优化都能够增强恢复能力。在恢复能力基础指标中，商贸业增加值增速和社会消费品零售总额增速反映了商贸产业自身的发展程度。商贸业增加值增速的提高以及社会消费品零售总额增速的提高，意味着商贸市场的活力增强，商贸产业链在面临冲击或挑战时，可以更快地适应市场变化，恢复韧性并寻找新的发展方向。商贸业固定资产投资额增速在一定程度上可以反映外界经济环境对商贸产业的支持力度。商贸业固定资产投资额的增加通常意味着更多的资金用于建设和改善供应链的基础设施与物流系统，可以更好地支持商贸产业链的运作。社会消费品零售总额增速的提高代表着市场需求的增多，较高的消费增速可以带动商贸产业链的恢复和发展，增加商贸产业链的收入和利润，提高韧性。

第三，商贸产业链韧性的潜在动力是指产业链能够主动适应变化和创新，以保持竞争力并应对不断出现的新挑战。在潜在动力基础指标中，城市创新投入和互联网基础设施配套反映了城市潜在创新水平，金融支持水平可以衡量产业链未来发展潜力。城市创新投入采用研发支出占全市 GDP 比重来衡量。研发支出占比的增加意味着该城市的研究和创新活动处于活跃状态。城市创新投入的增加推动商贸业从传统的低附加值环节向高附加值环节攀升，促进商贸产业链创新和升级迭代，以更好地适应市场需求变化，增强其竞争力和韧性。互联网基础设施配套用互联网宽带新增接入用户数来衡量。互联网宽带新增接入用户数的增加，往往意味着商贸业主体可以更有效地利用互联网的便利和广泛覆盖，推动商贸产业链实现数字化转型，扩大市场边界，挖掘更多的潜在消费者群体。金融支持水平用金融机构贷款余额来衡量。金融机构贷款余额的增加可以为商贸产业链的企业提供更多的资金支持，促进商贸业的发展和扩张。

四　广州国际商贸中心商贸产业链韧性评价与比较

（一）广州国际商贸中心商贸产业链韧性评价结果与分析

由商贸产业链韧性综合指数公式计算得到 2006～2022 年广州商贸产业链韧性的结果，如图 1 所示。广州商贸产业链韧性综合指数整体处于上升趋势；从波动情况看，2006～2014 年广州商贸产业链韧性综合指数一直处于快速提升的阶段，而 2015 年出现滑落，2016～2017 年缓慢回升，在随后的 2018～2019 年再次出现下滑后呈现稳定提升的态势。2006～2022 年广州商贸产业链韧性综合指数虽有不少波动但总体上呈现上升趋势，这与中国宏观经济环境的发展相吻合，体现了广州对商贸产业的重视，说明了这些年广州建设国际商贸中心成效卓著。

2006～2014 年，广州商贸产业链韧性综合指数扶摇直上，正值中国经济快速蓬勃发展，加上中国于 2001 年加入世界贸易组织，商贸市场迎来一片繁荣。这期间，广州紧随时代洪流，通过更为密切的港澳两地的交流和举办广交会等重要贸易活动积极拓展国际贸易合作、加强与世界各地的商贸伙伴

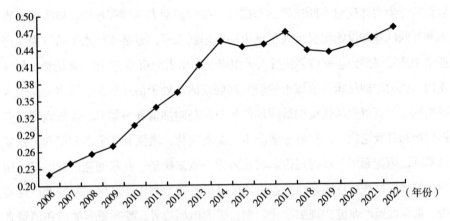

图1 2006~2022年广州商贸产业链韧性综合指数得分

资料来源：作者计算得到。

关系，以促进贸易往来和增加合作机会，极大地推动了商贸产业的发展，增强了产业链的韧性。2008年，广州商贸产业链韧性综合指数的增速出现轻微的下降，是因为2008年爆发的全球金融危机和随之而来的贸易保护主义倾向对国际经济产生严重影响，重创了全球商贸业，广州概莫能外。但随后，中国政府及时采取恰当措施有效应对，抵御了不利因素，迅速促进经济重回高速发展的轨道。

2015~2016年，广州商贸产业链韧性综合指数出现了短暂的下降，并在2015年跌入谷底。这主要是因为2015年中国股市的波动和下跌，上证指数和深证成指在短时间内分别下跌了30%以上。这一事件对中国股市和全球金融市场产生了一定的冲击，影响了城市的消费能力，使商贸企业的融资变得更加困难，打乱了企业的发展计划，限制了企业的扩张，从而导致了广州商贸产业链韧性综合指数出现下滑。

2017年，广州商贸业乘上电子商务蓬勃发展的东风，商贸企业积极拥抱互联网和电子商务，开展线上销售，拓展了新的市场渠道，商贸产业迎来新一轮变革。广州市加大对创新创业的支持力度，推出了一系列政策措施，为广州商贸产业链的创新发展提供了良好的环境。2018~2019年，广州商贸产业链韧性综合指数再次出现下滑，直接原因是市场遭遇了中美贸易摩擦和新冠疫情的严重冲击。

2020~2022 年，广州商贸产业链韧性综合指数稳定提升。2021 年广州商贸业取得历史性突破，社会消费品零售总额和商品进出口总额突破 1 万亿元，成为国内第三个达到这一指标的城市。这表明广州商贸产业规模实现质的飞跃，国际商贸中心建设跃上新台阶。

（二）广州国际商贸中心商贸产业链韧性与其他城市的比较

根据 2006~2022 年国内主要贸易城市商贸产业链韧性综合指数得分曲线，南京和杭州的商贸产业链韧性综合指数的历年得分较为接近，上海、北京和广州的商贸产业链韧性综合指数得分在国内稳居前三位。2006~2022 年，深圳商贸产业链韧性综合指数得分从最末位奋起直追至能够与南京、杭州相比肩，可见未来深圳商贸业发展大有可为。2014~2015 年，上海商贸产业链韧性综合指数得分相继超越北京和广州，2015 年以来始终保持守擂之势，是国内产业链韧性最强的商贸中心。2006~2014 年，广州商贸产业链韧性综合指数从第三位跃升至首位，而后相继跌落第二位、第三位，同一时期北京分别排第三位、第二位（见图 2）。

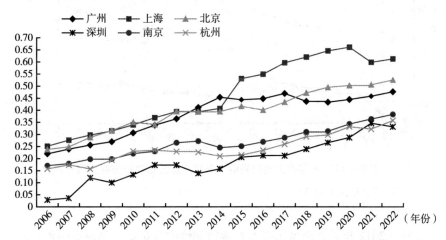

图 2　2006~2022 年国内主要贸易城市商贸产业链韧性综合指数得分

资料来源：作者计算得到。

综观广州商贸产业链韧性综合指数得分排序，2013~2014年广州商贸产业链韧性综合指数得分整体上表现良好（居第一位），自2018年起广州商贸产业链韧性综合指数得分排名则有所下降，逐渐与北京、上海的商贸产业链韧性综合指数得分拉开距离。

（三）广州国际商贸中心商贸产业链韧性细分指标的比较分析

1. 抵御能力

通过计算得出2006~2022年广州、上海、北京、深圳、南京、杭州六个国际商贸中心城市的商贸产业链韧性抵御能力因子得分，具体如图3所示。曲线越高，表示该城市商贸产业链韧性的抵御能力越高。其中，深圳商贸产业链韧性的抵御能力是最弱的，这与深圳经济特区的发展时间有关，也就是因为商贸产业的基础比较薄弱。北京、南京和杭州的抵御能力总体特征比较相似，都呈现提升的状态。上海、广州的抵御能力是最强的，这与这些城市长期重视商贸产业形成的强大的商贸产业基础密切相关。

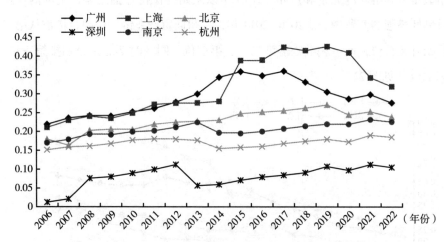

图3　2006~2022年国内主要贸易城市商贸产业链韧性抵御能力因子得分

资料来源：作者计算得到。

2006~2012年，六个城市商贸产业链韧性的抵御能力呈现不同程度的提升，这与中国经济飞速发展的宏观环境相吻合。广州商贸产业链韧性的抵御能力自 2006 年起一路提升，2016 年出现滑落，主要原因可能是中国股市波动削弱了人们对市场前景的信心，贸易量减少，广州客运量出现大幅度下降。2020 年，六个城市商贸产业链韧性的抵御能力均出现下滑，这明显是因为新冠疫情等突发因素抑制了居民消费的增加。

2. 恢复能力

图 4 显示 2006~2022 年上述六个城市商贸产业链韧性恢复能力因子得分的变化。从中发现，六个城市商贸产业链韧性恢复能力指数的重合度非常高，其中深圳、杭州、北京的波动非常明显。相较之下，广州商贸产业链韧性的恢复能力指数的折线比较平滑。恢复能力由商贸业增加值增速、商贸业固定资产投资额增速和社会消费零售总额增速构成，折线波动越小，说明这座城市每年都能以一定的资金建设商贸产业链并取得回报。固定资产的投资与城市发展目标息息相关，北京是国家政治中心，上海是国际金融中心，深圳重视建设国际创新中心，杭州为建成全球知名电子商务中心而努力，具有传统优势商贸产业的广州，高度重视商贸产业链的建设，着力提升商贸产业链韧性，脚踏实地地朝着建设全球知名的国际商贸中心的发展目标迈进。

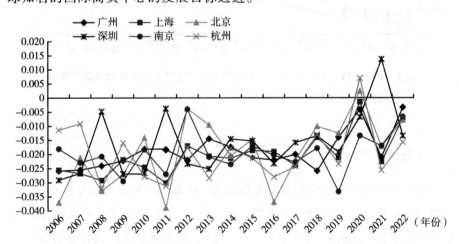

图 4　2006~2022 年国内主要贸易城市商贸产业链韧性恢复能力因子得分

资料来源：作者计算得到。

3. 潜在动力

图5显示2006~2022年六个城市商贸产业链韧性潜在动力因子得分的变化。由此可知，六个城市商贸产业链韧性的潜在动力指数的发展趋势基本一致，整体呈提高趋势。这说明各个城市都意识到商贸产业链韧性的增强需要产业转型升级，需要从低附加值产业向高附加值产业不断优化。北京和上海两座城市商贸产业链韧性的潜在动力因子得分分别位居第一、第二，深圳基本上位居第三，说明深圳作为国际创新城市，非常注重科技与研发等方面潜在动力的培养。广州商贸产业链韧性在潜在动力因子得分的排名靠后，除了2011~2014年超越深圳排在第三位，其他年份都排在后三位。

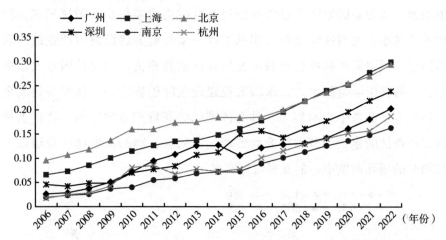

图5　2006~2022年国内主要贸易城市商贸产业链韧性潜在动力因子得分

资料来源：作者计算得到。

（四）小结

商贸产业链韧性综合指数由抵御能力、恢复能力和潜在动力构成。广州商贸产业链韧性综合指数历年来基本位居前三。细分指标中，广州商贸产业链韧性的抵御能力在排名上表现良好，但呈现下降趋势；恢复能力处于中等，总体趋势比较稳定；潜在动力呈上升趋势，但排名较为靠后。抵御能力是商贸产业链韧性的基础，恢复能力是商贸产业链韧性遭遇破坏后能够迅速恢复的保障，潜在动力是商贸产业链韧性价值创造和增值的关键。广州的商贸流通业延续了几千年，有着较为完整的产业链。由商贸产业链韧性综合指数的计算公式可知，抵御能力的权重较大，这也是广州商贸产业链韧性综合指数表现良好的主要原因，而短板是潜在动力。在当今变幻莫测的大背景下，广州要想加快建设国际商贸中心，赓续"千年商都"的金字招牌，需要对提升商贸产业链韧性进行认真思考，努力补齐潜在动力这一短板。

五 提升广州国际商贸中心商贸产业链韧性的对策建议

提升广州商贸产业链韧性不能脱离时代环境，不能脱离广州商贸产业发展的现实情况。本文根据建立的商贸产业链韧性评价模型的分析结果和新时代广州高质量发展实际，充分预判未来一段时期商贸产业发展的外部风险和内部矛盾，从增强广州商贸产业链抵御能力、恢复能力和潜在动力的目的出发，按照补链、拓链、强链的基本思路，提出一系列对策建议，以期提升广州商贸产业链韧性，推动广州商贸业高质量发展。

（一）供需两端发力补链，增强商贸产业链抵御能力

从供给侧和需求侧两端协同发力补链，将广州商贸产业链深度嵌入国内国际双循环发展格局。

1. 供给侧补链——深化商贸业供给侧结构性改革

需要制定和完善更加统一、规范的行业标准与交易监管机制，打造"标准化"的商贸交易市场，推崇契约精神，保护知识产权，减少交易过程中断链的风险，向广州建设国际贸易中心的目标有序推进。要高度重视产品升级换代，积极引导企业围绕新消费需求，及时调整经营策略和发展方式，开发和创新产品。强有力地维护和不断提高产品质量，以高质量供给创造和引领需求，对提高商贸产业链韧性至关重要。补齐商贸产业的公共基础设施和服务设施短板，进一步强化特色产业和特色产品优势，做到"广聚天下客、

广卖天下货、广货卖天下",巩固广州商贸产业链的领先地位。

2. 需求侧补链——需求侧管理要激发消费市场活力

坚持扩大内需,有效刺激和扩大消费。广州要着力提高旅游消费便捷程度和跨境贸易便利化水平,增强人们的消费信心,有效激发需求潜力,充分发挥需求对供给的牵引作用。强化交通物流、健全城市配送系统、提高城市配送效率是网络时代促进消费的重要课题,因其涉及现代化大都市建设与交通管理,广州需要创新推出更佳方案。高质量打造"一带两区一轴"世界级消费功能核心承载区,构建"5+2+4"国际知名商圈体系,优化"一江两岸"美食长廊,让广州成为名副其实的国际消费中心、享誉全球的购物美食天堂。

(二)多层次纵横拓链,提升商贸产业链恢复能力

实体与虚拟两个市场并重,多层次纵横拓展商贸产业链,是提高商贸产业链恢复能力的可行之道。

1. 向实体与虚拟两个市场拓展,延长商贸产业链

在实体空间,广州商贸业要立足粤港澳大湾区,进一步提高向国内外市场辐射的能力,拓展更加广阔的市场腹地,给商贸产业链带来更大的回旋空间。继续推进国际消费中心建设,借助 RCEP 促进商贸产业链向东南亚市场以及更广阔的国际市场延伸。进一步深化"文商旅"三业融合,吸引更多国内客商做客羊城,培育一大批实力雄厚的"粤贸全国"基地和穗货营销平台,当好"粤贸全国"活动的排头兵。在虚拟空间,商贸产业链在维护和巩固广州电商在全国领先地位的基础上,要向沉浸式体验消费领域延伸,运用 AI 技术开发更高层次的沉浸式体验产品,加强虚拟空间市场的 AI 营销,培育 AI 头部企业,下好 AI 产品和消费市场的先手棋。

2. 深化产业融合,跨产业横向拓展商贸产业链

提升自贸试验区建设水平,推动粤港澳大湾区相关产业融合,横向拓展广州商贸产业链。广州作为粤港澳大湾区的重要城市,要深化产业和部门的融合,搭建完善的产业集群网络,带头提高粤港澳大湾区产业配套能力、引

领产业的区域集聚能力，在粤港澳大湾区内充分拓展商贸产业链。发挥自贸试验区的优势，建立香港、澳门与珠三角地方政府间的商贸流通对接机制，进一步减少区域内生产端、流通端及消费端存在的商贸产业链的分割，借助珠三角和港澳的优势布局全球产业链，形成多渠道、多层次共赢的产业合作体系，横向拓展广州商贸产业链，提高恢复能力。

（三）新质生产力驱动强链，激发商贸产业链潜在动力

本研究发现，广州商贸产业链韧性的潜在动力存在不足，以新质生产力驱动强链，激发广州商贸产业链韧性的潜在动力，是增强广州商贸产业链韧性的重中之重，也是广州建设国际商贸中心和可持续发展的关键。广州新质生产力已经在实践中形成，并体现出对广州商贸产业链韧性的强力支撑。

1. 培育壮大市场主体，强化商贸产业链

商贸企业是产业链的主体与核心，企业强则产业链强，企业弱则产业链必然涣散，强链的关键是强企业，企业必须适应市场的变化，经得起市场的考验。目前，广州商贸产业链头部企业实力不够强大，潜力还有待进一步激发。要完善"链长制"，通过技术革命性突破、生产要素创新性配置和产业深度转型升级催生一批具有核心竞争力的龙头企业，这类企业具备核心技术和自主品牌，能够吸引人才、金融、土地等要素资源，对产业发展具有较好的引领作用，能够有效延伸产业链。重视"专精特新"中小企业的培育，引导一批聚焦核心业务、提供特色产品服务、创新驱动力强劲的中小企业，成为支撑未来商贸产业发展的"单项冠军"、"隐形冠军"和"后备冠军"，作为商贸产业链韧性提升的保障。认真贯彻、落实和细化广州对商贸企业的税收支持政策，助力商贸市场主体迸发出更大的发展活力，共同建设知名国际商贸城市。

2. 推动企业深化数字化转型，依托新质生产力稳固商贸产业链

注重培育头部数字商贸企业和促进商贸企业数字化转型，从而提高商贸产业链韧性。当前，广州商贸企业数字化转型尚处于浅表阶段，人工智能化的脚步还需急起直追。一些企业自主创新能力尚待进一步提高，还有不少商

贸产品的研发受制于人，导致对未来商贸产业发展产生不确定性。因此，企业要积极主动应对人工智能化挑战，脚踏实地的进行数字化转型，强化高新技术赋能。政府应一手抓数字人才培育，一手抓数字基础建设，继续强力推进互联网、云计算、人工智能等信息基础建设，构建商贸产业数字化智能化网络体系，夯实商贸产业数字化转型升级的硬件基础，采取积极措施促进新一代商业软件赋能应用新场景。持续加大研发经费投入，强化科技力量，创造良好的科研与创新生态，营造有利于强链的营商环境。要充分发挥广州高校和专业科研机构聚集的资源优势，培育一批具有国际竞争力的高层次数字人才，制定更加有效的人才引进和人才留住政策，积极引进国内外顶尖人才，为商贸业的创新发展提供强大的人力支持。

参考文献

肖兴志、李少林：《大变局下的产业链韧性：生成逻辑、实践关切与政策取向》，《改革》2022 年第 11 期。

刘彦平：《城市韧性系统发展测度——基于中国 288 个城市的实证研究》，《城市发展研究》2021 年第 6 期。

梁琳、金光敏：《数字经济赋能我国产业链韧性提升的路径研究》，《齐鲁学刊》2023 年第 5 期。

李胜会、戎芳毅：《知识产权治理如何提升产业链韧性？——基于国家知识产权示范城市政策的实证检验》，《暨南学报》（哲学社会科学版）2022 年第 5 期。

孙红雪、朱金鹤：《自由贸易试验区设立能否增强中国产业链韧性？——基于多种创新要素集聚的中介机制检验》，《现代经济探讨》2023 年第 11 期。

对外开放篇

B.15
广州打造粤港澳大湾区全球贸易数字化
领航区的路径探索

刘　晗*

摘　要：　根据国务院关于"在粤港澳大湾区等区域打造一批全球贸易数字化领航区"的战略部署，以及2023年4月商务部印发的《粤港澳大湾区全球贸易数字化领航区建设方案》要求，广州市立足于粤港澳大湾区的区位优势、贸易优势和数字经济发展条件优势，积极探索贸易数字化发展途径，打造贸易高质量发展新高地，目前已初见成效，但仍存在推动机制不完善、平台型企业不足、综合服务体系尚未构建等困难和挑战。广州要强化政策扶持和引领，提升数字基础设施水平，优化营商环境，进一步壮大贸易数字化市场主体，发挥广州数字产业特色优势，打造贸易数字化发展"广州标杆"。

---

* 刘晗，广州市商务局服务贸易处二级主任科员，研究方向为"中国服务外包示范城市"建设，服务贸易和服务外包促进体系、示范园区、相关出口基地建设，服务贸易出口品牌，服务外包人才培训。

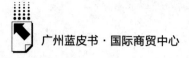

关键词： 数字贸易　粤港澳大湾区　国际贸易　数字经济

一　广州市推进贸易数字化的基本情况

（一）发挥贸易新业态数字化引领作用

一是全面提升跨境电商数字化水平。成立全球跨境电商"三中心"，通过"渠道升级"、"服务升级"和"产品升级"，不断提升企业市场运营能力；联动市场、企业、平台多方共同打造跨境电商供应链选品中心，为品牌企业链接跨境贸易渠道及平台，切实为企业提供"线上交易、线下出口"一站式外贸服务。创新开展"电商名企进各区"和"广州电商走全球"双IP活动，拓宽了制造企业出海渠道，进一步加强行业商协会、企业与平台、支付和物流等电商企业的互联互通。成功举办第三届直播电商节（中国·广州），促成线上直接成交额近10亿元。成功举办中国跨境电商交易会（秋季），吸引约8万名专业采购商到会，助力更多跨境电商企业"走出去"。联合新华社等机构开展跨境电商"品牌出海"优秀案例评选活动，评选出35个优秀案例，打造跨境电商品牌。

二是加快数字服务发展。出台《广州市支持数字贸易创新发展若干措施》，从数字新基建、公共服务平台、培育市场主体和数据安全流动等10个方面合力构建数字贸易高质量发展促进体系。积极落实中央、省、市各级政策，扶持数字平台企业"走出去"。网易、三七互娱、唯品会、虎牙、趣丸、汇量、荔支、百果园、多益网络等9家数字服务企业入选2023年中国互联网企业百强。云从科技、奥迪威等数字服务领域上市企业达到19家。35家企业入选"广东省数字贸易龙头企业"。积极组织企业参加粤港澳大湾区服贸大会，在大会设立广州展区，展示广州服务贸易发展成果。组织企业赴展会洽谈采购，利用展会平台拓展市场。

三是促进传统服务贸易数字化转型。抢抓数字化转型重大机遇，积极利用服务外包产业赋能制造业，推动制造业服务化，重点打造人工智能、检验检测、文化创意等7条服务外包产业链，加快服务外包向高技术、高附加值、高品质、高效益转型升级，增强发展优势。2023年，全市信息技术服务外包执行金额73.88亿美元，增长30.55%，占全市服务外包总额的42.13%。其中，信息技术研发、网络与数据安全、人工智能技术、云计算和大数据技术、区块链技术开发及应用等新兴高附加值服务均实现成倍增长。深入推进专利代理对外开放试点，开展外国人参加专利代理师资格考试、外国专利代理机构在华设立常驻代表机构试点工作。启用广东省首个国际知识产权服务大厅，成立粤港澳大湾区知识产权调解中心，建设知识产权远程会晤与咨询平台。2023年，全市知识流程外包执行额36.91亿美元，同比增长17.15%。[①]

四是促进特色服务出口基地建设。深化国家特色服务出口基地数字化建设，天河中央商务区国家数字服务出口基地搭建国家数字服务出口基地综合服务信息化平台，为数字服务企业提供精准匹配和智能推送等个性化特色服务。支持广州"鲲鹏+昇腾"生态创新中心、广州市数字经济协会、粤港澳大湾区（广东）数字金融算法中心落地，形成《推进数字贸易规则对接与制度创新发展战略研究》。天河区国家文化出口基地不断优化元宇宙发展生态，目前已成立元宇宙专业委员会、元宇宙智库、元宇宙爱好者社区、元宇宙联合投资基金，并发布10个元宇宙试点园区。番禺区国家文化出口基地实施珠宝首饰"链长制"，实施产业链"上游补链""中游强链""下游延链"三大提升战略，着力推动珠宝产业转型升级。指导广东省演艺灯光标准化技术委员会牵头制定灯光领域团体标准9项，广东省音频设备与系统标准化技术委员会牵头制定音响领域团体标准3项。支持动漫游艺产业做大做强，支持完善优化产业集群，行业生产总值近60亿元，集聚了华立科技、宝辉科技等各类动漫游戏企业近2000家。国家对外文化贸易基地（广州）构建文旅产业扶持体系，进一步整合对外文化和旅游贸易服务资源，提升广

---

① 《2023年广州市服务外包运行情况分析》，广州服务贸易与服务外包公共服务平台网站，2024年2月8日，http://www.gzoutsourcing.cn/Article/20240208/43916.html。

州文化贸易水平，强化粤港澳大湾区文化交流合作，形成创新多元的对外文化贸易新格局。

（二）加快贸易全链条数字化赋能

一是推动生产制造环节数字化。加强与加大对广州市现有外贸转型升级基地企业数字化项目的引导和支持。依托船舶海工外贸转型升级基地，通过将数字化和产业管理深度融合，助推企业提升核心竞争力、扩大出口规模。广船国际完成造船设计、制造、管理一体化平台和生产资源一体化智能管控平台的建设，最大限度地将企业的生产力转化为生产率。黄埔文冲公司工业互联网平台接入了广东省内49家船舶基地企业，提供集中采购、产能共享、订单集散、供应链协同等4套共性解决方案，打造具备接入核心工业制造设备的船舶基地企业专用物联网平台。

二是推动市场营销环节数字化。大力发展数字展会，全面增强广交会线上平台、"粤贸全球"数字化平台应用，支持企业线上推介、供采对接、线上线下信息共享，促进成交。通过强化省粤贸全球政策宣讲，支持企业通过"粤贸全球"线上展会平台出海抢抓国际订单，2023年上半年，广州市共计380余家企业参加近500场次线上展会。充分发挥2023年中央外经贸开拓国际市场的作用，对外贸企业进行境外品牌宣传推广和在广交会进行3D、VR展示予以支持。

三是推动口岸通关环节数字化。深化国际贸易"单一窗口"建设，广州"单一窗口"已同步对接国家标准版应用19大类781项服务，上线地方特色模块23大类777项服务，全覆盖企业向口岸管理部门申报的功能，并逐步向口岸物流全链条拓展。目前，累计注册企业超7万家，累计申报单量超22亿单。货物申报、运输工具申报、舱单申报等"单一窗口"主要申报业务应用率100%。粤港跨境通关服务平台正式上线运行，解决了粤港澳大湾区通关环节成本高和流程烦琐的问题，提高了粤港澳大湾区通关效率和跨境贸易便利化水平，该平台目前已覆盖广州南沙、黄埔、番禺以及东莞等地。

四是推动仓储物流环节数字化。加快智慧港口建设，广州港南沙港区四期全自动化码头集北斗、5G、人工智能、大数据等新一代信息技术于一体，打造了全球首创的"单小车自动化岸桥、无人驾驶水平运输智能导引车、堆场水平布置侧面装卸、港区全自动化"的广州方案，成为新一代智慧港口标杆，已于2023年5月26日正式运营。广州港南沙港区三期工程半自动化堆场于2023年5月通过竣工验收，"堆场自动化+前沿半自动化"模式已成规模，38台自动化轨道吊融合接入，实现自动化设备集群作业的全方位智能调度。广州港积极推进区块链技术在集装箱无纸化的应用，对接区块链传输客户货物、作业单证数据，加上广州港数据中心建立统一报文标准对接下属码头，构建"一个窗口、一个平台"的一站式业务受理模式，为码头提供可靠数据支撑，最终实现船公司中远海GSBN区块链到码头全流程进口DO单证无纸化服务。深入推动航空物流公共信息平台试点，广州航空物流公共信息平台于2023年2月正式上线，为企业提供"通关+物流"一站式进出港服务，数据传输速度提升30%，每票货物平均节省纸质单据5份以上、减少企业跑腿次数4次以上，缩短提货速度3小时，每年为企业降低通关物流成本1000万元以上，截至2023年9月底，共注册企业184家，服务企业7.3万家。①

五是推动售后服务环节数字化。支持企业建设覆盖全球的智能供应链协调系统，广州市商务局申报的C36汽车制造业作为全省唯一项目入选第二批中央外经贸提质增效示范项目（连续3年，每年下拨1.4个亿），支持花都汽车城、广汽集团、小鹏汽车三大汽车载体加快贸易数字化平台建设、贸易主体数字化转型。

六是推动金融服务环节数字化。获批数字人民币第三批试点地区，在重点民生领域及重大活动、政务服务、惠民助农等14类特定领域落地特色应用场景，落地全国首单数字人民币支付平行进口汽车购车款应用新场景，实现数字人民币在保理融资及资金清分等全流程的供应链金融业务中的创新试

---

① 数据来源于广州市商务局。

点，助力广交会为入境人士提供便利化移动支付环境。截至 2023 年 9 月末，广州市累计开立个人钱包 941 万个，个人月活钱包 235 万个；流通（转账、消费）总计 5623 万笔 207 亿元，落地支持数字人民币支付商户门店 90 万个，月活商户 6.86 万个。推进合格境外有限合伙人（QFLP）、合格境内有限合伙人（QDLP）试点，促进粤港澳大湾区跨境投融资便利化。目前，广州市已审批 QDLP 试点项目 2 个，试点额度 20 亿元；已审批 QFLP 试点项目 9 个，试点额度超 200 亿元。[①] 其中，粤开资本 QDLP、广药资本 QFLP 试点项目已正式落地。支持金融机构探索利用大数据创新贷款产品及服务，开展供应链融资服务创新。推动供应链金融规范健康发展，支持试点企业依法合规开展广东省供应链金融创新试点。2 家试点企业［广州智度供应链金融有限责任公司、碧江供应链金融（广州）有限公司］均已上线数字化融资服务系统平台，融资金额累计 10.7 亿元，累计服务 110 家中小企业。指导搭建快消品行业供应链金融子平台、航运供应链金融子平台等数字化金融基础设施，探索运用区块链、人工智能等数字科技手段打通产业数据和信息链条，有效提升金融服务中小微企业的效能。广州供应链金融服务子平台（快速消费品行业）已累计放款 10.17 亿元，服务企业 1288 家。依托广州期货交易所、香港交易所前海联合交易中心，发展大宗商品交易市场。2022年 12 月，广州期货交易所首个品种工业硅期货、期权上市；2023 年 7 月，广州期货交易所第二个品种碳酸锂期货、期权上市。

（三）完善贸易数字化公共服务体系

一是完成中国（广州）国际贸易"单一窗口"提升项目开发建设，上线了收结汇信息服务系统、金融保险服务系统、口岸全程物流信息跟踪系统等，极大地丰富了地方特色功能应用。

二是培育"四化"（数字化、网络化、智能化、绿色化）赋能重点平台，分两批次共遴选 86 家"四化"赋能重点平台。推动上线"穗智转"公

---

① 数据来源于广州市商务局。

共服务平台，发布"云 MES 制造运营通用版"等 120 余个行业改造解决方案。推进广州市"四化"服务基地、制造业"四化"金融创新服务平台建设，推动银行加大对"四化"企业信贷的支持，打造"四化贷"专属产品。

三是推进广州跨境贸易电子商务公共服务平台建设，吸引天猫、京东、希音、洋葱、唯品会、细刻、名创优品等跨境电商知名企业落地广州开展业务，与海关、商务、外汇、税务、工商、公安等政府部门实现了业务对接。平台服务电商企业已经超 6 万家，累计业务量达到 20 亿件，贸易额超 4000 亿元，2023 年业务单量已经突破 5 亿件。业务已经覆盖全部跨境电商业务类型，建立了比较完备的线上线下平台联动模式，形成了相对成熟的六大体系（信息共享、智能物流、电商诚信、风险防控、金融服务、统计监测）。

四是构建广州数字贸易公共服务平台联盟，整合优质服务资源，搭建开放、专业、互助的合作平台，为数字贸易企业提供技术支撑、市场推广、检验检测、信息资讯、知识产权、法律咨询、人才引育、融资支持、供应链管理等九大领域一站式公共服务，打造广州数字贸易创新发展生态圈。

（四）着力推动贸易主体数字化转型升级

一是全国首创"诊断+治疗"模式，推动数字经济与实体经济深度融合。深入开展"四化"平台赋能企业提升专项行动，"四化"政策制度体系逐步健全，出台《广州市工业和信息化局推进"四化"平台赋能企业实施方案》，明确企业"四化"改造升级的五大支持措施。加快实现规上工业企业免费"四化"评估诊断，制定《广州市工业和信息化局"四化"评估诊断项目工作指引（试行）》《广州市"四化"改造项目实施细则》等实操指引性文件。遴选工信部电子第五研究所等 5 家国家级智库机构为 330 余家规上工业企业免费提供"四化"评估诊断服务。

二是加快中小企业数字化转型，成功申报省级中小企业数字化转型城市试点，聚焦优势特色行业，组织供应链龙头企业、产业链牵引企业等关键主体，推动上下游中小企业"链式"转型，带动中小企业的设计、制造、安全等重点环节数字化升级。通过强化数字化公共服务体系建设，支持行业龙头企业数字化转型，推动产业链朝数字化方向提质升级，支持广州市中船、广汽集团、小鹏汽车、广钻等龙头企业数字化转型。

三是着力培育新型外贸综合服务企业，增强链接国际贸易数据的全链条数字化服务能力。推荐广东省泓泰供应链有限公司等 5 家企业为外贸综合服务示范企业，推荐广东量子外贸综合服务有限公司为外贸综合服务成长型企业，推荐广东省丝绸集团万丰有限公司为外贸综合服务数字化平台企业。

（五）推进贸易数字化治理体系创新

一是深化粤港澳大湾区区域规则对接。推动大湾区规则制度和服务管理"软联通"，大湾区跨境理财和资管中心、大湾区航运联合交易中心相继启动建设，广州南沙港澳律师执业孵化站揭牌，截至 2023 年 8 月广州市拥有港澳居民律师 60 名，大湾区律师 95 名。新增缔结穗港澳姊妹学校 33 对，推进两所港澳子弟学校成为香港中学文凭考试（HKDSE）内地考点。港澳居民健康服务中心正式启用，新增 7 家粤港澳大湾区"港澳药械通"指定医疗机构。

二是深化粤港澳大湾区律师执业试点。在全省率先制定《粤港澳大湾区律师在广州执业申请工作指引》，开辟港澳律师申领执业证审批"绿色通道"。指导市律师协会在全省率先制定鼓励和支持粤港澳大湾区律师来穗执业十项措施。在南沙创享湾建成全国首个粤港澳大湾区律师执业孵化站，并成功孵化 13 名大湾区律师。目前，全市共有粤港澳合伙联营律师事务所 5 家、粤港澳大湾区律师 98 名，其中已有 96 名加入"广州涉外领军人才库"。

三是强化粤港澳大湾区国际商务与数字经济仲裁服务。首创《互联网仲裁推荐标准》，即"广州标准"，与澳门律师公会仲裁中心、日本商事仲裁协会、乌兹别克斯坦塔什干国际仲裁中心等分别签署合作备忘录。"广州标准"现已获得 150 余家境内仲裁机构以及涉港澳台地区与新加坡、韩国、俄罗斯等共建"一带一路"国家和地区 40 余家境外仲裁机构认可推广。广州仲裁委上线全球首个 APEC-ODR 平台，被列为全球三家 ODR 平台供应商之一，并在 APEC 官网上予以推介。ODR 平台在线跨境调解案例入选司法部发布的 2022 年度仲裁工作指导案例。支持广州国际商贸商事调解中心建设，设立调解中心南沙办公室，推动律师参与商事调解工作。截至 2023 年 10 月，该调解中心共受理商事调解案件 2022 宗，标的合计超过 137 亿元。截至 2023 年 9 月，受理的涉外和涉港澳案件标的约 2.4 亿元，服务面覆盖南非，加拿大，美国，菲律宾，中国香港、澳门等地的企业和居民。

四是加快健全数字知识产权海外维权渠道和争议解决机制。首次在广交会展会一线提供全程驻场法律志愿服务。在第 134 届广交会展区专门开设"广州律师法律服务咨询点"展位，组建广州律师服务团进驻，在涉外、金融、海事海商、知识产权、国际贸易争端解决等领域，为参展商、采购商现场提供公益法律咨询服务。开展 2023 年全省商务法律服务月广州专场活动，举办"五外联动"涉外法律服务交流会，就跨境电商知识产权法律风险防控、跨境数据合规、《区域全面经济伙伴关系协定》（RCEP）机遇及挑战等 6 个企业重点关注的主题进行分享交流，近 80 名知名企业代表参会。广州市律师协会与广州市商务局、广州知识产权保护中心组成联合服务小组，赴番禺区走访调研科技型、外向型企业，免费提供合规体检服务，为建立健全知识产权保护体系、"走出去"贸易风险防范应对机制提供针对性法律建议。举办"会展数字化创新与前沿探索"沙龙活动，组织会展企业就线上办展、展会信息化管理、会展数字化营销等进行分享交流，并开展"数字展""云会展"知识产权保护宣传，强化组展企业涉外知识产权保护意识。

五是加强数据跨境流动安全管理，增强贸易领域数据安全保障能力。向国家网信办提交宝洁（中国）有限公司、广汽本田汽车有限公司等 24 家企业数据出境安全评估申报材料。强化数据出境安全评估，发布数据保护与数据跨境服务平台，开放个人信息保护影响评估、数据出境自评估、App 合规自查等服务。支持下一代互联网国家工程中心（粤港澳大湾区创新中心）开展科研数据跨境专网和数据流动安全审计平台研究。建设广州南沙国际数据自贸港项目，建设内容包括海缆登陆站和跨境通信数据中心。"国际数据传输枢纽"粤港澳大湾区广州南沙节点项目交付中国电信广东公司运营。"粤新通"实现数据传输跨境直达，推动打通香港科技大学穗港两地科研数据专用通道，在国家数据跨境安全管理制度框架下，促进粤港澳大湾区数据跨境安全有序流动。积极培育数据要素交易市场，广州数据交易所挂牌成立。开展首席数据官试点，创建"首席数据官+首席数据执行官"模式，推进数据资源全生命周期协同管理。全国首创探索开展数据经纪人试点，发布全国首个数据经纪人撮合交易定价器，上线数据经济人微平台"数易找"。

二 广州市推进贸易数字化存在的问题和困难

（一）推动贸易数字化的机制有待完善

跨部门、跨领域建设项目统分协作机制有待健全，业务协同创新合力仍未完全激发。多方参与的数字政府建设运营服务体系还不够健全，各职能部门在系统建设、运营、管理过程中积极性不高，数字化改革创新意识有待加强。数据共享责任清单尚未明确，数据共享标准、数据共享交换相关管理办法仍未健全，各类数据库的建设和管理仍需加强。数据治理体系相关标准规范仍未统一，数据集成整合度不高，存在数据分类与归集难、同类数据重复归集或数据不一致的现象。政务大数据中心的数据服务能力和数据工具支撑能力不足，难以全面满足跨部门、跨层级协同业务场景的数据需求。数据开放与社会化应用仍处于初期阶段，公共数据要素的利用潜能有待挖掘。

（二）服务贸易数字化的平台型企业不足

创新型、平台型头部企业不足。一是企业规模偏小，缺乏具有孵化功能的头部企业。缺乏像腾讯、阿里、美团、京东、百度这样的行业巨头，数字产业化和产业数字化能力仍需提高。二是开拓国际市场的能力有待提高。广州企业出口主要市场在港澳，开拓国际市场的力度不大，主要原因是缺乏品牌效应、对海外市场需求及规则不够了解。三是服务出海企业的平台型企业不足。数字平台作为国际贸易新的组织方式，可以降低企业的出海成本，目前广州市的数字企业业务主要集中在软件、数字游戏与数字动漫、数字平台、大数据、云计算与人工智能以及数字出版、数字广告、数字影视、数字音乐等数字内容行业,大型数字平台企业偏少。

(三)综合服务体系与贸易数字化生态圈尚未构建

一是缺乏一流的贸易数字化配套基础设施,包括为贸易企业服务的一流国际交流平台、数量居国际前列的通用顶级域(TLD)与国家顶级域(ccTLDs)、完备的金融支付体系、高效的物流体系与强大的跨境交易物流包裹监管体系。二是缺乏良好的贸易数字化生态。物联网、5G、区块链、人工智能等产业共性技术平台基础和上下游产业生态圈尚待完善。产业发展的关键核心技术受制于人。底层技术上面临"卡脖子"问题,在数字技术的基础理论、核心算法、关键设备等方面与发达国家存在一定差距。三是贸易数字化发展尚未形成聚焦效应。广州市数字企业以中小企业为主,在信息化、数字化技术的利用上存在显著不平衡的问题,限制了发展能力。企业之间的数字信息交流和共享程度较低,线下产业链与线上产业链没有实现同频共振,没有形成国内外贸易数字化企业的集聚效应,无法有效配置全球优质贸易资源。

三 打造全球贸易数字化领航区的路径探索

广州市要以建设粤港澳大湾区全球贸易数字化领航区枢纽城市为目标,认真落实省委"1310"具体部署和市委"1312"思路举措,充分利用广州市外贸基础雄厚、数字经济产业链条长等优势,继续在外贸高质量发展方面发挥排头兵、领头羊和火车头作用,通过不断促进数字化推动对外贸易高质量发展。

(一)强化政策扶持和引领,做好贸易数字化支持保障

充分发挥中央外经贸提质增效示范项目、中央外经贸发展专项资金(促进外贸转型升级事项)、省级促进经济高质量发展专项资金(全球贸易

数字化领航区事项）等中央和省级资金效用，积极吸引社会资本，支持贸易数字化平台建设和贸易主体数字化转型。加大对贸易数字化领域高层次人才的引进力度，并纳入地方人才扶持政策。完善人才发现培养激励机制，提供创新创业支持。支持高等学校开设贸易数字化领域相关学科和专业，推进产教融合、校企合作，培养具有全球化视野和数字化思维、懂外贸、懂数据的复合型人才。

（二）提升数字基础设施水平，打造贸易数字化生态圈

布局推动新基建项目建设。加快 5G 基站建设，打造全国领先的 5G 网络。推进国家超级计算广州中心等高性能计算中心建设，面向人工智能和 5G 应用场景，建设基于图形处理器（GPU）的人工智能、区块链算力中心。支持跨行业、特定行业、特定场景的工业互联网平台建设，实现工业大数据汇聚，打造高端工业软件服务体系。加快布局建设国家重大科技基础设施，探索建立重大科技基础设施多方共建共享机制。多维释放数据和技术应用场景，在交通、医疗、教育、金融、政务等优势特色领域遴选一批具有全国影响力的应用示范场景，培育数字经济新业态新模式。

（三）优化营商环境，创造贸易数字化便利条件

主动对标国际规则，加强"一带一路"倡议、RCEP、《全面与进步跨太平洋伙伴关系协定》（CPTPP）以及《数字经济伙伴关系协定》（DEPA）等国际先进经贸规则的对标研究，持续做强与缔约国经济体的数字贸易。拓展互联网国际通信专用通道，探索粤港澳跨境数据流动机制及分类监管模式。促进与港澳金融市场互联互通和金融（基金）产品互认。提高扩大 FT 账户政策覆盖范围的可行性，鼓励银行为数字贸易企业外汇收支提供专项服务。以"区块链+政务服务"营造高效便捷、稳定透明的营商环境，实现公共服务事项 100%网上办理。发挥粤港澳大湾区知识产权调解中心、广州知识产权仲裁院等作用，建设集谈判、调解、仲裁于一体的在线争议解决平台，推动完善海外知识产权维权援助服务体系。

（四）进一步壮大贸易数字化市场主体，推动企业做优做强

充分发挥国际贸易"单一窗口"、广交会线上平台、"粤贸全球"数字化平台应用以及广州数字贸易公共服务平台联盟作用，为贸易企业"走出去"拓展国际市场提供一站式公共服务解决方案。培育一批贸易数字化转型领军企业和外贸综合服务数字化平台企业，以互联网平台企业、行业龙头企业为中心向产业链上下游延伸，加强资源共享和数据开放，"以大带小"帮助中小外贸企业加快智能生产线、线上营销、远程协作等数字化普及应用，由点及面向全业务全流程数字化转型延伸拓展，加快融入国际价值链，促进企业集群式协同发展。支持企业加大研发投入力度，积极申请国内外专利和国际认证，提升企业综合竞争力。

（五）发挥广州数字产业特色优势，打造贸易数字化发展"广州标杆"

打造软件与信息服务、数字内容、数字平台、跨境电商、数据服务等贸易数字化优势领域。利用毗邻港澳的区位优势，围绕数字要素自由流动，推进粤港澳大湾区数字贸易自由化建设，打造数字湾区。加快建设国家数字服务出口基地，在引导传统产业数字化、智能化转型过程中，促进数字技术向社会和经济各领域广泛渗透，推进数字技术、应用场景和商业模式融合创新，推动贸易方式数字化和贸易对象数字化发展。扩大广州跨境电商海外合作圈，加快海外合作园区、合作站点，海外仓全球布局，帮助中小微外贸企业拓展海外业务。

B.16

从跨境电商到数字贸易：广州外贸
高质量发展路径研究*

肖威　焦琪　刘帷韬**

摘　要： 作为国家中心城市、国际商贸中心和综合交通枢纽，广州在面对外部复杂环境情况下，持续提高对外开放水平，推动外贸高质量发展，尤其是在跨境电商、数字贸易等新业态、新模式方面发展迅速，走在全国前列。在贸易摩擦、地缘冲突、全球通胀等超预期因素影响下，广州外贸顶住压力，2023年逆势实现正增长，新兴市场占比提升、"新三样"成为出口额增长的新动能，充分体现了市场主体的活力和韧性。在数字经济蓬勃发展的当下，跨境电商和数字贸易成为广州外贸高质量发展的新引擎。近年来，跨境电商和数字贸易呈现高速发展的势头，在带动传统制造企业转型、推动新业态发展、赋能贸易创新方面起重要作用。广州跨境电商综试区建设成效明显、营商环境进一步优化、国际综合交通枢纽建设稳步推进，形成一系列引领全国的"广州经验"和"广州模式"。面对当前外贸领域存在贸易失速、发展质量和结构方面的隐忧，广州可通过扩大高水平对外开放，促进贸易更加优化平衡发展，着力培育外贸发展新优势，加快向全球价值链中高端迈进，进一步优化市

---

　*　项目基金：广东省哲学社会科学规划课题"数字贸易、产业结构升级与广东外贸高质量发展：机理、效应及对策"（项目编号：GD23XYJ42）、广东省教育厅高校重点科研项目"粤港澳大湾区制造业数字化转型升级研究创新团队"（项目编号：2023WCXTD031）和广州市哲学社会科学发展"十四五"规划2024年度市委市政府重大课题"广州招商引资体制机制改革创新研究"（2024GZZD21）的阶段性研究成果。

　**　肖威，博士，广东轻工职业技术学院副教授，硕士生导师，浙江大学中国数字贸易研究院访问学者，研究方向为国际贸易、跨境电商；焦琪，广西科技大学硕士研究生，研究方向为数字经济、资产价值评估；刘帷韬，博士，广州市社会科学院国际商贸研究所副研究员，研究方向为国际贸易、产业经济。

场营商环境等途径，推动外贸高质量发展。

关键词： 跨境电商 数字贸易 外贸 广州

2023 年，世界经济面临地缘政治冲突、贸易保护主义加剧等严重挑战，疫情大流行后的经济复苏乏力，全球贸易回暖速度缓慢。世界贸易组织（WTO）在 2023 年 4 月发布的《全球贸易数据与展望》中预测，全球货物贸易量将增长 1.7%，但到了 10 月，这一预测值已修订为 0.8%，不及年初的一半。① 联合国贸发会议（UNCTAD）在 2023 年 12 月发布的《全球贸易最新动态》中的预测同样持悲观态度：由于持续的地缘政治紧张局势、不断升级的债务和普遍的经济脆弱性，以及发达国家需求下降、东亚贸易减少、贸易限制措施增多、大宗商品价格波动以及供应链延长等因素，2023 年全球贸易额将下降 5%，2024 年的前景仍然"高度不确定且普遍悲观"。②

对外贸易是配置全球要素资源的核心环节，是我国经济增长的重要驱动力，对扩大市场销售、促进国内就业具有重要支撑作用。党的二十大报告指出，要"推动货物贸易优化升级，创新服务贸易发展机制，发展数字贸易，加快建设贸易强国"。2023 年中央经济工作会议强调"要加快培育外贸新动能，巩固外贸外资基本盘，拓展中间品贸易、服务贸易、数字贸易、跨境电商出口"，为 2024 年的外贸发展定下了基调。

作为国家中心城市、国际商贸中心和综合交通枢纽，广州在面对外部复杂环境的情况下，持续提高对外开放水平，推动外贸高质量发展，尤其是在跨境电商、数字贸易等新业态、新模式方面发展迅速，走在全国前列。本文

---

① 《WTO 公布对 2023 年贸易增长最新预测》，广东省 WTO/TBT 通报咨询研究中心网站，2023 年 10 月 26 日，http://www.gdtbt.org.cn/noteshow.aspx? noteid=367812。

② 《联合国贸发会议预计 2023 年全球贸易将萎缩近 5%》，商务部网站，2023 年 12 月 14 日，http://eu.mofcom.gov.cn/article/sqfb/202312/20231203460829.shtml。

试图基于跨境电商和数字贸易发展的大环境，勾勒出广州外贸高质量发展的路径，为政府部门相关决策提供参考。

一 广州外贸发展概览：新旧动能转换，发展空间广阔

（一）总体规模企稳回升，充分展现活力韧性

2022年末，广州市商务局率先组织外贸企业赴马来西亚、印度尼西亚等东南亚地区参展，助力外贸企业抢订单、拓市场、建渠道。2023年，国内经济运行持续好转，稳外贸各项务实举措效用持续发挥、重大项目建设加快推进，广州外贸运行中的有利因素不断集聚增多，为外贸稳规模、优结构提供有力支撑。2023年，广州外贸进出口总额达到10914.28亿元，增长0.1%，占广东省外贸进出口总额的13.1%，实现外贸进出口连续3年达到"双万亿"规模。[①]

1.运行趋势总体平稳，呈现向好态势

2014~2019年，广州外贸进出口总额从8022.80亿元增加至10001.04亿元，增长了24.7%，首次突破万亿元大关。其中，出口总额由4467.65亿元增加至5258.36亿元，增速为17.7%；进口总额由3555.15亿元增加至4742.68亿元，增速为33.4%。2020年，受新冠疫情影响，广州外贸受到了较大的冲击，进出口总额同比下降4.7%。2020年，由于采取有效的疫情防控措施以及强大的供应链韧性，出口额达到5423.35亿元，在艰难的环境下实现了正增长。2021~2023年，广州外贸规模较为稳定，连续3年保持万亿元的水平，向好态势明显（见表1）。

---

① 《广州市召开2024年全市商务工作会议》，广州市人民政府网站，2024年1月26日，https://www.gz.gov.cn/xw/zwlb/bmdt/content/post_9464362.html。

表1　2014~2023年广州外贸进出口总额

单位：亿元

年份	出口总额	进口总额	进出口总额
2014	4467.65	3555.15	8022.80
2015	5034.57	3271.71	8306.28
2016	5158.76	3382.26	8541.02
2017	5792.43	3923.09	9715.52
2018	5607.50	4204.09	9811.59
2019	5258.36	4742.68	10001.04
2020	5423.35	4108.57	9531.92
2021	6311.26	4513.68	10824.94
2022	6195.42	4752.76	10948.18
2023	6502.64	4411.64	10914.28

资料来源：《广州统计年鉴》。

2. 民营外贸主体活跃，稳坐出口"头把交椅"

民营企业是广州经济创新、增长的重要动力，也是稳定就业的重要主体、税收的重要来源。2023年8月，广州印发实施《广州市促进民营经济发展壮大的若干措施》，即广州"民营经济20条"，旨在进一步优化民营经济发展环境，支持民营经济最大限度释放活力、潜力。

近年来，广州市民营企业生产总值不断提高，在经济中的地位稳中有升。据统计，截至2023年4月，广州市共有市场主体316万家、企业近200万家，民营企业数量达到90%以上。在2023年"广东省民营企业100强"评选中，广州有25家入选，仅次于深圳（38家），位列全省第二。

2020~2022年，广州民营企业增加值占GDP的比重稳定在40%以上，外贸行业表现更为亮眼，私营企业出口占全市出口的比重基本稳定在60%左右（见表2）。初步统计结果显示，2023年广州市民营企业进出口贸易额超6000亿元，同比增长6.1%，占比接近6成。民营企业在外贸领域表现出强劲的竞争力和韧性，发挥关键的逆周期调节作用。

表2 2018~2022年广州市民营企业基本情况

	2018年	2019年	2020年	2021年	2022年
地区生产总值（GDP）（亿元）	22859.35	23844.69	25068.75	28225.21	28839.00
民营企业增加值(亿元)	9139.47	9532.60	10153.38	11492.50	11719.40
民营企业增加值占GDP的比重(%)	39.98	39.98	40.50	40.72	40.64
私营企业出口占全市出口的比重(%)	52.74	52.42	59.65	60.96	59.52

资料来源：根据《广州统计年鉴》计算。

3.新兴市场占比提升，发达地区贸易趋稳

2023年，世界经济复苏乏力，全球贸易整体表现比较低迷，外需疲弱对出口造成了直接冲击。广州坚持稳中求进工作总基调，全力以赴推动稳增长，持续拓展新兴市场，取得较好成效。其中，与欧盟全年进出口额达到1805.7亿元，同比增长6.6%；与拉美、中东、非洲、东欧、大洋洲等非传统贸易伙伴进出口额约3130亿元，同比增长9%，占全市外贸额近3成。

欧美和东盟一直是广州的主要贸易伙伴。统计数据显示，2022年广州前五大贸易伙伴依次为东盟、欧盟、美国、日本和中国香港，占比分别是16.0%、15.5%、12.4%、8.6%和6.3%。从国别（地区）来看，印度尼西亚、马来西亚和泰国等新兴市场贸易伙伴排前十位（见图1）。以美元计算，2022年广州对非洲的出口额，比2021年下降了约29.9%，对欧盟的出口额下降了约13.7%，对东盟的出口额下降了约6.2%，而对日本、美国的出口额则分别增长了约13.8%、13.2%。

4.传统优势品类领跑，新兴品类动能加快

相较于生产原材料和制成品"两头在外"的加工贸易，一般贸易产业链更长、附加值更高。从结构上看，广州一般贸易所占比重从2012年的47%提升至2022年的64.1%。2023年，一般贸易进出口额增长7.1%，占进出口总额的比重进一步提升为69.1%，比2022年提高5.0个百分点，体现出结构优化的特征。从产品上看，2022年，广州市主要出口商品排前十

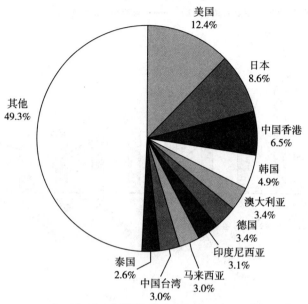

图1 2022年广州市按国别（地区）分主要贸易伙伴

资料来源：根据《广州统计年鉴》统计绘制。

位的为服装及衣着附件，贵金属或包贵金属的首饰，塑料制品，液晶平板显示模组，纺织纱线、织物及其制品，箱包及类似容器，汽车零配件，灯具、照明装置及其零件，家具及其零件，鞋靴（见图2），以传统优势品类为主，占出口总额的32.3%。

近年来，广州市外贸出口商品逐步向高端制造业转型，车船制造业、新能源汽车、"新三样"（电动载人汽车、太阳能电池、锂电池等）成为广州出口额增长的新动能。2023年，汽车、汽配、船舶出口额分别为127.6亿元、168.8亿元、193.8亿元，同比分别增长1.9倍、13%和64.3%，对全市外贸出口增长贡献度达到28.8%；外贸"新三样"出口额约为128.9亿元，同比增长1.3倍，其中新能源汽车更是增长了4.7倍①。新产业出口额快速增长，给广州外贸带来强有力的支撑。

---

① 《广州外贸进出口总值连续3年突破万亿元》，广州海关网站，2024年2月9日，http：//guiyang. customs. gov. cn/guangzhou_ customs/381565/381566/5682861/index. html。

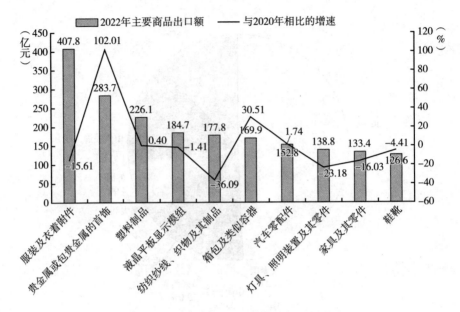

图2　2022年广州市主要商品出口额及增速

资料来源：根据《广州统计年鉴》计算。

（二）数字贸易蓬勃发展，跨境电商成为外贸发展新引擎

作为数字贸易的主要表现形式——跨境电商发展速度快、潜力大、带动作用强，显示出巨大的市场活力和增长韧性，成为外贸发展新引擎。跨境电商快速发展，不仅助力本土企业的产品通达全球，还可以满足国内消费者日益增长的多样化、个性化需求。广东省21个地市全部获批跨境电商综试区，数量位居全国第一，具有良好的跨境电商环境。数据显示，2023年广东省跨境电商进出口总额超过8000亿元，占全国进出口总额的1/3，连续多年居全国首位。作为国家跨境电商试点城市以及第二批跨境电商综试区，广州是跨境电商当之无愧的"先行者"和"聚集地"。2014~2023年，广州跨境电商进出口规模增长了136倍，其中进口额连续10年位居全国第一。

1. 跨境电商规模再扩大，呈现高速增长的势头

从整体表现看，广州跨境电商发展可分为三个阶段。第一阶段是2014~

2017年，规模从14.6亿元增加至227.7亿元，增长了近14.6倍，但由于基数较小，2017年跨境电商进出口总额只占外贸进出口总额的2.34%。第二阶段是2018~2021年，跨境电商迎来了较快的增长，从246.8亿元增加至742.7亿元，年均增速44.37%。2021年跨境电商进出口总额占外贸进出口总额的6.86%。第三阶段是2022~2023年，广州跨境电商进出口总额接连突破了1000亿元和2000亿元大关，具有里程碑意义。2022年跨境电商进出口总额1375.9亿元，同比增长85.26%，在外贸进出口总额中的占比达到12.57%（见图3）。根据最新统计数据，2023年广州跨境电商进出口总额预计突破2000亿元，增长率接近50%，占外贸进出口总额的比重进一步提升至18.32%，呈现高速增长的发展态势。随着近年来SHEIN、TEMU、亚马逊等知名跨境电商巨头在广州布局，供应链进一步被整合，这种发展态势仍将持续。

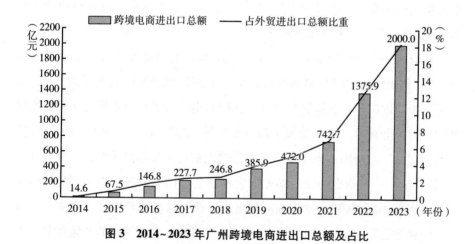

图3　2014~2023年广州跨境电商进出口总额及占比

资料来源：广州市商务局、《广州统计年鉴》。

从进口上看，广州的跨境电商进口额连续多年排名全国第一，是增强国际商贸中心功能不可忽视的重要一环。依托深厚的商业底蕴、完备的供应链体系，以及齐全配套的产业政策，广州相继引进天猫国际、考拉海购、唯品会、京东全球购、洋葱、小红书等国内龙头跨境电商进口平台。根据海关统计数据,截至 2023 年 11 月,广州海关累计监管跨境电商零售进出口清单 7.6 亿票,同比增长约 44%。其中,跨境电商零售进口清单 5920.9 万票,跨境电商零售出口清单 7 亿票,广州是名副其实的跨境电商进口第一城。

2. 跨境电商综试区建设成效明显,形成引领全国的"广州经验"

2023 年 6 月,广州跨境电子商务综合试验区蝉联商务部"2022 年度跨境电子商务综合试验区评估"第一档"成效明显",已连续两年成为全国十个"成效明显"的跨境电商综试区之一。多个第三方权威机构评估报告表明,广州跨境电商综试区发展稳居全国前列。①

2016 年设立以来,广州跨境电商综试区完成多项全国首创举措,引领跨境电商行业发展。南沙口岸建成亚太地区规模最大的工程塑料粒分拨中心、全国首个跨境公共分拨中心,形成国际汽车贸易综合服务枢纽、全球优品分拨中心等六大进口平台,打造以粤港澳大湾区为中心辐射全国乃至全球的跨境电商聚集地。2023 年前三季度,南沙口岸跨境电商进出口总额实现 734.8 亿元,同比增长 178.8%。②

政府相关部门密集出台《广州市推动跨境电子商务高质量发展若干措施》《广州市把握 RCEP 机遇促进跨境电子商务创新发展的若干措施》《关于进一步促进广州市黄埔区广州开发区跨境电子商务产业发展若干措施实施细则》等产业政策,助推跨境电商行业发展。2022 年,广州以"六个率先"的创新实践领跑全国:率先探索推出跨境电商进出口信息化系统、率先探索"微警认证"系统嵌套应用、率先探索打造全球优品分拨中心、率先探索推出进口商品"溯源码"、率先探索推出退货合并打包监管模式、率先探索推出"空铁联运"融合通关。③ 利用跨境电商综试区先行先试的政策优势,不断探索,累计参与制定国家、行业标准 13 项,出台便利化政策 150 项、促

① 《稳增长 促发展 谋未来 | 跨境电商开路广货扬帆出海》,"广州日报"百家号,2023 年 11 月 16 日,https://baijiahao.baidu.com/s? id=1782675764499833973&wfr=spider&for=pc。
② 《广州南沙综合保税区获评 2022 年度全国 A 类海关特殊监管区域,跨境电商业务指标领跑全国》,南方财经全媒体,2024 年 1 月 5 日,https://i.ifeng.com/c/8W5y70orKkL。
③ 《广州"跨境电商综试区制度改革创新"案例入围首批十大"最具获得感"改革案例》,广州市商务局网站,2022 年 9 月 19 日,http://sw.gz.gov.cn/tpxw/content/post_8580354.html。

发展政策 325 项，形成一大批可复制可推广的跨境电商"广州经验"。

3. 带动传统制造企业转型，推动新业态发展

广州是多个产业带和产业集群的所在地，也是中国电商最重要的货源地之一。据不完全统计，广州有超过 500 个专业批发市场，通过对巨量消费数据的转化，推动服装、箱包、美妆、电子、汽配等产业平台化发展。依托完备的商贸产业基础和"海陆空铁"物流优势，政府积极搭建和引进跨境电商数字平台，鼓励企业"触网蝶变"，赋能传统商贸业转型升级，带动本土品牌出海。2022 年以来，广州结合各区特点在七大优势行业选取 16 个市场开展优化试点，发展直播电商、市场采购、跨境电商等新业态，在模式创新、品牌打造、线上线下融合等方面取得明显成效，亿元以上市场达到 112 个。

借助优越的营商环境、完善的政策体系和强大的供应链，广州的跨境电商卖家过万家，集聚了 SHEIN、TEMU、TikTok、唯品会、哆啦等一大批国际知名、全国领先的本土电商平台和独立站。[①] 潮流服装、箱包皮具、美妆日化、智能家居等时尚零售商品在线订货消费模式广受海外消费者青睐。

4. 发展数字贸易，以数字经济赋能贸易创新

全球数字经济发展驶入快车道，数字贸易作为数字经济的重要组成部分，正成为全球贸易发展的重要趋势。商务部发布的《中国数字贸易发展报告（2022）》显示，2022 年中国可数字化交付的服务进出口总额为 3727.1 亿美元，同比增长 3.4%，规模再创历史新高。到 2025 年，中国可数字化的服务贸易进出口总额预测将超过 4000 亿美元。

作为广东省数字贸易发展的引领城市，2022 年，广州市数字贸易实现了进出口总额 411.23 亿美元，三年平均增长率为 27.8%，远高于货物贸易和服务贸易的增速。据统计，广州数字贸易额超亿美元的企业有 20 家，超千万美元的企业有 147 家。[②] 广东省商务厅公布的 2022 年广东省数字贸易龙头企业名单中，广州数字贸易代表企业广电运通（金融服务类）、三七互娱

---

① 李燕妮：《跨境电商"国考"各地综试区"交答卷"》，《中国外资》2023 年第 13 期。

② 《广州"数字出海"如何行稳致远》，"南方日报"百家号，2023 年 2 月 28 日，https://baijiahao.baidu.com/s？id=1759038586772578930&wfr=spider&for=pc。

（文化娱乐类）、卓志跨境（贸易数字化平台类）等35家入选首批数字贸易龙头企业，占全省的1/3以上。

广州市商务局等8部门联合出台了《广州市支持数字贸易创新发展若干措施》，从数字新基建、公共服务平台建设、市场主体培育等方面为数字贸易企业高质量发展提供财政支持。南沙自贸区首创性地打造了离岸贸易综合服务平台——"离岸易"，为贸易企业、金融机构提供了跨境收付汇业务办理、政策咨询等一站式综合性服务，打造了广州数字贸易创新发展生态圈。

5. 创新政策护航，打造国际一流营商环境

根据全国工商联发布的2022年度"万家民营企业评营商环境"结果，广州营商环境满意度在全国城市（不含直辖市）中排名第三，营商环境不断优化。近年来，广州探索提出"外综服+跨境电商零售出口（9610）"模式、推出电商申诉保险、打造商事争议解决ODR平台等，跨境贸易便利程度不断提高。2023年，广州海关关区进口、出口整体通关时间分别为21.71小时、0.48小时，相较于2017年分别压缩了73.9%、95.8%。

广州综试区的跨境电商公共服务平台功能完善，进口商品基本覆盖所有省市，累计服务消费者超过3亿人，创新跨境电商个人额度自动化前置审核功能，累计为企业服务6231.9万次，避免订购人年度额度不足造成退货，降低企业运营成本，得到天猫国际、京东全球购等企业的高度认可。平台实现365天全天候不间断保障服务，尤其是在"双11""618"等电商大促期间，全力做好服务保障工作，推动跨境进口商品实现快速通关。

6. 海陆空铁协同发展，构建国际综合交通枢纽

广州是全国少有的拥有"海、陆、空"综合保税区的一线城市，南沙综合保税区为海港枢纽、黄埔综合保税区为陆港枢纽、白云机场综合保税区为空港枢纽，推动将广州建设为跨境电商国际枢纽城市。2023年11月，广州知识城综合保税区获国务院批准设立，成为广州第4个综合保税区，广州综合保税区的数量跃居广东省首位。在政策红利加持下，综合保税区利用优越的地理位置、完善的配套设施，快速连通国际化物流网络，构建产业创新生态系统。

2023 年，广州港集团净增 8 条外贸航线，总数达到 162 条，与世界 100 多个国家和地区的 400 多个港口有海运贸易往来，其中有 130 余条共建"一带一路"海上航线。外贸集装箱吞吐量超过 1000 万标准箱，同比增长 6.1%。[①] 白云机场空中航线网络覆盖全球 230 多个通航点，广州与东南亚主要城市形成"4 小时航空交通圈"，与全球主要城市形成"12 小时航空交通圈"，为进出口贸易提供了便利的物流通道。[②] 2021 年，白云机场成为全国首个跨境电商交易额突破千亿元的空港口岸。[③] 2023 年，白云机场海关已累计监管出口跨境电商商品 3.46 亿票，同比增长 51.8%。[④]

作为紧密连接共建"一带一路"国家的陆上纽带，中欧班列在推动外贸高质量发展方面发挥着不可替代的作用。近年来，广州中欧班列发运量持续增长，呈现高速发展态势。2023 年，广州开行中欧班列 1026 列，同比增长 56.4%，助力广州国际港成为全省业务量第一站点。中欧班列线路已连通西欧、东欧、西亚、中亚、东南亚 20 多个国家和地区的 40 多个城市，为超过 3000 家外贸企业提供了稳定的国际物流通道，进一步畅通了粤港澳大湾区与贸易伙伴的经贸往来。

二 广州外贸发展的隐忧：外需持续低迷，行业竞争激烈

（一）贸易失速之"忧"

在外部环境复杂严峻，国内需求收缩、供给冲击、预期转弱等多重压力

---

① 《广州着力培育高质量发展新动能》，人民网，2024 年 2 月 5 日，http：//cpc. people. com. cn/n1/2024/0205/c64387-40173371. html。

② 《连续八年全国第一！广州跨境电商有哪些优势？》，广州市人民政府网站，2022 年 2 月 7 日，https：//www. gz. gov. cn/xw/zwlb/bmdt/sswj16/content/mpost_ 8069599. html。

③ 《全国首个千亿级跨境电商空港口岸落户广州白云机场》，经济参考报，2021 年 12 月 16 日，http：//www. jjckb. cn/2021-12/16/c_ 1310375353. htm。

④ 《跨境电商出口增长 19. 6%（经济新方位）》，人民网，2024 年 1 月 22 日，http：//finance. people. com. cn/n1/2024/0122/c1004-40163428. html。

下，广州对外贸易增速放缓。2021~2023 年，广州外贸进出口总额虽然维持在万亿元以上，但增速分别为 13.5%、1.1%、0.1%，有贸易失速之"忧"。

珠三角产业带分布密集，但外需持续低迷，加之地缘政治冲突持续，对广州市的产业链、供应链造成较大冲击，导致广州外贸出口额增速下滑，2023 年前期外贸市场回暖并不如预期。广州的服装、皮革、家具等品类出口订单量下滑明显。以 2022 年外贸出口额排名前十的商品类别来看，相较于 2020 年，服装及衣着附件，液晶平板显示模组，纺织纱线、织物及其制品，灯具、照明装置及其零件，家具及其零件，鞋靴等分别下降了15.61%、1.41%、36.09%、23.18%、16.03%、4.41%。近年来，企业国际竞争压力不断增加，珠三角地区经济对外依存度高，人力、土地等经营成本高的弱势被放大，加之中美贸易摩擦以及发达国家对中国的关税壁垒政策，使广东中低端产业向海外转移的趋势明显。部分产业链面临迁移，轻工类外贸订单转移到东南亚、墨西哥等地。2015 年以后，广州外贸的发展存在后劲不足、增速波动较大的问题。

与对外经济活跃的其他城市相比，广州市对外贸易的增长速度减缓尤为明显。深圳市外贸出口量常年居内地城市首位，2023 年进出口总额38710.70 亿元，同比增长 5.9%，其中出口额 24552.08 亿元，增长12.5%。① 长三角外贸强市也交出了亮眼成绩单。2023 年宁波市累计进出口额达到 1.28 万亿元，同比增长 0.9%，其中出口额 8287.8 亿元，增长 0.7%。②

（二）发展质量之"忧"

当前，世界经济整体下滑、通胀高企，而国内企业的主要原材料购进价格指数长期高于出厂价格指数，工业生产者价格面临"高进低出"的严峻

---

① 《深圳市 2023 年国民经济和社会发展统计公报》，深圳政府在线，2024 年 4 月 28 日，https://www.sz.gov.cn/cn/xxgk/zfxxgj/tjsj/tjgb/content/post_ 11264250. html。
② 《2023 年宁波市经济运行新闻发布稿》，宁波市统计局网站，2024 年 1 月 26 日，http://tjj.ningbo.gov.cn/art/2024/1/26/art_ 1229042910_ 58919607.html。

问题，这也就导致了广州市外贸企业普遍反映出口成本上升、利润降低。自主品牌"走出去"，有助于提高品牌溢价能力，是外贸企业加强竞争优势、提升企业营业利润的根本，也是破局之路。但根据 2022 年海关总署数据披露可知，仅有 17% 的跨境电商出口商品拥有自主品牌。当前，广州外贸企业大多以产品组装加工为主，形成了先接订单、再生产的固化生产模式，自建品牌的意愿不强，企业转型困难。外贸龙头企业少，国际影响力有限，整体上规模也比较小，贸易自主权受限。

物流成本是影响国际贸易质量的重要因素，海运价格上涨冲击中国外贸企业的生产经营。红海危机发生后，航运船只绕道非洲好望角，致使每个集装箱的运输成本平均增加 500 美元左右。同时，受地缘冲突外溢影响，其他航线的运价也有所提升，提高了中国外贸企业的运输成本，挤压了利润空间。由于时效性要求较高，航线拉长、交货延误对跨境电商企业影响较大，或将导致其在平台的推荐搜索位置后移，降低获取新订单的能力。[①] 此外，巴拿马运河地区旱情导致水位下降，通过美西航线再经铁路抵达美国东部的路线出现拥堵，运输距离加长、成本抬升，这将影响中国对美国出口机械设备、家具、化工塑料、金属产品等。

（三）发展结构之"忧"

广州产业体系完备，拥有 41 个工业大类中的 35 个，门类虽多但产业规模和竞争力有限。从出口商品来看，机电产品和劳动密集型产品，如纺织品、服装、箱包、鞋类等占主流。从长期来看，广州外贸结构转型升级仍未破局，尽管高新技术产品出口有所增加，但机电产品和劳动密集型产品仍是广州外贸出口"大头"。整体上，广州外贸企业出口商品并未摆脱薄利多销的局面，许多企业既缺乏品牌化战略，又面临综合成本上升的挑战。同时，产业链外迁压力尚存，广州外贸企业欠缺国际影响力，把握产业链主导权任

---

① 《红海危机对中国出口影响如何？》，"中国商务新闻网"百家号，2024 年 2 月 24 日，https://baijiahao.baidu.com/s? id=1791653708775681942&wfr=spider&for=pc。

重道远。

行业内部同质化竞争激烈，产业成本更低的国家出现，迫使外贸企业陷入价格战泥潭，在技术研发、品质提升方面缺乏投入。最近几年，广州在以汽车为代表的车船制造业出口方面有所提升，但整体占比较低。此外，"新三样"的出口贡献度仍比较低。

从服务贸易来看，规模相对较小，低于上海、北京、深圳的水平，服务外包业务主要位于价值链中低端，高端服务供给能力较弱，服务外包企业创新能力和市场竞争力亟待提升。

三 广州外贸高质量发展路径探讨：构建新格局，培育新动能

在跨境电商和数字贸易发展的大环境下，广州外贸要想实现高质量发展，还需要从多方面发力。

（一）扩大高水平对外开放，促进贸易更加优化平衡发展

一是提高贸易开放度，促进进出口更趋平衡。以制度型开放为深化改革的抓手，打造国际经贸新规则策源地。聚焦省委"1310"重大部署，打好外贸、外资、外包、外经、外智"五外联动"组合拳，着力构建高水平开放型经济新体制，在贸易、金融、物流和数据跨境流动等重点领域率先实现突破，进一步融入区域和世界经济。从出口导向转向进出口并重、内外贸一体化的发展格局，在大宗原材料、关键零部件、重要设备等产业上游扩大进口，服务国内产业链，提升供应链韧性和竞争力。推动优质制造、服务出海，特别是开拓"一带一路"新兴市场国家。同时高标准建设南沙进口贸易促进创新示范区，充分发挥进口对提升消费、调整结构、扩大开放的重要作用。

二是积极开拓国际市场，扩大广州商贸"朋友圈"。构建多元化的外部市场格局，引导广州企业积极外出参展。加强与共建"一带一路"国家的

贸易合作，鼓励企业在共建"一带一路"国家市场布局，深度拓展货物贸易与服务贸易合作空间。在巩固欧美发达国家传统市场的同时，深度拓展东盟、非洲、拉美等市场，全面提升在发展中国家市场的影响力，逐步提高自贸伙伴、新兴市场和发展中国家在对外贸易中的占比。拓展与全球104个友好城市、55个友好港口之间的商贸往来，推进国际交往中心城市建设。

三是构建外贸新发展格局，促进各区均衡发展。广州是世界的"大超市"，纺织服装、美妆日化、箱包皮具、珠宝首饰、食品饮料、定制家居等六大特色产业集群都有完整供应链，具有较强的国际竞争力。下一步，需要加强资源整合联动，注重跨界融合和海外营销，深挖产业链条，创新专业市场"实体+跨境电商"经营模式，探索打造"前展、中交、后仓"的全产业链批发市场 B2B 平台，激励优质产品跨境出海。加快出台"广州市推动跨境电商国际枢纽城市建设若干政策"，大力支持跨境电商发展，各区结合本辖区实际制定针对性扶持措施，形成跨境电商政策矩阵。

（二）着力培育外贸发展新优势，加快向全球价值链中高端迈进

一是加快发展跨境电商、数字贸易等新业态、新模式。2023 年，国务院办公厅印发的《关于推动外贸稳规模优结构的意见》提出，"鼓励各地方结合产业和禀赋优势，创新建设跨境电商综合试验区，积极发展'跨境电商+产业带'模式，带动跨境电商企业对企业出口"。借助 SHEIN、TEMU 等跨境电商头部平台落户广州的优势，充分利用"跨境电商+产业带+全托管"模式，以数字化将分散的中小型企业整合成敏捷反应的柔性供应链，逐步在海外建立私域流量，推动"品牌出海"。推动跨境电商与其他业态联动互促、融合发展，不断拓宽贸易渠道，实现内外贸一体化发展，助力外贸保稳提质。将广州的资源禀赋优势与数字贸易方式结合起来，形成国际贸易竞争新优势。出台金融、财税等政策，引培并举，扩大数字贸易高端人才供给，积极发展数字产品贸易，助推跨境电商、数字金融、数字医疗等细分行业发展，构建数字贸易新优势。

二是推动外贸企业进行数字化、绿色化转型，提升国际分工地位，向全

球价值链中高端迈进。数字化、绿色化双转型是适应技术环境新变化，助力形成新竞争优势的必然选择。引导外贸企业以数字技术为抓手，推动5G、工业互联网、人工智能等新一代信息技术与传统产业相结合，以场景融合推动数字技术和绿色技术融入生产经营过程，实现效率提升、成本下降。以财政、税收等政策鼓励外贸企业通过自主研发、品牌建设强化供应链韧性和竞争力，切入全球产业链中上游和价值链中高端。推动技术含量高、附加值高的高新技术产品加快"出海"。升级货物贸易，实现汽车出口"倍增"计划，出台推进加工贸易数字化转型措施，加大内外贸一体化试点企业培育力度。利用在可再生能源、电动载人汽车、数字经济等领域的"研发+生产+商业化"应用场景优势，在全球能源转型的碳中和贸易中争取国际话语权，培育绿色贸易成为新增长点。创新服务贸易，争创国家级服务贸易创新发展示范区。加快推广"外综服+跨境电商"和"外综服+市场采购"新模式。

三是加快打造国际供应链物流与中转联运物流枢纽，促进物流业和制造业融合发展。依托全球跨境电商"三中心"建设超级供应链中心。借助新兴技术手段，通过数字化智能工具，构建立体化的跨境电商供应链场景，用数据赋能制造业、引导产业聚集，整合全球全产业供应链资源，服务和推动制造业向数字化转型升级，助力企业出海。进一步推动交通枢纽与物流园区的紧密衔接、多式联运和物流供应链融合发展，带动高端物流服务发展，打通全链条物流体系，构建资源共享平台，创建协同联动的新模式。继续提升航空枢纽的链接能力，将航空网融入高铁的覆盖网络，增强空港辐射力。加快广州东部公铁联运枢纽项目，搭建"交通+物流+产业"融合发展平台，将增城打造成为高规格的生产服务型国家物流枢纽。凭借现有的"海陆空铁"等枢纽资源优势，将广州打造成立足粤港澳大湾区、辐射亚太、面向全球的综合物流大通道。

（三）进一步优化市场营商环境，推动广州外贸高质量发展

一是纵深推进营商环境改革，打造"宜商兴业"高地。营商环境是城

市核心竞争力和经济软实力的重要体现，也是推动改革的重要抓手。广州成功入选全国首批营商环境创新试点城市，多项创新举措引领全国。2023年印发的《广州市建设国际一流营商环境标杆城市　助力产业高质量发展行动方案》，被称为营商环境改革"6.0版本"。面向未来，广州应进一步推出新一轮营商环境改革举措，实化细化"民营经济20条"，树牢"产业友好型、企业友好型"的营商环境理念，在帮助企业降本增效上出台更有力的举措，不断为高质量发展蓄势赋能。在市场准入、政务服务、法治保障等方面不断深入。

二是进一步提升通关效能，帮助企业降本增效。持续深化落实海关总署优化营商环境16条，以世界银行新一轮营商环境评估为契机，以科技引领口岸通关现代化、智能化，大力促进跨境贸易便利化，帮助企业提效降费。进一步推动"智慧海关"对接"智慧口岸"建设，支持优化完善"航空物流公共信息平台"功能建设，持续提升航空口岸无纸化水平，推动实现电子设备交接单、提货单全覆盖应用。支持"单一窗口"丰富关企数据交互类型，提升海关对企服务数字化、智能化水平。继续扩大"船边直提""抵港直装"等便利措施应用范围，探索将"直装直提"试点范围拓展至航空口岸。加强对企业自贸协定原产地政策的宣传与关税享惠指导，用好用足《区域全面经济伙伴关系协定》（RCEP）等多双边自贸协定关于关税减免、原产地累积规则与贸易便利等制度红利，帮助企业降本增效。支持民营企业发展壮大，精准培育"专精特新"、高级认证企业（AEO），让企业能充分享受政策制度红利。

三是发挥跨境电商综试区优势，充分利用会展资源。依托全球跨境电商"三中心"优势，在打造平台汇聚区、优化专业服务生态等方面不断探索，为跨境电商企业、产业集群等提供一站式服务，助力中小微外贸企业品牌顺利出海，共建全球跨境电商人才网、供应链网和市场网，探索跨境电商卖家创新服务的"广州模式"。会展经济具有较强的拉动效应，是衡量国际大都市发展水平的基本参数和重要标尺。将南沙自贸区打造成"立足湾区、协同港澳、面向世界"的国际高端会展新平台，成为广州拓展外贸市场、培

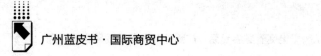

育新外贸主体企业的优势选项，为企业实现高质量"走出去"提供平台。加快建设"国际会展之都"，举办高端展会和国际交流论坛，充分利用外贸第一展会"广交会"以及广博会、世界粤商大会等平台，引导外贸企业积极参与各类线上线下展会，支持企业抢订单、拓市场、建渠道，促进外贸高质量发展。

B.17
广州数字贸易发展面临的挑战与应对策略[*]

钟晓君 杨 慧 刘帷韬[**]

摘 要: 随着数字技术的快速应用与发展,各大企业加快数字化转型,大力发展数字贸易已成为当前广州重要的贸易形式。本文在深入分析广州数字贸易发展现状的基础上,认为广州数字贸易发展仍面临数字贸易人才不足、各区数字贸易空间分布失衡、数字贸易创新与科技融合不足、"数据隐私"阻碍数字贸易发展、数字贸易监管力度不够等问题与挑战。基于上述分析,本文从加强数字贸易人才培养、重点打造数字贸易示范区、加强数字平台创新和科技的融合、加强数字贸易顶层设计、优化数字贸易营商环境等方面提出促进广州数字贸易高质量发展的对策建议。

关键词: 数字贸易 数字经济 广州

随着互联网技术的发展与应用,数字贸易已成为数字时代重要的贸易形

---

[*] 本文系广东省哲学社会科学规划项目"中国文化产业'走出去'路径选择及经济效应研究"(项目编号:GD23XZZC18)、广州市哲学社会科学发展"十四五"规划2024年度常规课题"广州数字文化产业'走出去'路径及效应研究"(项目编号:2024GZQN53)、广东省教育科学规划项目"'一核一带一区'职业技术教育与经济协调发展研究"(项目编号:2021GXJK096)和广州市哲学社会科学发展"十四五"规划2024年度市委市政府重大课题"广州招商引资体制机制改革创新研究"(2024GZZD21)研究成果。

[**] 钟晓君,博士,广东技术师范大学副教授,广东省习近平新时代中国特色社会主义思想研究中心特约研究员,研究方向为国际贸易、数字经济;杨慧,广东技术师范大学硕士研究生,研究方向为国际贸易、数字经济;刘帷韬,博士,广州市社会科学院副研究员,研究方向为国际贸易、产业经济。

式。党的二十大报告强调，"推动货物贸易优化升级，创新服务贸易发展机制，发展数字贸易，加快建设贸易强国"。2023 年，习近平主席在第二届全球数字贸易博览会上呼吁各方充分利用全球数字贸易博览会这一平台，共同发展数字贸易，为世界经济增长注入新动能，并为共促全球数字贸易高质量可持续发展指明了方向。

广州作为中国重要的经济中心之一，数字贸易在其发展中起着越来越重要的作用。2023 年，广州市商务局与其他 8 个部门联合发布了《广州市支持数字贸易创新发展若干措施》，提出新的政策举措以支持数字贸易的高质量发展。这些措施主要包括加大对数字新基建、数字贸易公共服务平台建设以及数据安全流动等方面的政策支持力度，以更好地推动数字贸易企业的发展。本文探讨广州数字贸易发展现状，结合主体端、人才端、资源端，分析广州数字贸易发展面临的机遇和挑战，提出进一步发展数字贸易的对策建议，以期为广州制定科学合理、行之有效的数字贸易政策提供借鉴，促进广州数字贸易高质量发展。

一 广州数字贸易发展现状

（一）数字贸易规模稳步扩大，数字贸易红利巨大

我国数字经济规模较大，数字消费市场前景广阔。多年来，我国借助庞大的国内数字消费市场并充分利用数字经济对国内国际"双循环"的促进作用，迅速崛起为全球第二大数字经济体，仅次于美国。广州的数字贸易规模不断增长，得益于其在跨境电商、数字支付、高新技术、物流效率方面的优势，并通过信息技术的支持，企业和消费者能够更快地进行交换和追踪订单，促成交易。

从 2018~2023 年广州商品进出口总值来看，2018～2022 年，广州商品进出口总值从 9810 亿元增加至 10948 亿元，2020 年，广州受新冠疫情冲击在经济下行压力下，商品进出口总值下降至 9530 亿元，较上年减少 466 亿元，同比下降 4.7%。2021 年，在国家政策的大力扶持下，广州商品进出口总值上升至 10826 亿元，与上年相比实现了快速增长。2022 年广州商品进

出口总值为 10948 亿元，比上年增长 1.1%（见图 1）。总体上看，广州数字贸易规模呈现增长态势。

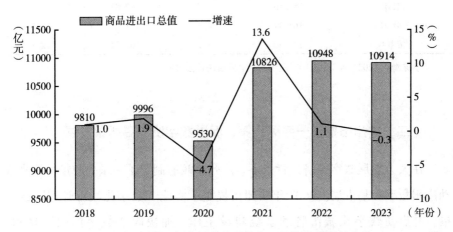

图 1　2018~2023 年广州市商品进出口总值及其增长速度

资料来源：2018~2023 年《广州市国民经济和社会发展统计公报》。

从广州对主要国家和地区的进出口总值来看，一是在出口总值中，广州对美国的出口总值较大，2022 年增加至 960.25 亿美元，广州对韩国的出口总值增速最快，较上年增长 24.5%；二是在进口总值中，2022 年广州对日本的进口总值较大，为 692.83 亿美元，广州对俄罗斯的进口总值增速最快，较上年增长 2.1 倍（见表 1）。即使在 2021 年和 2022 年疫情防控及国际贸易充满不确定性的情况下，广州经济仍然稳中求进，在数字贸易规模稳步扩大的驱使下，广州将迎来巨大的数字贸易红利。

表 1　2022 年广州对主要国家和地区的进出口总值及其增长速度

单位：亿元，%

国家和地区	出口总值	比上年增长	进口总值	比上年增长
中国香港	645.04	-7.6	40.28	7.3
美国	960.25	16.9	395.80	9.6
欧洲联盟（27 国）	860.59	-11.1	834.58	16.1
东盟（10 国）	1085.67	-2.7	665.45	2.0

续表

国家和地区	出口总值	比上年增长	进口总值	比上年增长
日本	253.16	17.5	692.83	-6.2
韩国	165.47	24.5	371.25	-17.5
俄罗斯	105.80	3.2	165.71	2.1倍

资料来源:《2022年广州市国民经济和社会发展统计公报》。

(二)广州市推出一系列政策,促进数字贸易高质量发展

在大力发展数字经济的背景下,广州市政府制定了一系列政策措施来推动广州数字贸易发展。2007年广州市提出了实施"数字化城市管理"的举措,并启动数字化城市管理系统建设工作,加快向"数字广州"转型。2019年1月发布了《关于推动电子商务跨越式发展的若干措施》,强调了要充分发挥电子商务在供给侧结构性改革中的作用,培育新常态下经济发展新动能,强化跨境电商的发展优势,把广州打造成亚太电子商务中心,以更好更快地推动电子商务跨越式发展。2021年发布了《广州市建设国家数字经济创新发展试验区实施方案》,要在数字经济创新发展中推动数字创意产业集群化发展,建设公共数字文化服务云平台,构建数字经济新生态,形成数字经济新体系。2022年发布了《广州市支持数字贸易创新发展若干措施》,提出更好地发挥数据要素作用,加速建设数字新基建及公共服务平台,促进广州数字贸易高质量发展。

(三)广州跨境电商领跑全国,为数字贸易发展打下坚实基础

随着数字贸易的迅速发展,跨境电商成为数字贸易的重要组成部分。2016年,广州被批准为国家跨境电商综合试验区,广州以数字化推动贸易便利化并快速推动跨境电商产业发展,吸引了许多知名的跨境电商企业入驻,从而企业呈现集聚模式并为数字贸易发展打下了基础。截至2022年,广东以4988家跨境电商相关企业位居全国第一,在广州的跨境电商企业有1007家,

跨境电商产业园区有 24 个，其中有 11 个跨境电商产业园区被国家、省级有关部门认定或授牌，产业集聚效益明显。目前，在广州注册的各类跨境电商企业数量已超过 1200 家，包括天猫国际、京东全球购、亚马逊、抖音、得物、洋葱等跨境电商企业。其中，涉及销售的商品品类非常广泛，已超过 10 万种。

从 2015~2022 年的数据来看，广州跨境电商一直保持快速增长的势头，进出口总额从 67.5 亿元增加到 1375.9 亿元，进口规模连年位居全国第一。2021 年，受经济压力下行的影响，广州跨境电商进出口总额下降至 742.7 亿元，较上年减少 983.8 亿元，同比下降 57.0%（见图 2）。2022 年，在国家政策的大力扶持下，广州市跨境电商进出口总额与上年相比实现了快速增长。总体上看，广州市跨境电商呈现业务规模大、国际市场拓展空间大、企业集聚效益明显等良好发展态势。

图 2　2015~2022 年广州跨境电商进出口总额及其增长速度

资料来源：广州海关。

（四）广州直播电商发展势头强劲，拓展数字贸易新模式、新业态

在数字化时代背景下，广州直播电商呈现"万商开播、全城直播"的良好发展态势，从而数字贸易呈现了新场景、新业态。2020 年，广州出台全国首个直播电商产业政策，并发布了《广州市直播电商发展行动方案

（2020—2022 年）》，经过 3 年的接续发力，孵化的网红品牌有 1000 个，带货达人有 10000 名。同年，广州启动了全国首个以城市为平台的直播带货节，参与直播带货的 MCN 机构达 80 多个，销售的品类商品超过 10 万个，直播场次达 27 万余场。2023 年，广州成功举办第三届直播电商节，直播销售额超 86.38 亿元。通过"直播+"赋能产供销链路，广州不断深化与粤港澳大湾区城市、广州对口协作地区和联动城市，以及共建"一带一路"国家的对接交流，驱动产业协同和电商合作，实现链接全球市场并促进"双循环"畅通，从而为数字贸易交易市场带来极大的发展活力。

《中国互联网络发展状况统计报告》数据显示，我国网民规模及直播电商用户规模呈现增长的态势，行业也正在快速发展并进一步规范市场秩序，为直播经济发展提供了动力支持。2018～2023 年，我国网民规模从 8.29 亿人增加至 10.79 亿人，我国直播电商用户规模从 2.20 亿人增加至 5.26 亿人，两者在规模上均实现了持续增长（见图 3）。总体上看，直播电商的商业模式已具备应用基础并快速得到大规模推广。

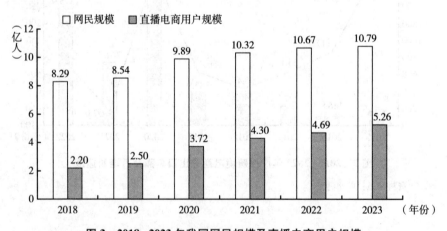

图 3　2018～2023 年我国网民规模及直播电商用户规模

资料来源：《中国互联网络发展状况统计报告》。

在直播电商快速发展过程中，直播营销产业链形成了供应端、平台端、需求端三方协作的局面。随着供应端及平台端不断加大对直播的投入，需求端对直播购物的习惯也逐渐形成，这使得直播电商产业链（见图 4）日益完善和成熟，直播电商行业将继续迎来爆发式的增长。

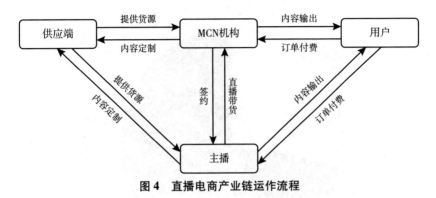

图 4　直播电商产业链运作流程

资料来源：作者根据公开资料整理。

（五）数字贸易龙头企业实力提升，面向粤港澳大湾区打造"出海数字化"

随着数字经济的快速发展及基础设施逐渐完善，我国涌现了一大批有创新实力的数字化服务企业，如华为、阿里、腾讯、百度等。截至 2022 年，从数字贸易额来看，超过 10 亿美元的企业有 20 家，超过 1000 万美元的企业有 147 家，涉及金融服务类、文化娱乐类、贸易数字化平台类、信息技术类、研发设计类等多个领域。

目前，南沙区以"立足湾区、协同港澳、面向世界"的战略定位，与粤港澳大湾区实现规则对接和制度创新并完善跨境物流，打造中国企业"出海数字化"的综合服务基地。此外，充分利用产业基础、政策红利、营商环境等优势，吸引龙头企业集聚，从而实现企业的管理创新，并充分展现了国际化视野和资源整合能力，助推广州形成更大规模、更高质量发展的新格局。

2022 年，在 35 家广州数字贸易龙头企业中，研发设计类企业数量最多，有 10 家（29%），其次是金融服务类企业和贸易数字化平台类企业，分别有 8 家（23%）、7 家（20%）（见图 5）。在新兴高附加值的服务外包领域，知识产权成为广州数字贸易进口额最大的领域。由此可见，广州在大数据、人工智能等领域所取得的创新成果较为丰富，龙头企业的综合实力也在逐步增强。

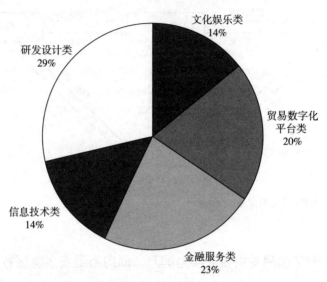

图 5　2022 年广州 35 家数字贸易龙头企业类别分布情况

资料来源：广州市商务局、广州市人民政府。

（六）广州数字基础设施建设总体呈加强趋势，打造"数字广州"

在 5G 基站建设方面，近年来广州 5G 基站建设数量快速增长，为数字贸易发展提供了强有力的支撑。2024 年广州市政府工作报告首次提出"打造更高水平的数字广州"。据统计，截至 2023 年底，广州市已累计建成 5G基站 9.17 万座，其中广州全市"上云"企业超过 10 万家，打造了 3 个国家级特色专业型工业互联网平台，2 家全球独角兽数字化转型服务商，1 个国家级跨行业跨领域工业互联网平台。① 广州数字基础设施的建设打造了城市数字空间，使广州形成了海陆空一体的城市感知体系。

在大数据和人工智能技术方面，数字贸易发展更加智能化。截至 2022

---

① 《截至 2023 年底，广州累计建成 5G 基站 9.17 万座》，《信息时报》2024 年 1 月 31 日。

年，广州在人工智能与数字经济试验区内登记注册的企业有 8 万家，琶洲核心区的数字经济产业集聚明显，琶洲试验区企业总数已超 3.4 万家，科技型中小企业有 210 家，高新技术企业有 331 家。① 随着 AI 产业链、产业规模不断延长、扩大及 ChatGPT 的火爆，广州人工智能的应用广度和深度持续拓展。广州人工智能公共算力中心以普惠 AI 算力服务为定位，已对接 500 多家中小企业，挖掘有算力需求的企业 220 多家，完成技术适配 150 多家，为 40 多家企业持续提供算力服务。人工智能和大数据技术将带来更加高效的销售渠道和客户交互方式，从而提高数字贸易的竞争力和效率。

在物联网技术应用方面，物联网技术使得数字化贸易变得更加便捷。它是数字化贸易的关键技术，能使各种设备和物品之间实现连接并且可以实时传递信息，从而使得数字化贸易变得更加便捷。广州市黄埔区及开发区规划布局科学城、知识城、生物岛、黄埔港"四新基建区"，布局 120 个重点项目，打造数字经济发展新模式。物联网技术实现了数字化贸易的无缝衔接，使企业能更好地掌握物流、库存和制造的信息，从而提高数字化贸易效率。

在区块链产业发展方面，广州进一步推动区块链技术发展，为数字贸易创新技术提供保障。区块链技术具有可交易的真实性、可追溯性和可靠性的特点，从而促进了数字贸易的发展。截至 2023 年，广州市区块链企业总数超 400 家，在政务区块链应用领域提供"区块链+"服务，实现 150 多类 3000 多万条业务数据"上链"。在公共资源交易区块链平台，采用联盟链形式联通广州市中级人民法院等 9 家单位以及 30 余家互联网平台数据。区块链技术将成为新一代数字贸易技术，使交易更透明、更高效，并降低交易成本。

二 广州数字贸易发展面临的挑战

（一）数字贸易人才不足，就业结构不平衡

当前，广州数字贸易发展速度快，需要大量既具备数字贸易业务知识，

---

① 《琶洲数字经济指数研究报告（2022）》。

又懂外语和电子计算机信息技术的复合型数字贸易人才。然而大多数国际贸易业务的从业人员，对数字贸易、国际市场法律法规等方面的认识还不够透彻。从人才培养的学历结构来看，大部分数字贸易企业的员工以本科、大专及以下学历为主，拥有博士学位的员工较少。大部分数字贸易企业中高层次海归人才、国际化经营专业人才较少，暂无完善的人才梯队来满足就业市场发展的需要。

随着数字化技术的应用和普及，一些传统行业的人才需求将减少，而一些新兴的数字经济领域可能会创造更多的就业机会。传统行业可能面临数字化转型的压力，难以满足数字化转型的需求，从而导致竞争力下降、市场份额减少，进而使线下的就业机会减少，而劳动者未能快速地适应数字贸易结构的变化，导致就业结构不平衡。

（二）各区数字贸易空间分布失衡

在广州数字贸易龙头企业中，本田技研、美的华凌（研发设计类），汇丰软件、广电运通（金融服务类），卓志跨境电商、希音（贸易数字化平台类），四三九九、简悦信息（信息技术类），酷狗、三七互娱（文化娱乐类）等35家数字贸易企业入选首批数字贸易龙头企业。以2022年广州数字贸易企业35强为例，天河区以16家企业位居第一；番禺区以9家企业次之；海珠区以4家企业位居第三；黄埔区、越秀区、增城区及白云区各区的企业数不足3家；荔湾区、花都区、南沙区与从化区没有企业入围（见表2）。受政策、资源配置、地理位置等多个方面的影响，广州各区的数字贸易发展程度差异较大，呈现发展不平衡的状态。

表2 2022年广州35家企业入选广东省数字贸易龙头企业榜单

单位：家

区域	序号	企业名称	类别	企业总数
天河区	1	汇丰软件开发(广东)有限公司	金融服务类	16
	2	汇丰环球客户服务(广东)有限公司	金融服务类	
	3	广州广电运通金融电子股份有限公司	金融服务类	

续表

区域	序号	企业名称	类别	企业总数
天河区	4	广州银联网络支付有限公司	金融服务类	16
	5	广州电盈综合客户服务技术发展有限公司	金融服务类	
	6	友邦资讯科技（广州）有限公司	金融服务类	
	7	广东凯捷商业数据处理服务有限公司	金融服务类	
	8	广州酷狗计算机科技有限公司	文化娱乐类	
	9	广州博冠信息科技有限公司	文化娱乐类	
	10	广东卓志跨境电商供应链服务有限公司	贸易数字化平台类	
	11	广州哆啦科技有限公司	贸易数字化平台类	
	12	广州细刻网络科技有限公司	贸易数字化平台类	
	13	广州三星通信技术研究有限公司	信息技术类	
	14	广州简悦信息科技有限公司	信息技术类	
	15	广州玛氏信息技术服务有限公司	信息技术类	
	16	爱立信移动数据应用技术研究开发（广州）有限公司	信息技术类	
番禺区	17	广州城电客户服务有限公司	金融服务类	9
	18	广州汇量信息科技有限公司	贸易数字化平台类	
	19	广州汇量营销科技有限公司	贸易数字化平台类	
	20	广州四三九九信息科技有限公司	信息技术类	
	21	本田技研科技（中国）有限公司	研发设计类	
	22	乐金显示（广州）有限公司	研发设计类	
	23	广州美的华凌冰箱有限公司	研发设计类	
	24	广州华凌制冷设备有限公司	研发设计类	
	25	广州汗马电子科技有限公司	研发设计类	
海珠区	26	广东星辉天拓互动娱乐有限公司	文化娱乐类	4
	27	广州三七互娱科技有限公司	文化娱乐类	
	28	广州棒谷科技股份有限公司	贸易数字化平台类	
	29	国光电器股份有限公司	研发设计类	
黄埔区	30	新谱（广州）电子有限公司	研发设计类	2
	31	万力轮胎股份有限公司	研发设计类	
白云区	32	广州希音国际进出口有限公司	贸易数字化平台类	2
	33	广州希音供应链管理有限公司	研发设计类	
越秀区	34	广州久邦世纪科技有限公司	文化娱乐类	1
增城区	35	广州贵冠科技有限公司	研发设计类	1

资料来源：广州市商务局、广州市人民政府。

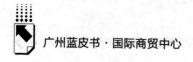

（三）数字贸易创新与科技融合不足

从数字贸易创新角度看，广州拥有自主知识产权和创造性革新的数字产品相对较少，在科技赋能数字贸易产业发展领域还不够成熟，数字贸易创新与科技融合的新业态相对不充足。其中，在基础的通信服务、软件服务以及核心云服务等领域与国际前沿水平存在差距。

从高科技发展角度看，广州缺乏具有孵化功能的头部企业。在数字贸易领域中，头部企业决定了区域数字贸易的核心竞争力。2023 年中国互联网协会发布了中国互联网综合实力百强企业名单，其中广东共有 15 家企业入选，位居第三，少于北京的 33 家、上海的 17 家。在企业细分领域中，广州拥有网易、三七互娱和酷狗等领军企业，但缺乏像腾讯、阿里、美团、京东和百度等行业巨头。在外贸出口领域中，广州企业的出口市场近一半在港澳，缺乏稳定可靠的出海贸易渠道和平台来开拓海外市场，成为企业开拓海外市场的主要障碍，因此需要加强数字贸易与科技创新合作建立新平台以适应行业发展。

（四）"数据隐私"影响数字贸易发展

首先，数字贸易平台过度保护数据隐私将限制电商平台的数据收集分析能力和个性化推荐服务，进而降低用户体验和平台的商业价值，并对用户体验和平台的商业价值产生负面影响。其次，用户提高个人数据隐私的关注度并更加谨慎地对待个人数据的分享和使用，其中涉及的个人信息跨境数据流动受到限制，将使电商平台无法获取足够的用户数据进行精准营销，从而影响数字贸易的发展和推广效果。最后，企业与第三方数据服务提供商或合作伙伴的数据共享受到限制，将导致企业在数字营销、个性化推荐等方面受阻，提高了企业的合规成本和操作难度，从而影响数字贸易发展的进程。

（五）数字贸易监管力度不够

数字贸易交易中税收监管困难的问题亟待解决。随着数字经济的快速发展，各行各类相关领域的贸易企业规模也稳步增长，数字贸易与传统货物贸易交易平台不同，在跨境交易时，数字贸易交易大多以第三产业难以计算的无形产品线上交易为主，而不是在线下进行实物交易，因此也不需要经过海关检测。随着数字贸易规模快速增长，交易流程的不确定性也在增强，这种不确定性给海关在进出口方面的确认以及税收稽查和征收工作带来了巨大困难。电商贸易偷逃税等也更难以进行有效监管，跨境征税的系统性法规不健全，导致税收难以进行跟踪和监管，税收监管变得更加复杂。

数字贸易交易中知识产权类产品保护监管措施尚未健全。知识产权是科技创新的重要驱动力，随着数字贸易中数字版权交易量增加，数字交易平台的在线作品是否受版权保护、如何保护，尚无明确的规定。关于权利范围，与用户以及版权财产的定义等相关的系统性法规也相对模糊。数字贸易在监管过程中将涉及不同国家的法律体系，导致数字贸易中的合同执行、知识产权保护等问题变得更加棘手，从而企业在开展数字贸易时将面临更大的法律风险和不确定性。

三 推动广州数字贸易高质量发展的对策建议

（一）加强数字贸易人才培养

一方面，学校和培训机构可以制定相关课程和专业，覆盖从基础知识到实践技能的全面培养。培养数字贸易人才的专业知识和技能，提升与开阔从业人员的综合素质和国际视野。学校可以与企业合作，基于校企合作为学生提供实习和实践机会，并建立导师制度，为学生提供专业的指导和支持。此外，学校可以组织行业内专家开展讲座和交流活动，实施国际交流项目，鼓励学生参与创新和实践活动，还可以通过设立奖励机制，激励学生投入更多精力和时间进行学习与实践。

另一方面，广州可通过一系列政策支持人才引进战略，积极引进数字贸易领域领军人才并鼓励其从事数字贸易领域的研究和实践。对新引进的5G、人工智能、区块链等应用型的技术人才和复合型中高端数字贸易人才的创新创业给予扶持与奖励，并积极引导高科技人才开展研发与技术合作，推动数字贸易的创新和发展，为就业市场增添活力。

（二）重点打造数字贸易示范区，壮大数字贸易市场主体

广州作为中国重要的经济中心和国际化城市，有得天独厚的区位优势和经济基础，重点打造数字贸易示范区是广州经济发展的重要战略举措。首先，广州可加快设立数字贸易示范区的步伐并提供优惠政策和便利条件，吸引优秀企业、跨境电商平台、物流企业等相关服务机构入驻，促进数字贸易产业集聚发展。其次，要想打造数字贸易示范区，广州应加大对数字贸易技术研发和创新的支持力度，并设立专门的科研机构和实验基地，整合产业链上下游，带动生产端个性化、定制化发展，从而推动数字贸易技术的研究和应用。最后，数字贸易示范区应加强国际合作并积极拓展数字贸易的全球市场。借助国际平台的资源和优势与国际知名电商平台、跨境物流企业等建立战略合作关系，扩大市场覆盖面，壮大数字贸易市场主体，从而更好地推动数字贸易的发展与创新。

（三）加强数字平台创新和科技的融合

在数字平台创新方面，广州可以建立多元化的创新平台和生态系统。通过搭建创新孵化器、科技园区等平台，提供资源共享、技术支持等服务，打破各方壁垒，促进创新要素的跨界流动与整合，推动数字平台创新和科技的融合发展。同时，鼓励企业加强自主创新，保护知识产权不受侵犯，为企业提供良好的创新环境和保护机制，增强企业信心，推动数字经济创新发展，从而进一步促进数字科技企业、高校科研机构和政府部门之间的密切合作与交流。在数字技术应用方面，企业需要积极运用"数字+服务"等数字技术，加快发展在线服务和远程服务，推动数字化转型进程，加速发展新业态，拓展多领域服务。此外，广州还可以推动数字化政务服务，建立高效、便捷的数字化政务平台，提供在线申报、审批等服务，从而简化审批手续并

降低交易成本。

在数字技术与创新的产学研融合方面，广州应积极促进科研成果转化和产业升级。鼓励企业与高校科研机构合作开展项目，支持科研成果的产业化应用，缩小在应用、新基建和数字技术、基础技术方面的差距，从而推动科技创新成果向市场转化并提升产业竞争力和创新能力。广州可以积极开展国际合作与交流，吸引国际先进科技资源和项目进入广州，借助国际合作平台，推动数字创新和科技融合的国际化发展，提升广州在全球科技创新领域的地位和影响力。广州应加大对数字创新和科技融合领域的政策支持，完善数字贸易法律法规，建立健全数字贸易法律法规体系，明确数字贸易的监管和规范要求，为数字贸易活动提供清晰的法律依据，保障交易各方的合法权益。此外，通过出台相关政策措施，包括税收优惠、科研资金支持等方面，从而为数字平台创新和科技的融合提供良好的政策环境和支持，激发企业和科研机构的创新活力。

（四）加强数字贸易顶层设计

一是加大数字贸易政策保障力度，广州可以加大对数字贸易企业的扶持力度。通过出台税收优惠、科研资金支持等方面的政策，鼓励和引导企业加大对数字化转型的投入，提升企业的竞争力。同时，在发展数字贸易过程中可以为企业提供相关培训和咨询服务，提升企业的专业素质和国际竞争力。

二是加强跨境电商发展，提升数字贸易的便利性和效率。建设电子商务交易平台，提供一站式的服务，包括海关通关、仓储配送、支付结算等环节的整合。同时，加强物流和仓储基础设施建设，推动贸易供应链对接、贸易服务平台和外贸基础设施的数字化，从而提升数字贸易的配送能力和效率。加大对物流园区和仓储设施的投资，扩大与提高物流网络的覆盖范围和运输速度，降低物流成本，进而提升数字贸易的快速响应能力和服务水平。此外，简化跨境贸易手续，降低交易成本，提高交易效率，增强广州在数字贸易中的竞争力。

三是加快会展业的数字化应用，打造"国际会展之都"。在开展会展业务中，广州可以积极引入国际会展组织、知名展会、跨国企业和国际论坛，加强国际交流，提升广州作为国际会展中心的地位和影响力。同时，对会展场馆进行智能化升级改造，提升场馆的服务质量和效率，从而推动展览数字化发展。在会展业务创新应用技术中，应加快会展业的数字化应用，线下展览项目应大量运用云计算、大数据、物联网、区块链、5G 等前沿技术，以提升广州在国际会展领域的竞争力和影响力，进而推动广州数字贸易产业的快速发展。

（五）优化数字贸易营商环境

首先，广州需要在统筹发展和安全的基础上，为数字平台企业营造有利的内部环境。在数字贸易发展过程中，通过优化营商环境、减少贸易壁垒、加强知识产权保护等措施协调好数字贸易监管政策，不断完善网络安全、数据跨境流动安全和个人隐私保护的合规指引。其次，广州可积极推动数字基础设施建设，加强信息技术基础设施建设，提升网络速度和稳定性，推动5G、物联网等新技术在数字贸易领域的应用，拓展企业数据跨境流动安全合规的途径，为数字平台企业提供更多发展保障及更高效、便捷的数字化服务。

此外，广州还应加强国际合作，为数字平台企业拓展国际市场营造有利的外部环境。通过积极参与国际数字贸易规则的制定，进行数字贸易规则的磋商与谈判，提升广州数字贸易的国际市场份额，从而加强与其他国家和地区的数字贸易合作，提升城市的国际影响力，进而拓展广州数字贸易市场，助力城市经济的腾飞。

参考文献

杨小辉、朱燕芳：《大数据背景下我国数字贸易发展的现状及改进对策研究》，《现代营销》2023 年第 8 期。

周骏宇、孙丽丽:《广州数字贸易发展的基础、现状与对策》,载陈万灵主编《广东对外经济贸易研究报告(2022~2023)》,社会科学文献出版社,2023。

焦朝霞:《辽宁省数字贸易发展存在的问题及对策分析》,《大连民族大学学报》2023年第6期。

李俊、李西林、王拓:《数字贸易概念内涵、发展态势与应对建议》,《国际贸易》2021年第5期。

市场运行篇

B.18
2023年广州消费品市场运行情况及建议[*]

广州市统计局课题组[**]

摘　要：　2023年，广州市积极落实落细一系列稳增长政策"组合拳"，强化政策统筹，采取务实举措、精准发力，供需两端相互配合、着力优化供给扩大需求，形成强大合力，进一步巩固消费基础、增强产业韧性、提升发展动能，不断推动消费结构优化升级，消费品市场稳步恢复、回升向好，总体规模超过1.1万亿元。但石油及制品类、文化办公用品类、日用品类等商品零售额负增长，传统燃油车等汽车类市场压力大，实体店铺零售业发展困境依然存在等问题仍需关注，建议通过强化政策保障、优化消费环境、锻造消费引擎、升级业态模式、培育特色载体、提升湾区效应等举措，持续推动消费品市场健康发展、持续扩大。

---

　　* 如无特别说明，本报告数据均来自广州市统计局

　** 执笔人：周晓雯。审核：黄子晏、黄健芳。黄子晏，广州市统计局贸易外经处处长，统计师，研究方向为政府统计与公共管理；黄健芳，广州市统计局贸易外经处副处长、三级调研员，统计师，研究方向为政府统计与公共管理；周晓雯，广州市统计局贸易外经处商调队员，研究方向为政府统计与公共管理。

关键词： 消费品市场 新消费 国际消费中心

2023年，"消费提振年"为经济回稳向好按下"快进键"，广州市积极落实落细一系列稳增长政策"组合拳"，强化政策统筹，采取务实举措、精准发力，供需两端相互配合、着力优化供给扩大需求，确保形成合力，进一步巩固消费基础、增强产业韧性、提升发展动能，不断推动消费结构优化升级。城市烟火气持续燃旺，浓浓消费暖意释放，消费活力展现，消费品市场稳步恢复、回升向好，总体规模超过1.1万亿元。

一 2023年广州消费品市场运行基本情况

2023年，广州市实现社会消费品零售总额（以下简称"社零总额"）11012.62亿元[①]，同比增长6.7%，增速比全国（7.2%）低0.5个百分点、比全省（5.8%）高0.9个百分点；增速在全省21个地市中排第2位，低于深圳（7.8%）1.1个百分点。

（一）消费基础持续巩固，市场规模稳步扩大

消费总量持续扩大、消费品类愈加丰富，消费对经济增长的驱动作用进一步增强，为经济高质量发展提供了重要支撑。2023年，广州市社零总额突破1.1万亿元，达11012.62亿元，消费品市场规模进一步扩大，连续三年实现超万亿元。分季度看，第一、第四季度在春节、国庆节假日及双十一促销活动等因素影响下，消费体量表现相对较好，四个季度社零总额分别为2860.98亿元、2716.85亿元、2659.71亿元、2775.08亿元。分阶段看，2019~2023年年均市场规模明显高于2014~2018年平均水平，超出2400亿元；2023年社零总额分别是2013年、2018年的2.0倍和1.2倍（见图1）。

[①] 数据为2023年快报数。

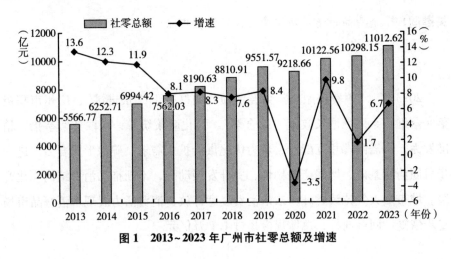

图1　2013~2023年广州市社零总额及增速

（二）市场总体回升向好，趋势呈前低中高后稳

2023年以来广州市社零总额总体趋势与全国、全省保持一致，全年呈现前低、中高、后稳态势，增速高于2022年全年（1.7%）5.0个百分点，高于2020~2022年年均增速（2.5%）4.2个百分点。

随着汽车、家居、电子产品等各个领域促消费措施陆续出台落地，消费供给、消费条件、消费环境得到进一步完善和优化，不断稳定和扩大消费，促消费政策持续发力显成效。从累计增速看，1~2月增速（2.0%）最低，3月（5.5%）、4月（8.2%）、5月（9.2%）增速逐月攀升、恢复进程加快，随后在6月（8.7%）放缓，7月以来保持6.3%~7.6%的稳定增长。从当月增速看，3月、4月、5月、11月当月受上年基数较低等因素叠加影响实现两位数以上的增长，同比分别增长13.1%、18.4%、13.3%和10.4%，其他月份当月均保持正增长，7月（0.7%）当月增速全年最低（见图2）。

（三）社零总额继续居全省首位，增速高于北京

从总量看，2023年广州市社零总额（11012.62亿元）在沪京渝穗深五大城市中居第4位，分别是上海（18515.50亿元）、重庆（15130.25亿元）、北京（14462.66亿元）的59.5%、72.8%和76.1%，差距较2018年（59.2%、

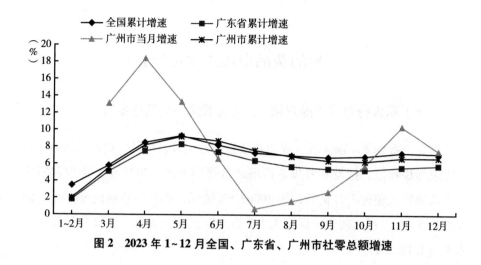

图2　2023年1~12月全国、广东省、广州市社零总额增速

61.1%、82.3%）分别扩大0.3个、11.7个和缩小6.2个百分点。社零总额继续领跑全省，占广东省的23.2%，比居第2位的深圳（10486.19亿元）高526.43亿元，是居第3位的东莞（4408.12亿元）的2.5倍。

从增速看，2023年广州市社零总额增速（6.7%）在上海、北京、重庆、广州、深圳五大城市中居第4位，低于上海（12.6%）、重庆（8.6%）、深圳（7.8%），高于北京（4.8%）（见图3）。2023年广州市社零总额增速在全省21个地市中居第2位。

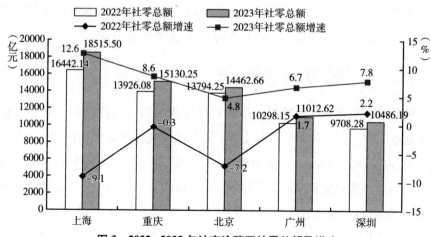

图3　2022~2023年沪京渝穗深社零总额及增速

二　广州消费品市场主要运行特点

（一）两大行业"双提双增"，餐饮增速高于商品零售

随着消费场景不断拓展、促消费政策落地显效、居民消费意愿增强，市场需求加快释放，批发和零售业市场运行提质增效。2023 年，批发和零售业零售额首次超过 1 万亿元，为 10067.92 亿元，占社零总额的 91.4%，同比增长 5.4%，增速较上年提高 3.2 个百分点，高于 2020~2022 年平均增长水平（3.1%）2.3 个百分点。

消费环境向好，促消费活动有序开展，接触性、集聚性、流动性消费加速回补，叠加上年基数相对较低，住宿和餐饮业市场规模扩大。2023 年实现零售额 944.70 亿元，占社零总额的 8.6%，较上年提高 1.2 个百分点，同比增长 23.3%，增速较上年提高 27.3 个百分点，扭转上年负增长局面，高于 2020~2022 年平均增长水平（-3.7%）27.0 个百分点。全年各月累计增速保持 11% 以上的较快增长，其中 4 月增速达 26.9%。住宿和餐饮业零售额增长势头好于批发和零售业，增速高 17.9 个百分点。

餐饮、文旅消费市场"烟火气"回归势头强劲。按消费类型分，2023 年餐饮消费增长快于商品零售，商品零售同比增长 5.5%，餐饮收入同比增长 23.7%，餐饮收入增速高于商品零售增速 18.2 个百分点。

（二）向"新"而行，网络消费增长贡献较明显

随着互联网技术、大数据、移动支付等技术趋向成熟稳定，AI 技术的突飞猛进，物流配送体系的持续完善，零售数字化转型升级正在加速向数智化迈进，进一步有效激活新型消费市场。2023 年，广州市限额以上批发和零售业通过公共网络实现商品零售额 2835.20 亿元，占全市社零总额的比重从 2018 年的 11.7%"五连升"至 2023 年的 25.7%，较上年提高 1.3 个百分点，同比增长 8.9%，对社零总额增长贡献率为 34.9%。新型信息技术、智

能化终端产品与消费市场深度融合，推动线上消费持续渗透，为培育和壮大新型消费市场带来良好契机。

餐饮消费升级提速，餐饮企业聚焦消费新需求，提供更丰富的餐饮消费体验，线上餐饮消费热度持续。2023年，广州市限额以上住宿和餐饮业通过公共网络实现餐费收入152.46亿元，增长势头强劲，同比增长27.3%，增速较上年提高4.4个百分点，高于全市住宿和餐饮业零售额平均水平4.0个百分点。

（三）汽车类消费回暖，时尚点燃消费新热度，居民消费向改善型持续推进，智能类商品消费潜力释放

全市限额以上单位在售的21个商品类别中，2023年有12类商品零售额实现正增长，9类商品零售额同比下降，商品大类半数以上实现增长。

1. 汽车类消费回暖，新能源汽车市场占有率提升

在促进汽车消费政策鼓励、消费券发放、汽车类商品购置及产品迭代等多重积极因素的助力下，汽车类消费活力持续激发。2023年，广州市限额以上批发和零售业汽车类商品实现零售额1370.26亿元，占全市社零总额的12.4%，同比增长5.3%，自2023年5月以来连续保持正增长，增速比上年提高0.9个百分点，拉动全市社零总额增长0.7个百分点（见表1）。其中，新能源汽车备受青睐，新能源汽车零售额为497.78亿元，占全市限额以上批发和零售业汽车类商品零售额的比重为36.3%，较上年提高7.0个百分点，市场占有率不断提升，同比增长35.1%，对社零总额增长贡献率为20.3%。

表1　2023年广州市限额以上部分主要商品零售额

主要商品分类	零售额（亿元）	同比增速（%）	增速比上年增减（个百分点）	拉动全市社零总额增长（个百分点）	占全市社零总额比重（%）
粮油、食品类	530.61	8.9	0.7	0.4	4.8
饮料类	122.74	-7.3	-17.9	-0.1	1.1
烟酒类	85.90	-0.6	3.4	0.0	0.8
服装、鞋帽、针纺织品类	442.92	15.3	21.5	0.6	4.0

续表

主要商品分类	零售额 （亿元）	同比增速 （%）	增速比上年 增减 （个百分点）	拉动全市社 零总额增长 （个百分点）	占全市社零 总额比重 （%）
化妆品类	290.26	15.8	18.1	0.4	2.6
金银珠宝类	153.25	6.2	11.1	0.1	1.4
日用品类	311.31	-5.6	-9.2	-0.2	2.8
体育、娱乐用品类	99.45	4.1	19.0	0.0	0.9
书报杂志类	36.09	-2.3	-4.3	0.0	0.3
家用电器和音像器材类	283.14	8.6	12.9	0.1	2.6
中西药品类	493.04	1.8	-13.6	0.1	4.5
文化办公用品类	200.39	-3.7	-1.5	-0.1	1.8
家具类	35.32	8.7	5.0	0.0	0.3
通讯器材类	427.94	3.4	7.4	0.1	3.9
石油及制品类	397.57	-3.1	-15.2	-0.1	3.6
汽车类	1370.26	5.3	0.9	0.7	12.4
其中：新能源汽车	497.78	35.1	-44.7	1.3	4.5

2. 时尚点燃消费新热度，穿戴美妆类助力消费空间拓展

广州先后出台一系列政策措施促进时尚产业高质量发展，不断夯实产业基础，创新举办中国（广州）国际时尚产业大会、广州时尚消费节等，进一步擦亮广州"时尚之都"名片，推动广州时尚产业焕发出澎湃活力。《2023 中国时尚都市指数报告》显示，在十大时尚都市①中，广州以 8.16 的总分名列第二，仅次于上海（8.24），"产业实力""文化传播"两个一级指标位居榜首。其中，美妆日化、家具家居、鞋业箱包、灯光音响的"产业规模"在十座城市中均排名第一②。2023 年，广州市限额以上批发和零售业化妆品类，服装、鞋帽、针纺织品类，金银珠宝类商品分别实现零售额290.26 亿元、442.92 亿元和 153.25 亿元，合计占全市社零总额的 8.0%，

① 《2023 中国时尚都市指数报告》十大时尚都市依次为：上海、广州、深圳、北京、杭州、成都、重庆、长沙、武汉、厦门。
② 《2023 中国（广州）国际时尚产业大会揭幕》，广州市人民政府网站，2023 年 12 月 18 日，https://www.gz.gov.cn/ysgz/xwdt/ysdt/content/post_9409415.html。

同比分别增长 15.8%、15.3%和 6.2%，合计拉动全市社零总额增长 1.1 个百分点。

3. 居民消费向改善型持续推进，家电家具类商品增势良好

聚焦升级类、改善类、绿色消费、智能产品等新消费增长点，家电政策助力市场热度攀升。年初广东省商务厅等印发的《广东省绿色智能家电消费实施方案》，从开展家电"以旧换新"活动、推进绿色智能家电下乡、拓展消费场景、提升消费体验、优化绿色智能家电供给等 9 个方面提出 13 项落实举措；通过全省性家电主题促消费活动、"粤造粤强 粤贸全球"广货促消费联合行动、家电"以旧换新"、绿色智能家电下乡、家电消费券等多项实招，进一步补齐家电市场短板。2023 年，广州市限额以上批发和零售业家用电器和音像器材类、家具类商品分别实现零售额 283.14 亿元和35.32 亿元，同比分别增长 8.6%和 8.7%，增速较上年分别提高 12.9 个和5.0 个百分点，合计拉动全市社零总额增长 0.2 个百分点。

4. 粮油、食品类消费需求微增，健康类消费比重总体稳定

民以食为天，吃出"烟火气"，米面粮油、肉禽蛋、干鲜果蔬、水产生鲜、糖果糕点等各种食品种类更加丰富，满足最基础的需求、大健康理念下消费者对于吃的新追求，粮油食品等基本生活类消费品零售额保持稳定增长。2023 年，广州市限额以上批发和零售业粮油、食品类商品实现零售额530.61 亿元，占全市社零总额的 4.8%，比重较上年提高 0.3 个百分点，同比增长 8.9%，增速较上年提高 0.7 个百分点。消费者健康意识觉醒，保健意识不断增强，健康消费、亚健康调理等常态化，健康保健已成消费习惯之一。2023 年，中西药品类商品实现零售额 493.04 亿元，占全市社零总额的4.5%，比重较上年下降 0.1 个百分点，同比增长 1.8%，拉动全市社零总额增长 0.1 个百分点。

5. 消费理念不断提升转变，智能类商品消费潜力释放

近年来，依托大数据、云计算、5G 通信、人工智能等现代科技，众多智能化产品和服务逐渐进入大众消费领域，融入日常生活，消费者对"智能+"的期待和需求不断拓展深化，智能消费越来越受到各方的重视，"智能+"消费生态体系逐步完善、贴合消费需求,智能消费进一步释放活力和潜能。2023 年,广州市限额以上批发和零售业可穿戴智能设备类、智能家用电器和音响器材、智能手机、计算机及其配套产品分别实现零售额 4.05 亿元、76.14 亿元、408.12 亿元和 185.92 亿元,同比分别增长 73.8%、11.0%、9.9% 和 7.3%,合计拉动全市社零总额增长 0.6 个百分点。

(四)十一区社零总额均正增长,六区高于全市平均水平

近年来,广州市各区充分发挥自身优势,不断完善和丰富本地消费市场,区域特色更加鲜明。从规模来看,坐拥国家级 CBD 珠江新城和"华南第一商圈"天河路商圈的天河区,不断以更高的标准推动商圈建设更新迭代,2023 年实现社零总额 2152.79 亿元,连续 3 年突破 2000 亿元,是广州市体量最大且唯一规模超 2000 亿元的区,占全市社零总额的 19.5%。广州晶东贸易等重点企业落户的黄埔区以社零总额 1552.46 亿元紧随其后,占全市社零总额的 14.1%。越秀区高品质提升北京路—海珠广场等商圈,实现社零总额 1329.57 亿元,略高于番禺区(1317.91)亿元,位次与上年互换。第 5 个规模超 1000 亿元的是白云区(1163.99 亿元),其社零总额占全市社零总额的 10.6%(见表 2)。

表 2　2023 年广州市各区社零总额情况

区域	社零总额(亿元)	同比增速(%)	占全市社零总额比重(%)	增速比上年增减(个百分点)	拉动社零总额增长(个百分点)
广州市	11012.62	6.7	100.0	5.0	6.7
荔湾区	711.15	9.9	6.4	9.4	0.6
越秀区	1329.57	8.7	12.1	11.1	1.0
海珠区	998.38	4.1	9.1	5.7	0.4
天河区	2152.79	6.4	19.5	7.7	1.3
白云区	1163.99	8.8	10.6	9.4	0.9
黄埔区	1552.46	7.3	14.1	-5.9	1.0
番禺区	1317.91	4.3	12.0	4.9	0.5

区域	社零总额（亿元）	同比增速（%）	占全市社零总额比重（%）	增速比上年增减（个百分点）	拉动社零总额增长（个百分点）
花都区	851.30	8.0	7.7	-2.4	0.6
南沙区	332.45	12.8	3.0	1.9	0.4
从化区	143.79	1.5	1.3	16.6	0.0
增城区	458.83	0.1	4.2	-3.0	0.0

从增速看，得益于一系列政策措施支持、文旅市场活力迸发等因素的推动，南沙区社零总额同比增长12.8%，是唯一实现两位数以上增长的区。其次是荔湾区、白云区、越秀区、花都区、黄埔区，同比分别增长9.9%、8.8%、8.7%、8.0%和7.3%，高于全市社零总额平均水平0.6~3.2个百分点。与上年增速相比，荔湾区、南沙区增速加快，分别提高9.4个和1.9个百分点；从化区、越秀区、白云区、天河区、海珠区、番禺区增速由负转正，分别提高16.6个、11.1个、9.4个、7.7个、5.7个和4.9个百分点；花都区、增城区、黄埔区增速放缓，分别回落2.4个、3.0个和5.9个百分点。

三 广州市消费品市场发展动力分析

广州市扎实落实落细有关"恢复和扩大消费"各项政策措施，出台一系列支持举措、组织各类促消费活动等，积极改善消费条件，创新消费场景，营造消费氛围，提振消费信心，不断强化消费重要"引擎"作用。

（一）城市魅力全面绽放，助力消费潜力提升

2023年，广州经济社会发展迎来新的里程碑，2023年广州地区生产总值（GDP）突破3万亿元，达到30355.73亿元，继上海（2017年）、北京（2018年）、深圳（2021年）之后，广州、重庆（30145.79亿元）加入

GDP"3万亿俱乐部"。被称为经济的"三驾马车"之一的消费,持续为广州高质量发展提供源源不断的能量。2021年,广州与上海、北京、天津、重庆率先开展国际消费中心城市培育建设,广州锚定"国际"方向、"消费"功能、"中心"定位,不断提升城市的消费辐射力和竞争力,当年社零总额实现万亿元历史性突破,在此基础上广州继续积极探索市场空间和消费容量,消费市场不断开拓创新、提质升级,2022年、2023年消费规模继续扩大。社零总额和商品进出口总值连续3年双双超过1万亿元,国际商贸中心功能持续增强,国际消费中心城市培育建设稳步推进。2023福布斯中国·消费活力城市榜显示,广州排名第三,仅次于北京、上海。

(二)文旅体验不断丰富,助力消费跨界融合

广州不断深入挖掘"文商旅"深度融合新动能,不断突破文旅融合的传统产业边界,推动行业跨界融合,形成多元业态融合互动,探索文旅产品开发新路径,创新打造新的消费场景,丰富多彩的消费新场景新业态激发出澎湃的消费新活力。2023年,广州市接待游客总人数达2.34亿人次,同比增长51.8%。其中,过夜人数5544.97万人次,同比增长45.0%,国内旅游者占过夜人数的比重超九成;不过夜人数1.78亿人次,同比增长54.0%。2023年,广州市实现文旅消费总额3309.49亿元,同比增长47.3%,增速由上年的两位数以上的负增长转正。多元文旅场景展羊城魅力,资料显示,广州推出20条"国庆节金秋乐游季"精品旅游线路,从音乐节、演唱会、小剧场、沉浸式City Walk、国庆电影等方面全面发力,举办超1000场各类文旅活动,新型文旅消费业态层出不穷。2023年,国庆中秋假期广州接待游客近1759万人次,较2022年增长超105%,其中接待外地来穗游客近920万人次,较2022年增长超107%,实现文旅消费总额超131亿元,较2022年增长112%①。长达8天的"超级黄金周"

---

① 《"双节"期间广州接待游客近1759万人次》,广州市人民政府网站,2023年10月7日,https://www.gz.gov.cn/zt/zzyyzq/kjfwzq/wlzx/content/post_9240741.html。

为广州重点商圈客流带来了爆发式增长，双节期间，天河路商圈客流量超1200万人次；北京路商圈客流量达380万人次，同比增长71.8%；万博商圈客流量近300万人次，同比增长6%，销售额约为1.7亿元，同比增长11%①。

（三）营商环境持续优化，助力企业良好发展

2018年起，广州先后出台了一系列政策措施，持续推进营商环境改革从1.0版本到6.0版本迭代升级，2023年8月《广州市建设国际一流营商环境标杆城市 助力产业高质量发展行动方案》正式印发，标志着广州营商环境改革进入6.0版本。从产业发展全链条、企业生命全周期出发，推进一系列改革迭代，广州奋力打造国际一流营商环境，"宜商兴业"的活力广州更显"千年商都"的风采。截至2023年12月末，广州市限额以上批零住餐业企业达18947户②，比2022年增加1779户，企业数量同比增长10.4%；是2018年（8413户）的2.3倍。其中，限额以上批零业企业数量为16029户，同比增长10.4%；限额以上住餐业企业数量为2918户，同比增长10.0%。按国民经济行业看，金属及金属矿批发、其他化工产品批发、其他机械设备及电子产品批发、医疗用品及器材批发、建材批发、互联网零售、汽车新车零售企业数量较多，合计占限额以上批零业企业的49.4%；限额以上住餐业以正餐服务为主，企业数量占57.7%。

从企业分布区域看，数量较多的区从2018年的越秀区、天河区、海珠区、白云区变成2023年的天河区、黄埔区、白云区、番禺区，分别为3690户、2627户、2070户和2063户。从变化幅度看，2023年南沙区、增城区、黄埔区、花都区企业数量分别是2018年的5.3倍、4.2倍、3.4倍和3.0倍，其余区企业数量为2018年的1.2~2.5倍（见图4）。

---

① 《人气旺盛消费火热！广州"黄金周"消费成绩单出炉》，"广州商务"微信公众号，2023年10月7日，https://mp.weixin.qq.com/s/4XB6QZxTGCRKjZx_Fv42Hw。
② 限额以上批零住餐业企业户数根据统计联网直报平台应报户数整理。

图4 2018年、2023年广州各区限额以上批零住餐业企业数量

四 广州市消费品市场存在的主要问题

（一）石油及制品类商品零售额负增长

受原油类大宗商品价格上年基数较大、油价回落及新能源汽车保有量提升、绿色低碳出行等因素影响，石油及制品类商品零售额负增长。相关资料显示，2023年国内成品油零售价格调整窗口全部结束，累计开启25轮调价，其中10次上调、12次下调、3次搁浅。涨跌互抵后，标准汽油及标准柴油均累计下调50元/吨，按升计算，92号、95号汽油及0号柴油均下调0.04元。2023年1~5月，石油及制品类商品零售额累计增速在0.6%~2.8%区间低位运行，6月开始出现负增长，至年底仍未能扭转局面。石油及制品类商品零售消费需求回落、拉动力明显减弱。2023年，广州市限额以上批发和零售业石油及制品类商品实现零售额397.57亿元，占全市社零总额的3.6%，同比下降3.1%，增速比上年回落15.2个百分点，拉低全市社零总额增速0.1个百分点，拉动力比上年减弱0.5个百分点。

（二）传统燃油车等汽车类市场压力大

汽车业产业链长、涉及面广、带动性强，在促进经济增长方面作用显著，是稳增长、促消费的重要领域。汽车消费规模占广州市社零总额的12.4%，比重较大，是消费的重要支撑点之一。出台的相关促消费政策对稳定汽车消费、释放升级需求产生一定的积极效应，但由于品牌、定位等不同因素，以及叠加置换周期较长、居民购车需求较饱和等其他因素影响，效果也不尽相同，汽车消费市场要恢复以往的红火局面仍需时日，传统汽车市场呈现消费增长乏力状况。2023年，广州市限额以上批发和零售业汽车类商品实现零售额同比增长5.3%，扭转年初负增长开局的形势，下半年主要在低位增速区间运行，增速远低于新能源车（35.1%）。剔除新能源车，传统燃油车等商品零售额占全市社零总额的7.9%，传统燃油车与新能源车规模比重从上年的71∶29转为64∶36，传统燃油车市场需求减少较明显，传统燃油车等商品零售额同比下降6.6%，低于新能源汽车零售额增速41.7个百分点，拉低全市社零总额增速0.6个百分点，低于新能源车拉动力1.9个百分点，消费持续增长压力明显。

（三）日用品类消费新增长点相对缺乏

受消费复苏结构部分不均衡、市场行业竞争、重点企业业务调整等因素影响，作为可选消费品的日用品类商品零售市场有待进一步恢复企稳。2023年，广州市限额以上批发和零售业日用品类商品实现零售额311.31亿元，占全市社零总额的2.8%，比重较上年下降0.3个百分点；同比下降5.6%，增速比上年回落9.2个百分点。从全年趋势看，消费下行态势延续，上半年零售额累计增速从1~2月的8.8%回落至6月的0.8%，7月（-0.2%）开始出现负增长，降幅逐渐扩大至12月的-5.6%。回望2022年的趋势，3月、4月累计增速是负增长的，其他月份在0.2%~3.9%区间低位运行，2022年全年增长3.6%。总体看，2022~2023年日用品类商品零售额增长后劲不足，需开拓增长新领域弥补不足，居民日用品消费热度有待提升。

（四）文化办公用品类零售额降幅扩大

办公用品行业是市场化程度较高的消费品行业，随着现代化设备和办公软件发展，办公用品行业面临日益激烈的竞争。受人口结构变化、消费者群体、消费场景、消费动机、市场竞争等因素的影响，文化办公用品类消费仍未转"暖"。2023 年，广州市限额以上批发和零售业文化办公用品类商品实现零售额 200.39 亿元，占全市社零总额的 1.8%，比重较上年下降 0.1 个百分点；同比下降 3.7%，降幅比上年扩大 1.5 个百分点，拉低全市社零总额增速 0.1 个百分点。从增长趋势看，文化办公用品类商品零售额 2022 年 8 月开始负增长，一直持续至 2023 年 8 月，时间跨度足一年，直至 2023 年 9 月（1.0%）实现低位增长才扭转局面，但增长的动能较弱，11 月回落至 0.3%，全年同比下降 3.7%，连续两年负增长，消费下行态势延续。

（五）实体店铺零售业发展困境依然存在

近年来，网上购物、在线消费已成为消费者购买商品的重要渠道、消费习惯，实体零售企业为保持市场份额在市场中不断寻求目标、发展多业态经营模式，但受新零售的挤压、行业同类或跨界竞争、自身创新力、经营模式、运营管理等多重因素制约，部分实体零售企业发展压力仍未能得到有效缓解。2023 年，广州市限额以上零售企业有店铺零售业态延续上年负增长态势，同比下降 0.1%，降幅较上年收窄 0.8 个百分点，比无店铺零售业态低 10.7 个百分点。其中，合计占有店铺零售业态四成的折扣店、超市、便利店、专业店零售额均为负增长，同比分别下降 61.6%、9.8%、5.1% 和 3.3%；品牌专卖店、购物中心零售额低位增长，同比分别增长 0.9% 和 1.8%；以上业态增长水平均低于占无店铺零售业态九成以上的网络零售（8.6%）。在超市、便利店、专业店中，有五成以上零售企业零售额为负增长，其中下降超 40% 的近两成。

五 对策建议

（一）强化政策保障，夯实消费高质量发展基础

多措并举、综合发力，实现就业保障、企业良好发展、居民收入保障、消费能力增强等相互关联促进的良性循环。一是促进居民多渠道增收，激发有潜能的消费。各项稳增长稳就业稳物价政策举措靠前发力，兜住兜牢基本民生保障，持续改善民生福祉，增强居民消费信心和消费意愿，稳定未来消费预期。二是扩大消费群体，聚焦增量调动存量。持续完善生育支持政策体系，积极应对人口老龄化，大力引进各类优秀人才，提高文商旅在穗消费的质量和效益，加强消费人群结构等分析，有针对性地满足消费需求变化。三是积极落实落细各级各类惠企政策，切实稳住消费市场经营主体。持续完善减税降费措施，强化金融、财政、就业等各项政策协同联动，降低企业成本负担，切实做好企业政策引导、纾困解难和服务保障等。

（二）优化消费环境，维护健康良好消费市场秩序

贯彻落实好《关于恢复和扩大消费的措施》，全面开展放心消费行动，完善重点消费领域服务标准；有序破除体制机制障碍和隐性壁垒，持续完善促进消费长效机制。建立完善消费维权制度机制，拓宽维权渠道，强化执法监管，让消费者买得放心、吃得安心、用得舒心。持续开展"放心消费在羊城""放心消费教育公益行"系列主题活动，响应"放心消费粤行动"倡议要求，引导街区、商圈、餐饮店、电商平台、农贸市场和其他单位的经营者等积极参与"双承诺"创建活动，推动放心消费走深走实；积极开展"正品正货在行动"活动，营造正品品牌放心入驻、商家放心经营、消费者放心购物的优质消费环境和诚实守信的商业文化氛围。有力维护市场公平竞争和群众利益，营造更为安全、便利、诚信的消费环境，统筹推进优化营商环境和优化消费环境，持续激发消费动能。

（三）锻造消费引擎，畅通促消费途径，跑出加速度

商务部把 2024 年定为"消费促进年"，将坚持"政策+活动"双轮驱动，突出重点品类、节庆时令等，继续组织开展丰富多彩的促消费活动，打造更多商旅文体融合消费新场景，营造良好的消费氛围。广州进一步落实好各类促消费政策，持续提升健康消费、智能消费、绿色消费、文旅消费、数字消费、夜间消费等消费热点的供给质量，创新商品和服务供给。不断完善行业配套设施等，推动汽车、家装家电、电子产品等重点行业释放消费潜力，充分发挥消费主导行业的支撑和带动作用。积极鼓励政府消费券、商家优惠促销齐上阵，推出让利优惠、消费券、打折促销、购物返现等一系列优惠措施，强化"羊城欢乐购""广州文旅消费券活动"等消费活动的带动效应，举办美食节、购物节、打折季、双十一、年货节、家电家居换新消费节、汽车"以旧换新"等活动，着力拓展消费者参与广度与深度。多层次聚力形成消费市场的多点支撑。

（四）升级业态模式，创新发展扩充消费"留量"

积极应对数字商业迅速发展趋势，发挥本土龙头企业引领作用，打造一批综合性本地龙头电商企业，加快传统电商升级迭代，培育新的电商形态。充分发挥数字技术的效能，打造多渠道消费场景，助力线下零售门店数字化转型，打造智慧便民生活圈、新型数字消费业态。推动县域消费提质增效，助力下沉市场消费振兴，推动城乡消费双向融合发展，加大城乡物流等基础设施建设，鼓励企业开辟新的销售渠道、整合共享物流信息资源，推动商贸、供销、邮政各方共享硬件设施和网络服务。鼓励商贸企业通过形式多样的促销活动，线上线下联动，强力激发消费活力，引导消费者在穗消费，将潜在消费"流量"转化为实际消费"留量"，提升"产业+流量+服务"供给水平，实现城市和消费者"双向奔赴"。

（五）培育特色载体，推动文旅消费场景提档升级

抓住文化旅游产业发展机遇，进一步加强商旅文体融合发展，完善旅游

产业配套建设，延长产业链条。结合区位优势及特点，发扬广州本土优势，充分利用广州本土的红色文化、戏曲文化、非遗文化等资源，打造"旅游+文化"消费热点，塑造具有广州独特魅力的旅游品牌。推出各类文化节、音乐会演唱会、特色展演、展览、City Walk、露营季、主题集市等活动，活跃文旅市场，为住宿、餐饮、零售等关联行业注入动能。推动文旅相关行业生活服务数字化转型、智能化改造，升级改造各大商圈、美食街区、消费集聚区，举办文化节、美食节、"Young 城 Yeah 市"夜间消费节，推广饮茶文化等，撬动更大的场景化消费。守正创新并重，积极培育文娱旅游、体育赛事、国货"潮品"等新的消费增长点，提升"千年商都""美丽花城""食在广州""会展之都""广式服务"等的吸引力，赋能城市品牌焕新出彩。

（六）提升湾区效应，构建具有广府特色的国际消费圈

2024 年，广州市《政府工作报告》强调，"纵深推进新阶段粤港澳大湾区建设，强化引领高质量发展的增长极和动力源""推动南沙开发开放取得新突破"。粤港澳大湾区是我国开放程度最高，消费力、制造力最强的区域之一。依托大湾区、协同港澳，是广州建设国际消费中心城市的显著特点和最大优势。应进一步利用好大湾区一体化发展的契机，构建"辐射湾区、买卖全球"消费平台，更好地整合全球消费资源、对接全球消费市场。"一小时生活圈"等的形成，为跨区域消费提供了更大的便利，消费市场更紧密、联动性更强，城市之间的协同合作也会产生更大的市场能量。广州要立足自身优势、挖掘城市底蕴，不断丰富商业形态，加快文、商、旅、体、医、美深度融合，提升城市消费能级，以创新驱动撬动更多的潜在性、多元化消费需求。

B.19
2023年广州外贸形势分析及2024年展望

陈万灵　陈金源　温可仪*

摘　要：　2023年广州市政府打出一系列稳外贸、稳预期政策组合拳，有力克服外部不良影响。按人民币计价，2023年广州进出口总额达到10914.28亿元，年度规模创历史新高，比上年增长0.10%。其中，出口总额为6502.64亿元，比上年上升5.78%；进口总额为4411.64亿元，比上年下降7.23%。进出口产品结构持续升级，对国际高新技术产品的依赖下降；民营企业和国有企业的进出口比重上升，外资企业进出口比重下降；代表自主品牌的一般贸易方式比重不断上升，加工贸易比重呈现下降的趋势；贸易运输方式以水路为主，铁路运输比重较低；跨境电商、保税物流等外贸新业态与新模式保持良好的增长态势。总体而言，2024年广州外贸面临的挑战和机遇并存，总体呈现稳中有进、优中有升的发展态势，但全年增长幅度不会太大。初步预测2024年按人民币计价，广州外贸增速可以达到5%左右，进出口总值将突破11万亿元，广州将继续保持全国外贸强市的重要地位。

关键词：　区域外贸　外贸市场　广州

---

* 陈万灵，广东外语外贸大学国际经济贸易研究院教授，博士生导师，研究方向为国际贸易与经济发展；陈金源，广东外语外贸大学国际经济贸易研究院博士研究生，研究方向为区域开放与广东经济；温可仪，广东外语外贸大学国际经济贸易研究院博士研究生，研究方向为数字贸易与湾区经济。

一 2023年广州外贸发展状况

（一）广州外贸进出口双向承压明显

2023年，面对复杂严峻的外部形势，广州外贸承压前行，出口、进口均呈现不同程度的负向增长。按美元计价，2023年广州货物贸易进出口金额为1553.04亿美元，同比下降5.27%。其中，出口金额为925.53亿美元，同比下降0.13%；进口金额为627.51亿美元，同比下降11.99%。在进口收缩幅度远大于出口的情况下，贸易顺差进一步扩大，高达298.02亿美元（见表1）。

表1 2018~2023年广州货物贸易进出口变化情况

单位：亿美元，%

年份	进出口		出口		进口		顺差
	金额	增速	金额	增速	金额	增速	
2018	1484.83	3.70	848.51	-0.50	636.32	9.80	212.19
2019	1449.40	-2.39	762.20	-10.17	687.20	8.00	75.00
2020	1375.80	-5.08	782.80	2.70	593.00	-13.71	189.80
2021	1674.70	21.73	976.40	24.73	698.30	17.35	278.10
2022	1639.45	-2.10	926.75	-5.09	712.69	2.05	214.06
2023	1553.04	-5.27	925.53	-0.13	627.51	-11.99	298.02

资料来源：根据历年《广州外经贸白皮书》、《广州进出口统计简报（月报）》等资料整理。

受汇率波动的影响，不同货币计价方式会产生明显不同的数值乃至增幅。按人民币计价，2023年广州货物贸易进出口总额再次突破万亿元，高达10914亿元，较上年同期增长0.10%；其中，出口额为6503亿元，同比增长5.8%；进口额为4412亿元，同比下降7.2%。从增速来看，广州进出口总额增幅小于广东（0.3%）和全国（0.2%），主要体现在进口金额的降幅方面，广州进口金额降幅远大于广东（-3.6%）和全国（0.3%），但出口金额增幅却远大于广东（2.5%）和全国（0.6%）（见表2）。

表2　2023年广州与全国和广东货物贸易进出口情况比较

单位：亿元，%

地区	进出口		出口		进口	
	金额	同比	金额	同比	金额	同比
全国	417600	0.2	237700	0.6	179900	0.3
广东	83000	0.3	54000	2.5	29000	-3.6
广州	10914	0.1	6503	5.8	4412	-7.2

注：因四舍五入，存在误差。

资料来源：根据海关总署统计快讯、广东省商务厅、广州市海关和统计局统计、广东统计信息网简报数据整理。

在汇率、商品价格等多重因素影响下，广州进出口呈现需求、供给以及供应链不稳定、不确定、不平衡的特点。整体来看，2023年广州月度外贸增速总体呈现先上升后下降的倒"V"字形走势，整体走势较为平缓。分季度来看，除了第二季度进出口增速、出口增速呈正向上升趋势，第一、三、四季度多为负向态势。从月度增速变化来看，1~2月进口、出口增速同为负值，3月出口增速开始逐渐回升，并在4月达到峰值91.07%。随后，出口增速开始波动下降，10月降至低谷（-38.52%），12月则回升至19.82%（见图1）。

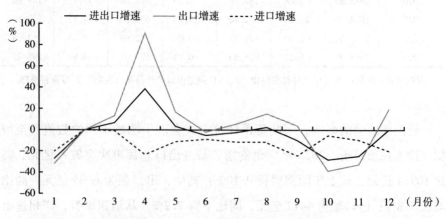

图1　2023年1~12月广州外贸增速变化态势

说明：按美元计价。

资料来源：根据广州市海关数据整理。

（二）广州进出口产品结构持续升级

2023年，全球供应链的脆弱性和非平衡性特征愈加明显，推动广州本土企业寻求更加灵活和多元的供应链组合，进出口产品结构持续优化（见表3）。从出口构成来看，农产品出口13.03亿美元，同比增长9.60%，出口份额从2022年的1.30%上升至1.41%，提升0.11个百分点。机电产品出口428.44亿美元，同比下降3.97%，出口份额从2022年的48.68%下滑至46.29%，下降2.39个百分点。高新技术产品出口103.21亿美元，同比下降21.85%，出口份额从2022年的14.26%下滑至11.15%，下降3.11个百分点。从进口构成来看，农产品进口102.63亿美元，同比下降0.48%，进口份额从2022年的14.46%提升至16.36%，提升1.90个百分点。机电产品进口205.42亿美元，同比下降18.71%，进口份额从2022年的35.41%下降至32.74%，降低2.67个百分点。高新技术产品进口132.96亿美元，同比下降18.17%，进口份额从2022年的22.73%下降至21.19%，降低1.54个百分点。综合来看，2023年广州科技自立水平不断提升，对国际高新技术产品的依赖下降，传统廉价劳动力比较优势正不断转型升级。

表3 2018~2023年广州进出口产品结构变化

单位：亿美元，%

年份	出口构成				进口构成			
	出口值	农产品	机电产品	高新技术产品	进口值	农产品	机电产品	高新技术产品
2018	848.51	1.10	50.36	15.44	636.32	9.23	47.07	28.27
2019	762.20	1.12	51.30	14.45	687.20	8.18	44.94	29.47
2020	782.80	1.30	49.70	14.32	593.00	11.80	42.40	26.13
2021	976.40	1.14	49.70	15.82	698.30	12.30	37.40	22.86
2022	926.75	1.30	48.68	14.26	712.69	14.46	35.41	22.73
2023	925.53	1.41	46.29	11.15	627.51	16.36	32.74	21.19

资料来源：根据历年广州进出口简报数据整理。

（三）民营企业和国有企业的进出口比重上升

2023 年以来，国家出台一系列稳外贸、稳预期的政策措施，有效激发了广州各类市场主体的活力。总的来看，广州国有企业和民营企业的进出口比重上升，外资企业的进出口比重下降（见表 4）。2023 年，广州国有企业进出口的发展继续加速，进出口总额达到 215.87 亿美元，同比增长 1.85%，占广州进出口总额的 13.90%，比上一年的比重提升了 0.97 个百分点。民营企业成为广州外贸的主角，2023 年进出口总额达 859.28 亿美元，同比增长 0.46%，占广州进出口总额的 55.33%，比上一年的比重提升了 3.16 个百分点。外资企业进出口总额下滑，2023 年进出口总额为 471.92 亿美元，同比下降 14.78%，占广州进出口总额的 30.39%，比上一年的比重下降了 3.39 个百分点。由此可得，民营企业、国有企业是支撑广州外贸提质增量的中坚力量，预计未来广州外贸独立自主的能力将增强，外资企业的进出口比重将继续保持下降趋势。

表 4 2018~2023 年广州进出口主体结构情况

单位：亿美元，%

年份	进出口总额	国有企业		民营企业		外资企业	
		进出口总额	比重	进出口总额	比重	进出口总额	比重
2018	1484.83	193.18	13.01	637.11	42.91	636.20	42.85
2019	1449.40	197.37	13.62	640.50	44.19	612.95	42.29
2020	1375.80	155.83	11.33	667.43	48.51	527.76	38.36
2021	1674.70	177.20	10.58	884.47	52.81	597.46	35.68
2022	1639.45	211.94	12.93	855.32	52.17	553.79	33.78
2023	1553.04	215.87	13.90	859.28	55.33	471.92	30.39

资料来源：根据 2018~2023 年广州海关广州进出口简报数据整理。

（四）外贸市场多元化格局进一步呈现

欧盟是广州重要的经济和贸易伙伴，双方在多个领域有广泛的合作基础。

2023年，欧盟反超东盟成为广州第一大贸易伙伴，这不仅是双方经贸关系韧性和活力的体现，也是广州市场开放和营商环境优化的成果。从主要贸易伙伴来看，前五大贸易伙伴依次是欧盟、东盟、美国、日本和拉丁美洲，其占比分别是16.54%、15.20%、13.14%、7.48%和6.45%，占比合计58.81%，同比下降0.68个百分点，说明广州对外贸易多元化格局进一步呈现。中国香港和非洲分别居第6位和第7位，占比分别为5.92%和5.65%（见图2）。

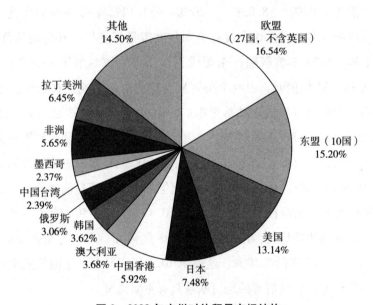

图2 2023年广州对外贸易市场结构

资料来源：根据2023年广州进出口简报（贸易伙伴部分）数据整理。

从增长速度来看，广州与欧盟、拉丁美洲的贸易呈现增长态势，与其他前几位贸易伙伴的贸易均呈现下降态势。按美元计价，2023年广州外贸规模比上年下降5.27%。其中，对东盟外贸规模下降8.63%，对美国外贸规模下降0.15%，对日本外贸规模下降18.38%，对中国香港外贸规模下降10.25%，对非洲外贸规模下降4.77%；对欧盟外贸规模比上年增长1.12%，进一步说明广州与欧盟有雄厚的经贸合作基础，加快完善中欧班列政府间合作机制具有重要意义；对拉丁美洲外贸规模比上年增长6.55%，进一步体现了广州积极扩大与新兴市场国家的贸易规模，推动外贸市场多元化发展。此外，广州对共建"一带一路"国家和地区的进出口总额达456.40亿美元，对RCEP国家的进出口总额达476.89亿美元，对APEC国家的进出口总额达947.34亿美元，说明广州多元化外贸格局加速形成。

从出口来看，广州出口规模排前5名经济体分别为美国（15.92%）、东盟（15.74%）、欧盟（14.99%）、中国香港（9.27%）与非洲（7.02%），其增速分别为1.97%、-8.02%、7.57%、-11.12%与-2.46%。可见，广州出口规模排前5名的经济体中仅有美国和欧盟是正增长，其余均是负增长。相较于上年，2023年美国超越东盟成为广州出口贸易的第一大合作伙伴，出口额达147.32亿美元，说明中美贸易摩擦的负面影响正在减弱。东盟从广州的第一大出口贸易伙伴跌落至第二，出口额达145.63亿美元，出口比重从2022年的17.48%下跌至2023年的15.74%。欧盟稳居广州第三大出口贸易伙伴地位，出口额达138.78亿美元，其比重从2022年的13.94%上升至2023年的14.99%。中国香港稳居广州第四大出口贸易伙伴地位，出口额达85.79亿美元，出口比重从2022年的10.43%下降至9.27%。非洲居广州第五大出口贸易伙伴地位，出口额达64.93亿美元，出口比重从2022年的7.56%下降至2023年的7.02%。这说明2023年广州对发达国家的出口持续回暖，加强与美国、欧盟等的经贸联系具有重要意义。

从进口来看，广州进口规模排前5名的经济体分别是欧盟（18.81%）、东盟（14.40%）、日本（11.68%）、美国（9.05%）和澳大利亚（6.23%），占比合计60.17%，比2022年下降了2.26个百分点，增速分别为-5.53%、-9.61%、-29.74%、-5.25%和12.30%。可见，广州进口规模排前5名的经济体中仅有澳大利亚是正增长，其余均是负增长。值得关注的是，东盟从广州的第三大进口贸易伙伴跃升为第二大进口贸易伙伴，进口金额达90.38亿美元；澳大利亚超越韩国成为广州第五大进口贸易伙伴，进口金额达39.08亿美元。此外，广州对法国、印度、大洋洲、中国香港等市场的进口增速相对稳定，分别为37.43%、21.06%、17.53%和3.72%。上述数据说明，2023年广州进口市场结构较为稳定，多元化特征愈加明显。

（五）一般贸易比重上升，加工贸易比重下降

近年来，广州积极推动一般贸易、加工贸易、保税物流等多种贸易方式的协调发展，代表自主品牌的一般贸易方式比重不断提升，加工贸易比重总体呈现下滑趋势（见表5）。具体来看，2023年广州一般贸易金额达1073.00亿美元，同比增长2.32%，一般贸易比重从2022年的63.96%提升至69.09%；加工贸易规模达304.13亿美元，同比下降8.82%，加工贸易比重从2022年的20.35%下降至19.58%。总体来看，广州延续一般贸易比重上升、加工贸易比重下滑的趋势，该趋势与广东、全国的走势基本一致，表明广州贸易结构不断优化。

从出口角度看，2023年广州一般贸易出口有了较大的增加，在出口额中的比重继续上升；加工贸易出口持续下降，其比重继续下滑（见表6）。具体来看，2023年广州一般贸易出口额达660.24亿美元，同比提升11.25%，其比重从2022年的64.04%提升至71.34%；加工贸易出口额为190.52亿美元，同比下滑2.81%，其比重从2022年的21.15%下降至20.58%。这说明一般贸易的出口在拉动广州出口增长上起主导作用，广州贸易出口方式持续向高质量发展迈进。

表5　2017~2023年广州贸易方式变化

单位：亿美元，%

年份	外贸总额	一般贸易		加工贸易	
		金额	比重	金额	比重
2017	1432.32	647.99	45.24	404.10	28.21
2018	1484.83	696.36	46.90	402.08	27.08
2019	1449.40	709.82	48.97	362.24	24.99
2020	1375.80	706.70	51.37	280.31	20.37
2021	1674.66	923.66	55.15	353.04	21.08
2022	1639.44	1048.59	63.96	333.55	20.35
2023	1553.04	1073.00	69.09	304.13	19.58

资料来源：根据2017~2023年广州海关统计简报数据整理。

表6　2017~2023年广州出口的贸易方式变化

单位：亿美元，%

年份	出口额	一般贸易出口		加工贸易出口	
		金额	比重	金额	比重
2017	853.16	301.91	35.39	247.98	29.07
2018	848.51	313.59	36.96	241.75	28.49
2019	762.20	320.16	42.00	214.97	28.20
2020	782.80	340.41	43.49	167.13	21.35
2021	976.33	489.04	50.09	207.01	21.20
2022	926.75	593.50	64.04	196.03	21.15
2023	925.53	660.24	71.34	190.52	20.58

资料来源：根据2017~2023年广州海关统计简报数据整理。

从进口角度看，2023年广州一般贸易进口额和加工贸易进口额均出现了下降（见表7）。一般贸易进口比重持续上升，加工贸易进口比重继续下滑。具体而言，2023年广州一般贸易进口额为412.76亿美元，同比下滑9.30%，其比重从2022年的63.86%提升至65.78%；加工贸易进口额为113.61亿美元，同比下滑17.38%，其比重从2022年的19.29%下降至18.10%。上述结果说明一般贸易进口在拉动广州进口增长上起重要作用，加工贸易进口的作用式微。

表7　2017~2023年广州进口的贸易方式变化

单位：亿美元，%

年份	进口额	一般贸易进口		加工贸易进口	
		金额	比重	金额	比重
2017	579.17	346.07	59.75	156.12	26.96
2018	636.32	382.77	60.15	160.34	25.20
2019	687.20	389.66	56.71	146.79	21.36
2020	593.00	366.29	61.77	113.18	19.09
2021	698.33	434.61	62.24	146.03	20.91
2022	712.69	455.09	63.86	137.51	19.29
2023	627.51	412.76	65.78	113.61	18.10

资料来源：根据2017~2023年广州海关统计简报数据整理。

（六）贸易运输方式以水路运输为主，铁路运输比重较低

得益于广州港建设，广州贸易运输方式以水路运输为主，2023 年水路运输金额为 946.16 亿美元，占外贸总额的 60.92%（见表 8）。广州贸易第二大运输方式是公路运输，2023 年公路运输金额为 300.27 亿美元，占外贸总额的 19.33%。广州贸易第三大运输方式是航空运输。随着白云国际机场三期 T3 航站楼工程完工，新增全货机航线 23 条，2023 年航空运输金额为 233.29 亿美元，占外贸总额的 15.02%。然而，广州铁路运输发展相对滞后，铁路运输方式占比较低，2023 年铁路运输金额为 16.03 亿美元，占比只有 1.03%。从跨境运输方式来看，2023 年广州水路运输出口占比 61.79%，公路运输出口占比 18.97%，航空运输出口占比 11.84%，铁路运输出口占比 1.47%。从进口贸易运输方式来看，2023 年广州水路运输进口占比 59.65%，公路运输进口占比 19.87%，航空运输进口占比 19.72%，铁路运输进口占比 0.39%。从历年趋势上看，广州水路运输比重总体呈下降趋势，铁路运输、公路运输和航空运输呈现波动上升的趋势，说明广州在积极推进贸易运输多式联运的发展，积极优化调整结构，推进贸易强市建设。

表 8　2018~2023 年广州贸易运输方式变化

单位：亿美元，%

年份	外贸总额	水路运输		铁路运输		公路运输		航空运输	
		金额	比重	金额	比重	金额	比重	金额	比重
2018	1484.83	994.43	66.97	8.47	0.57	239.34	16.12	195.28	13.15
2019	1449.40	948.22	65.42	8.94	0.62	221.84	15.31	215.68	14.88
2020	1375.80	930.08	67.60	9.69	0.70	222.11	16.14	182.10	13.24
2021	1674.66	1076.23	64.27	14.74	0.88	288.10	17.20	249.79	14.92
2022	1639.44	1106.05	67.47	15.67	0.96	233.03	14.21	215.51	13.15
2023	1553.04	946.16	60.92	16.03	1.03	300.27	19.33	233.29	15.02

资料来源：根据 2018~2023 年广州海关统计简报数据整理。

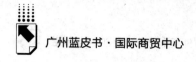

（七）跨境电商位居全国前列，外贸新业态蓬勃发展

充分发挥"千年商都"的厚重积淀与优势地位作用，广州加快跨境电商、保税物流等外贸新业态的布局与发展，成绩斐然。整体来看，全市跨境电商进出口规模 8 年增长 93 倍，进口规模连续 9 年位居全国第一，2023 年，广州全年跨境电商进口额实现超过 50% 的增长。广州海关数据显示，2023 年前 11 个月，广州海关累计监管跨境电商零售进出口清单 7.6 亿票，同比增长约 44%。其中，跨境电商零售进口清单 5920.9 万票，跨境电商零售出口清单 7 亿票。在保税物流方面，2023 年，广州保税物流进出口147.56 亿美元，占进出口比重高达 10%。

围绕外贸新业态的新困难、新挑战，广州积极探索、先行先试、创新体制机制，努力打造跨境电商发展新高地。一方面，广州充分发挥跨境电子商务综合试验区"试验田"的重要作用，为全国跨境电商发展勇当排头兵和主力军。继广州推出"外综服+跨境电商零售出口（9610）"模式、首创"电商申诉保险"后，2023 年，广州跨境电商公共服务平台成功实现"关—税—汇—清"一体化服务，再次成为全国首创。另一方面，广州积极联动多部门、协会，合力形成跨境电商创新发展新支点。2023 年，全球跨境电商生态创新中心、卖家服务中心和超级供应链中心落地广州，进一步稳固广州"跨境电商之城"的重要地位。在 2023 年商务部遴选的 30 个"外贸新业态优秀实践案例"中，广州占据 5 席，入选数量占全国的 1/6。

二 国内外经贸环境对广州外贸发展的影响

（一）世界性通胀与经济下行交织将进一步冲击广州外贸发展

2023 年，全球经济复苏放缓，通胀水平仍居高位，全球产业链供应链面临新的风险，多重因素叠加对广州外贸发展产生不利影响。国际货币基金组织（IMF）发布的《世界经济展望报告》显示，2023 年世界经济增速为

3%，比2022年低0.5个百分点，而预计2024年全球增速仅为2.9%。在发达经济体持续收紧货币政策的背景下，世界通胀有所缓解，但仍高于2010～2019年的平均水平。根据世界银行集团（World Bank Group）的预测，2024年全球经济增速降至2.4%，这已是连续3年的经济增速放缓。联合国发布的《2024年世界经济形势与展望》显示，全球经济增速将从2023年的2.7%放缓至2024年的2.4%，且预计1/4的发展中国家在2024年的年通货膨胀率将超过10%。基于多个国际组织的预测可以发现，全球经济复苏与增长乏力，通胀水平高企，贸易投资疲软，广州外贸的发展仍面临许多挑战。

（二）新兴市场国家和发展中国家将成为广州外贸发展新亮点

IMF发布的《世界经济展望报告》显示，2023年世界经济增速为3.2%，预计2024年和2025年，世界经济将继续以3.2%的速度增长。IMF的分析显示，中国和印度将贡献2023年全球增长的一半。博鳌亚洲论坛发布的《亚洲经济前景及一体化进程2023年度报告》指出，全球经济治理进入"亚洲时刻"，亚洲经济体在2023年的加权实际国内生产总值增速为4.5%，较2022年高出0.3个百分点，表明新兴市场国家和发展中国家已然成为世界发展的重要增长极。2023年是"一带一路"倡议提出十周年，十年来硕果盈枝，中国已与共建国家搭建起良好的合作平台与机制。2023年8月，金砖合作机制迎来"扩容"，沙特阿拉伯、埃及、阿联酋、阿根廷、伊朗、埃塞俄比亚正式加入"金砖国家"。伴随中国与新兴市场国家的经贸合作关系更加密切，前景可期的新兴市场将为广州外贸带来更多的发展机遇。

（三）数字技术加速演进有助于广州外贸实现高质量发展

以5G为代表的新型网络技术方面，根据Grand View Research数据预测，2023～2030年，全球5G互联网市场复合年均增长率高达50.2%。根据美国数据公司IDC预测，2023年美国数字化转型支出占全球的35.8%，亚太地区支出占比33.5%，欧洲、中东和非洲的支出占比26.8%，到2026年，以数字为核心的产品和服务将为全球企业 2000 强增加超过 40%的总收入。紧抓数字技术时代机遇，各国纷纷出台政策文件以支持企业数字化发展，数字合作也开始出现破冰痕迹。如 2023 年，英国首次举办人工智能安全问题大型全球峰会，邀请包括中国、美国在内的世界主要国家，共同商定、评估合作与发展。数字技术演进强化了各国的合作发展，通过促进外贸业态的多元化和升级发展、提高外贸企业的创新能力和国际竞争力，带动广州外贸实现高质量发展。

（四）中国经济强劲复苏构筑广州外贸发展的有力支撑

从理论上看，国内市场环境是影响外贸发展的重要因素。2023 年，中国经济增速达到 5.2%，在主要经济体中仍居前列，且高于全球经济 3%的预计增速，体现出中国顶住外部压力，实现经济回升向好。国内需求侧方面，超大市场规模需求潜力逐渐释放，稳定的内需与市场环境形成广州外向型经济发展的重要支柱。2023 年，中国社会消费品零售总额为 471495 亿元，同比增长 7.2%，服务零售额比上年增长 20.0%。国内供给侧方面，充足的产能是广州外贸发展的强大后盾。2023 年，全国规模以上工业增加值比上年增长 4.6%，其中装备制造业增加值增长 6.8%，增速超出规模以上工业增加值 2.2 个百分点。

（五）国内政策组合拳齐发力成为广州外贸发展强动力源

2023 年是中国改革开放的第 45 年，意味着中国将继续沿着改革开放的道路，推动经济、政治、文化、社会、生态等领域的全面深化改革，扩大高水平对外开放。2023~2024 年，广东省委、省政府连续两年召开全省高质量发展大会，旨在打造高水平开放平台，建设现代化产业体系，为广州贸易高质量发展提供根本指引。从具体政策组合拳来看，2023 年 4 月，财政部、海关总署与国家税务总局联合出台《关于 2023 年中国进出口商品交易会展期内销售的进口展品税收优惠政策的通知》（财关税〔2023〕5 号），明确给予广交会进口展品更大力度的税收优惠。2023 年 7 月，广州市人民政府办公厅印发《广州市建设国际一流营商环境标杆城市助力产业高质量发展行动方案》，明确要求拓展中国（广州）国际贸易"单一窗口"地方特色功能应用，提升平台"一站式"办理跨境贸易通关物流相关业务集成度。2024 年 1 月，广东省人民政府印发《中国（广东）自由贸易试验区提升战略行动方案》，明确支持广东自由贸易试验区广州南沙片区建设高水平对外开放引领区、打造高标准国际贸易枢纽区。综合来看，全方位"部级—省级—市级"政策组合拳已然形成合力，在优化营商环境、鼓励外贸新业态、创新贸易便利化措施等多方面，支持广州外贸高质量发展。

三 2024年广州外贸发展展望

通过调研发现，新增订单不足、竞争优势弱化与出口信心下降已经成为阻滞广州外贸发展的重要因素。广州外贸近十年来基本上处于低速增长阶段，进出口总值平均增速为 2.32%，出口值平均增速为 3.25%。广州外贸经历 2021 年高进出口总值增速后，2022~2023 年进出口总值平均增速仅为 -3.47%，出口值平均增速为 -2.59%，远低于近十年的平均水平（见图3、图4）。

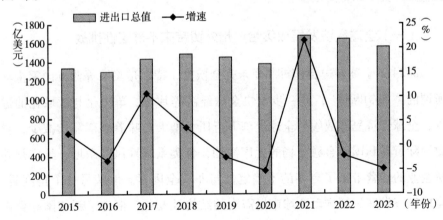

图 3　2015~2023 年广州进出口总值及其增速变化

资料来源：根据 2015~2023 年广州海关统计简报数据整理。

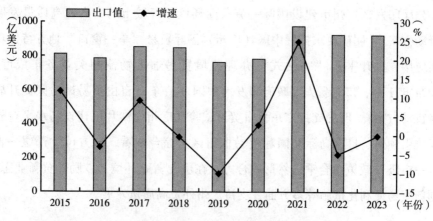

图 4　2015~2023 年广州出口值及其增速变化

资料来源：根据 2015~2023 年广州海关统计简报数据整理。

根据近几年的广州外贸趋势，可预测出 2024 年广州进出口形势：广州外贸面临的挑战和机遇并存，总体呈现稳中有进、优中有升的发展态势，但全年增长幅度不会太大。按美元计价，基于 2023 年的增速可以初步预测 2024 年广州外贸增速在 2% 左右，进出口总值重返 1600 亿美元；按人民币计价的外贸增速可以达到 5% 左右，进出口总值将突破 11 万亿元，继续保持在全国外贸中的重要地位。

（一）全球经济发展放缓给广州外贸带来不确定性挑战

2024 年全球多边合作机制尚未完全恢复，特别是美国等西方国家推动所谓的"脱钩断链"，进一步加快全球经济碎片化、单边化与区域化的进程，全球经济复苏放缓。全球经济下行压力增大意味着外部需求减少，导致国际贸易和国际金融市场的无序波动，各类系统性风险激增，给广州外贸企业的经营带来了更多的不确定性与非安全因素。但从另一个角度看，全球经济发展放缓推动全球市场需求的结构性变化，催生了新的国际合作机制与经贸规则，为广州外贸提供了优化产品结构和开拓国际新市场的机遇。

（二）粤港澳大湾区国家战略持续赋能广州外贸高质量发展

2024年是中共中央、国务院印发《粤港澳大湾区发展规划纲要》的5周年。5年来，作为中国对外开放程度最高、经济活力与经济韧性最强的区域之一，粤港澳大湾区科技创新能力不断提升，对内对外"软硬"联通持续巩固，各类产业融合协同发展，持续赋能大湾区城市外经贸的高质量发展。广州作为粤港澳大湾区的核心引擎城市，积极对接粤港澳大湾区发展规划，打造大湾区国际贸易中心和国际枢纽城市，促进要素高效便捷流动，提高外贸产品的附加值和国际竞争力。

（三）五外联动政策组合拳推动广州外贸高水平开放

广东省委十三届二次全会首次提出"优化对外开放布局，打好外贸、外资、外包、外经、外智'五外联动'组合拳"。2023年以来，广东省委、省政府高度重视"五外"各领域工作，出台《中共广东省委 广东省人民政府关于实施"五外联动"推进高水平对外开放的意见》等一系列政策。2024年广东省《政府工作报告》明确提出，扩大高水平对外开放，打好"五外联动"组合拳，建设更高水平开放型经济新体制。可见，广州充分利用"五外联动"政策组合优势，加快大湾区全球贸易数字化领航区建设，优化传统进出口贸易结构，推进内外贸一体化发展，实现外贸发展量质并进。

（四）高质量共建"一带一路"助力广州外贸提质增效

2024年是国家高质量共建"一带一路"新十年征程的起点，旨在推动共建国家或地区更高水平的政策沟通、设施联通、贸易畅通、资金融通与民心相通，为全球经济发展开辟新空间。广州作为中国南方的经济中心与国际贸易核心枢纽，是"一带一路"海上丝绸之路的重要起点城市，与共建"一带一路"国家和地区有深厚的历史渊源与广阔的经贸合作空间。截至2023年末，广州累计开行中欧班列超1300列，申报进出口货物总值超330亿元，联通欧洲、西亚、东南亚等20多个国家40余个城市。展望未来，广州将继续依托"一带一路"对外开放平台，构建合作更加紧密的区域价值链合作体系，提升农产品、机电产品与高新技术产品的出口质量，推动广州外贸提质增效。

（五）新产品、新业态与新模式助推广州外贸转型升级

新产品方面，广州外贸积极适应国际市场需求变化，加快培育新能源、新材料、新技术等战略性新兴产业，推动传统产业转型升级。2023 年，广州企业出口电动载人汽车 11.16 亿美元，同比增长 444.08%；出口锂离子蓄电池 6.41 亿美元，同比增长 14.59%。"新三样"等新兴出口产品持续为广州外贸注入新动能。新业态与新模式方面，广州外贸充分利用数字技术和平台载体，加快发展跨境电商、海外仓、市场采购贸易、外贸综合服务企业、保税维修和离岸贸易等新业态新模式，拓展外贸发展空间，提升外贸运行效率。

参考文献

《广州外贸进出口总值连续 3 年突破万亿元》，广州海关网站，2024 年 2 月 9 日，http：//guangzhou. customs. gov. cn/guangzhou_ customs/381565/381566/5682861/index. html。

《广州融入共建"一带一路"十周年：成就与展望》，南方网，2023 年 10 月 20 日，https：//epaper. southcn. com/nfdaily/html/202310/20/content_ 10078088. html。

温可仪、陈金源、张建华：《数字基础设施建设对进出口贸易的影响研究——来自粤港澳大湾区的经验》，《对外经贸》2023 年第 11 期。

《2023 年国民经济回升向好 高质量发展扎实推进》，国家统计局网站，2024 年 1 月 17 日，https：//www. stats. gov. cn/sj/zxfb/202401/t20240117_ 1946624. html。

《世界经济展望 应对全球化》，国际货币基金组织网站，2024 年 1 月 30 日，https：//www. imf. org/zh/Publications/WEO/Issues/2024/01/30/world－economic－outlook－update－january－2024。

张宇燕、徐秀军：《2023—2024 年世界经济形势分析与展望》，《当代世界》2024 年第 1 期。

刘芳：《波折前行的世界经济：新周期、新平衡、新机遇——2024 年世界经济分析报告》，《世界经济研究》2024 年第 1 期。

2023年广州会展业发展动态及趋势

李建党[*]

摘　要： 会展业是现代服务业的重要组成部分，影响面广、关联度高，发展潜力大，能够汇聚人流、物流、资金流、技术流，直接拉动和间接带动相关产业和配套行业发展，引导产业升级和转移，促进就业，优化资源配置，促进创新发展。作为国际重要会展中心城市，2023年，广州全力推进会展业恢复发展，完善会展促进政策措施，培育引进优质展会项目，推进会展业国际化、品牌化、数字化发展，促进会展业业态创新，助力全市经济高质量发展。

关键词： 会展业　国际会展之都　广州

一　2023年广州市会展业发展状况与特点

2023年是全面贯彻党的二十大精神的开局之年，是疫情防控转段后经济恢复发展的一年，我国经济回升向好为会展业恢复奠定了坚实基础。广州市深入学习贯彻党的二十大精神和习近平总书记视察广东重要讲话、重要指示精神，认真落实省委"1310"具体部署和市委"1312"思路举措，通过积极推动线下展会恢复举办，完善优化会展促进政策措施，培育引进优质展会项目，以高质量会展促进生产、增加贸易、提振消费、升级产业、扩大国际经贸合作，助力全市经济高质量发展。

---

[*] 李建党，广州市商务局会展促进处三级调研员。

（一）展览面积创新高

2023 年，广州会展业展现了强劲的复苏力。全市重点场馆举办展览合计 373 场，展览面积达 1089.50 万平方米，参展参观人数达 1769.11 万人次。展览数量、展览面积、参展参观人数同比分别增长 1.0 倍、2.5 倍、4.6 倍，其中展览面积、参展参观人数分别比 2019 年增长 6.4% 和 28.7%。全年展览数量、展览面积多于深圳（195 场、1030 万平方米），少于上海（681 场、1732.67 万平方米），位居全国第二。其中，经贸类展会展览面积达 1084.68 万平方米，首次突破千万平方米，比 2019 年增长 9.01%。全市全年单展面积在 5 万平方米以上的经贸类展览共 38 场，展览面积合计 738.24 万平方米，占全市经贸类展览总面积的 68.06%。其中，单展面积超 10 万平方米的展览共 16 场，展览面积合计 597.61 万平方米，占全市经贸类展览总面积的 55.10%。单展面积超 20 万平方米的展览（含关联题材展）共 7 场，展览面积合计 486.32 万平方米，占全市经贸类展览总面积的 44.84%。其中，两届广交会展览面积合计 305 万平方米，占全年展览总面积的 27.99%。全年举办的 373 场展览中，在广州市举办 10 年（含）以上的共 90 场，占全年总场次的 24.13%；合计展览面积 784.72 万平方米，占全年展览总面积的 72.03%。这些展会扎根广州发展，成为全市展会稳定发展的基本盘。其中，8 场展览已在广州市举办 30 年（含）以上，合计展览面积 359.65 万平方米；29 场展会已举办 20（含）~30 年，合计展览面积 254.02 万平方米①。

（二）广交会规模创新高

广交会是中国外贸的"晴雨表""风向标"，也是广东省、广州市的"金字招牌"。办好广交会，是深入学习贯彻习近平总书记重要讲话和重要指示精神的具体行动，是贯彻落实党的二十大精神的重要举措。第 133 届广

---

① 广州市商务局统计分析资料。

交会首次启用展馆 D 区，总展览面积从以往的 118 万平方米增至 150 万平方米，展位数量从 6 万个增至近 7 万个，线下参展企业约 2.4 万家，新参展企业超过 9000 家[①]。面对国际贸易新趋势，面对市场新需求，本届广交会增加了工业自动化和智能制造、新能源及智能网联汽车、智慧生活、孕婴童用品、"银发经济"、检测和防护用品等新的展览题材[②]。第 134 届广交会展览总面积扩至 155 万平方米，展区增至 55 个，参展企业共 28533 家。为提升专业化水平，本届广交会展区设置进一步优化，扩展了新能源汽车及智慧出行、新材料及化工产品等展览题材，把建材、卫浴 2 个展区从第一期调到第二期，把玩具、孕婴童用品等 5 个展区从第二期调到第三期。

（三）展览的国际化水平提升

展览活动全年接待境外人员超 203 万人次，比 2019 年增长 64.56%，占展览接待人数的 11.48%，占比较 2019 年上升 5.17 个百分点。第 133 届广交会共有来自 229 个国家和地区的境外采购商线上线下参会，其中线下参会的境外采购商共 129006 人，来自 213 个国家和地区[③]。共有 55 家工商机构组团参会，包括马来西亚中国总商会、法国中国工商会、墨西哥中国商业科技商会等。100 余家头部跨国企业组织买手参会，包括美国沃尔玛、法国欧尚、德国麦德龙等。线上参会境外采购商共 390574 人[④]。第 134 届广交会共有来自 229 个国家和地区的境外采购商线上线下参会。其中，线下参会的境外采购商共 197869 人，比第 133 届增长 53.4%，比第 126 届增长 6.4%。共建"一带一路"国家采购商共 126343 人，占比 63.9%，比第 133 届增长 68.6%[⑤]。共有 117 家工商机构组团参会，包括马来西亚中国总商会、匈牙利企业家与雇主协会、秘鲁中国商会、巴西中国商会、尼日利亚拉各斯工商会

① 陈晓等：《乘开放之风来 共享发展机遇》，《南方日报》2023 年 5 月 6 日，第 A03 版。
② 陈晓等：《乘开放之风来 共享发展机遇》，《南方日报》2023 年 5 月 6 日，第 A03 版。
③ 陈行：《第 133 届广交会圆满闭幕》，《深圳特区报》2023 年 5 月 6 日，第 A08 版。
④ 陈行：《第 133 届广交会圆满闭幕》，《深圳特区报》2023 年 5 月 6 日，第 A08 版。
⑤ 孟妮：《中国外贸强大韧性澎湃活力再彰显》，《国际商报》2023 年 11 月 6 日，第 2 版。

等。165 家头部跨国企业组织买手参会，包括美国沃尔玛、英国特易购、德国ALDI、日本永旺等①。线上参会境外采购商共 453857 人，较第 133 届增长16.2%。第 29 届迪培思广州国际广告标识及 LED 展海外观众共 3271 人，同比增长 398.1%，创历年新高，观众来自 75 个国家和地区，俄罗斯观众为疫情前的 3 倍，澳大利亚专业观众数量基本恢复至疫情前的水平。第 48 届广州（锦汉）家居用品及礼品展览会到访 33620 人次，欧美买家占比 54%。第十五届世界太阳能光伏暨储能产业博览会接待来自 100 多个国家和地区的海外专业观众 7800 余人。第 8 届世界电池储能产业博览会接待 8731 人次境外采购商到会采购。广州家居用品及五金采购交易会接待买家 17566 人次，港澳台及海外买家占比 38.52%②。

（四）业态创新持续推进

一是推进产业跨界融合。第 26 届中国（广州）烘焙展览会依托沉淀 20多年的优质产品、技术与服务资源，突破烘焙圈层，跨界联合茶饮、咖啡，打造"烘焙+"生态圈，为全球烘焙行业走向世界提供更大的信息、贸易交流服务平台。举办世界咖啡烘焙大赛中国区选拔赛、广州国际潮饮烘焙美食节，"烘焙美食+咖啡茶饮"不仅在 B 端行业内产生行业热点，并且在 C 端大众面前展示美食产品和文化周边产品，实现 B2B2C"不止于烘焙"的生态圈。中国国际天然提取物和健康食品配料展览会同期举办第三届营养科技创新大会，中国食品添加剂和配料协会与中国营养学会两个行业权威组织跨界融合，为营养健康产业发展注入新思维新动能。第二届世界元宇宙生态博览会举办跨界融合生态论坛，促进元宇宙与其他行业跨界融合。第 20 届广州国际专业灯光、音响展首设的"星火·新生沉浸式体验展"以推动打造创新型文旅典范为目标，探索科技文明时代下"科技+文化+展演+旅游"的融合创新范式，推动文旅产业迈向新的高度，构建完善的文旅展演产业生

---

① 孟妮：《中国外贸强大韧性澎湃活力再彰显》，《国际商报》2023 年 11 月 6 日，第 2 版。
② 广州市会展业公共服务平台。

态，实现合作合力共赢共进。二是打造展、会、奖、赛新场景。除举办产业对接会、行业研讨会、学术论坛外，第二届世界元宇宙生态博览会举行2023万人盛典颁奖大会。2023广州国际潮宠展同期特别策划多场峰会讲座、专业赛事和互动活动，丰富沉浸式逛展新体验，为嘉宾和观众带来不一样的创新的展会，举办宠物护理与美容职业技能等级大赛、中国纯种犬职业超级联赛、狗狗全国运动会等五大专业赛事，人宠沉浸式互动。第62届中国（广州）国际美博会推出美业实操课，助力从业人员由创业者向行业专家蜕变；开展供应链系列活动，助力打通企业、上下游供应链；举行新品推介会和一系列行业发展创新论坛，助力参展企业发现新流量、新趋势、新红利，探索全新增长极；举办一系列电商平台招商会，助力企业建立新渠道。第20届广州国际专业灯光、音响展PLS独角兽系列活动和星火·新生沉浸式体验展，以新主题"舞台秀：敬畏时空，追光逐梦"强势回归，酷炫的灯光、音效、舞美、视频融为一体，为现场来宾带来一场视觉盛宴。三是延伸展览边界，拓展社交新渠道交流空间。广州国际潮宠展于2023年9月9日同期举办"潮宠展·潮chill在线营夜"活动，宠业网红达人共聚广州浪漫的星空之下，在繁忙的内容创作中得到放松。达人现场互动建立深厚的友谊，相互交流内容创作心得和直播带货经验，增强宠业社交新渠道流量变现的势能。

（五）线上采购对接渐受买家认可

随着大数据、云计算、物联网等技术的不断成熟，数字化、人工智能应用日益普遍，线上线下融合发展，线上采购对接渐受买家认可。第133届广交会线上平台共优化141项功能，线上平台智能化、便利化水平和友好度持续提升，受到展客商普遍欢迎。线上平台累计访问量3061万次，访客数达773万人，境外访客占比超过八成。参展企业店铺累计访问量超440万次，其中出口展参展企业店铺累计访问量约437万次，进口展参展企业店铺累计访问量3.4万次。参展企业累计连线展示6127场次①。第134届广交会线上

---

① 陈晓等：《乘开放之风来 共享发展机遇》，《南方日报》2023年5月6日，第A03版。

平台累计访客数达 789 万人，其中境外访客数 660 万人，占比 84%。参展企业店铺累计访问量达 438.6 万次，其中出口展参展企业店铺累计访问量达 434.8 万次，进口展参展企业店铺累计访问量达 3.8 万次。参展企业累计连线展示 3362 场次，共约 3 万人次观看①。与往届相比，线上平台商机管理更便利、展示内容更专业、供采对接更顺畅，受到展客商普遍欢迎。有企业充分利用广交会线上平台全天候运行优势，针对不同国家和地区市场需求，提前开展引流推广，吸引目标客户线下到访②。广州（锦汉）家居用品及礼品展览会依托数字化展览平台，全年为供采双方提供精准高效的采购对接服务，展会期间线上展网站浏览量、采购配对次数达到高峰，第 47 届、第 48 届广州（锦汉）家居用品及礼品展览会线上展网站浏览量、采购配对次数分别为 186546 次、278 次，196675 次、367 次③。

（六）新举办展会数量创新高

全年新引进或新举办展会 43 场，合计展览面积 51.08 万平方米，较 2019 年增加 12 场，数量创 2019 年以来新高。其中展览面积在 1 万平方米（含）以上的展会 20 场，占比 46.51%；2 万平方米（含）以上的展会 9 场，占比 20.93%。市外企业、机构举办 20 场，市内企业、机构办展 23 场。新增展会涉及生物医药、新一代信息技术、医疗器械、集成电路、轨道交通、宠物用品等新兴产业领域，进一步优化了广州市原有以消费类、轻工类题材为主的展会结构，全年轻工化工消费类展会数量占比 59.5%，较上年降低 3.1 个百分点④。

（七）会议活动快速增长

2023 年，全市重点展馆举办会议场次和参会人次均大幅增长。全年合

---

① 《第 134 届广交会线下出口成交 223 亿美元》，《消费日报》2023 年 11 月 7 日，第 A3 版。
② 《第 134 届广交会线下出口成交 223 亿美元》，《消费日报》2023 年 11 月 7 日，第 A3 版。
③ 广州市会展业公共服务平台。
④ 广州市商务局统计分析资料。

计举办会议 5636 场次，同比增长 42.2%；参会 93.15 万人次，同比增长 120.6%，其中境内 92.64 万人次，同比增长 119.6%，境外 5078 人次，同比增长 12.72 倍。100 人以上跨市会议 2036 场次，同比增长 121.5%；参会 72.45 万人次，同比增长 158.3%，其中境内 72.11 万人次，同比增长 156.9%，境外 3391 人次，同比增长 7.72 倍[1]。

（八）会展载体持续增强

广交会展馆 D 区于第 133 届广交会全面启用，花都富力环球时尚博览中心于 2023 年 2 月举办首展，广州空港博览中心 1 号、2 号馆于 2023 年 10 月底建成，全市展馆室内可展览面积超过 72 万平方米，规模在国内仅次于上海。白云国际会堂、广交会堂、南沙国际金融论坛永久会址等专业会议中心相继建成使用，大幅度提升全市承接高端会议、国际会议、专业会议的能力。

二 2024年广州会展业面临的挑战和发展机遇

2024 年，广州会展业发展面临的挑战主要来自两个方面。一方面，世界经济增长动能不足，地区热点问题频发，外部环境的复杂性、严峻性、不确定性上升。我国经济持续回升向好的基础还不稳固，有效需求不足，部分行业产能过剩，社会预期偏弱，风险隐患仍然较多，国内大循环存在堵点，国际循环存在干扰[2]。另一方面，广州市会展业发展仍然存在一些薄弱环节。一是国际化程度偏弱，对跨国企业吸引力不够。外资会展企业数量偏少，客观上制约了广州会展企业开拓项目和对接国际市场的步伐，制约了广州会展业竞争力的提升。二是展会与产业发展趋势融合不够紧密。工业类、科技类、战略性新兴产业和未来产业项目不多、规模较小、辨识度不高、影

---

[1] 广州市商务局统计分析资料。

[2] 《政府工作报告》，中国政府网，2024 年 3 月 5 日，https：//www.gov.cn/gongbao/2024/ issue_11246/202403/content_6941846.html。

响力不够，与广州市现代产业体系建设发展趋势结合得不够紧密。三是重点展会大而不强。重点展会虽然初步具备了联通国内国际双循环的功能，但全球辐射面不广，国际影响力不强，引领市场的功能不强。四是数字化、智能化发展水平低。广州市组展企业数字化、智能化、品牌化发展能力弱，在会展组织模式、组织效率、服务水平、渠道路径等方面鲜有引领性创新举措和经验，缺乏庞大的数据收集统计和分析能力，集聚行业资源尤其是境外行业资源的能力弱，制约展览项目价值提升和规模扩大。

广州会展业同样面临良好的发展机遇。一是我国经济回升向好、长期向好的基本趋势没有改变。展览业作为构建现代市场体系和开放型经济的重要平台，具有拉动经济发展和带动产业联动方面的作用，展览业将持续发挥畅通经济循环、促进产业升级、推动区域经济发展的助推器作用，为经济高质量发展继续贡献力量。二是新质生产力为会展业发展带来新的机遇。加快形成和发展新质生产力是高质量发展的重点任务。科技创新催生的新产业、新模式、新动能，必定会为会展业发展提供新空间、新动力、新机遇。作为战略先导产业，会展业能够培育和搭建促进新质生产力发展的新平台。三是数字化、智能化发展带来的新机遇。应用大数据、人工智能开发数字营销工具，打通参展商和采购商信息壁垒，提升展会引流和配对效率，集成展会数字化、智能化服务系统，创新展会服务模式和业态，促进会展业的高质量发展。四是推动大规模设备更新和消费品以旧换新政策的实施，进一步激发市场活力，供需两端同步对接、双向发力，企业参展需求进一步增长，积极性进一步提升。

三　推动广州会展业高质量发展的对策与建议

广州市会展业高质量发展要以习近平新时代中国特色社会主义思想为指导，深入贯彻党的二十大精神，以国际化、市场化、品牌化、专业化、数字化、绿色化为引领，对标国际最高标准、最好水平，集聚优质资源，壮大会展业主体，提升展会整体竞争力，优化会展经济发展生态圈，打造一流营商环境，提升会展业服务高质量发展和构建新发展格局的能力和水平，努力推进广州实现老城市新活力、"四个出新出彩"。

（一）集聚全球优质资源，厚植发展根基

一是创新会展联合招商机制。建立由市级行业促进部门、区级行业促进部门、展览场馆、会展服务单位组成的"四位一体"会展招商机制，结合广州市产业发展规划，制定重点展会招商清单，组成小分队"全年无休"主动上门招商，主动为会展举办单位提供一站式全方位服务，引入高水平会展企业和会展项目。

二是着力引进外资会展企业和机构。精准施策，着力引进外资会展企业在穗设立法人企业和举办国际化会展项目。积极开展与国际展览业协会（UFI）、国际展览与项目协会（IAEE）和国际大会及会议协会（ICCA）等国际组织的合作，充分发挥广州市国际会议展览业协会等行业组织作用，支持举办国际组织年会、全国性行业组织年会等具有行业影响力的国际会议和活动，吸引更多国际知名品牌展会和高端国际会议落户广州。推动国际性高端专业会议与高端品牌展会联动发展。

三是培育具有国际竞争力的会展集团。鼓励本市会展企业规模化、集团化、多元化发展，开展跨区域、跨行业、跨产业联合经营，采取国内外合作、收购兼并等模式增强组展实力。以政策为导向，支持本土会展企业在粤港澳大湾区建设和区域合作中发挥作用，以广州为基地向珠三角、全国扩展布局展会。统筹安全与发展，提高境外参展办展水平，支持企业"走出去"举办高质量的境外自主品牌展会，培育2~3家具有国际竞争力的会展集团。

四是发挥社团组织作用。顺应展会专业化发展，行业协会、龙头企业在组织展会中作用不断增强的趋势，支持行业协会和龙头企业按照市场化机制，坚持自愿原则，发挥资源和桥梁优势单独或合作举办展会。支持展会采取多种方式与国家、省社会团体建立合作关系。

（二）做精做优品牌展会，提升服务国家发展战略能力

一是支持广交会越办越好。深刻认识广交会在服务党和国家工作大局中的重要地位和突出作用，进一步提升属地服务保障质效，支持广交会提升影响力、扩大辐射面。争取商务部、中国对外贸易中心的支持，有针对性地举办招商引资促进活动，丰富广交会投资促进功能。聚焦科技创新和产业变革，优化展区功能布局，提升展会品质，集中展示产业技术创新成果，发挥广交会产业创新引领、支撑、服务效能。

二是推动品牌展会项目做精做强。支持家博会、建博会、美博会、照明展等展览规模居全球同行业首位的展会进一步创新业态、创新服务，提升品质。支持酒店用品、灯光音响、游艺设备、礼品与工艺品、时尚设计、汽车及零部件、印刷包装等居全国同类展会前列的展会，进一步提高对内对外辐射能力，努力办成具有国际领先水平的顶流展会。积极培育战略性新兴产业、未来产业领域本市自主品牌会展项目，打造具有行业竞争力的专业展会，努力培育一批在细分行业领域处于世界领先地位的国际知名会展项目。

三是推进数字化升级。以智能配对为主的展会数字化沟通升级、以大数据工具为主的展会数字化营销升级是会展业数字化转型升级的重点方向。支持广州市本土展会数字化服务企业做大做强，支持本土有实力的展会企业提升数据收集统计和分析能力，应用大数据、人工智能技术开发数字营销工具，打通参展商和采购商的信息壁垒，提升展会引流和配对效率，促进会展的贸易转化。

（三）促进融合发展，扩大会展溢出效应

一是促进会展与产业融合。梳理广州市现有本土品牌展会，制定广州市重点发展的产业链牵头部门、链主企业重点支持展会清单，实行"一产业链一展会"，支持广州市重点发展产业领域专业展会做大做强做优，发挥会展经济推动国际合作交流、拓展产业发展空间的科技创新功能和产业引领功能，实现展会和产业互促共进。每个产业链至少培育一个位列全国前三的专

业展会。

二是加强会商旅文体联动。倡议和鼓励组织市内消费场所、景区、航空公司、地铁、公交推出大型展会客商专属消费优惠措施。提升广州马拉松等体育赛事影响力，打造一批会商旅文体联动项目，用好各类对外交流渠道加强联合宣传推广，促进展览、会议、旅游、文化、体育等各产业间的联动发展。

（四）提升公共服务水平，优化会展业发展环境

一是加强制度保障。借鉴上海、杭州等城市的经验做法，研究制定"广州市会展促进条例"和"展会备案管理办法"，强化会展业法治保障。完善广州市会展业改革发展联席会议机制，切实加强部门协调，完善高效便捷的事中事后监管机制、纠纷解决机制，持续提高公共服务水平，创新提升社会管理能力，持续优化展会营商环境，降低办展成本。

二是创新政策服务。评估展览内容、成长性、规模等，分级分类进行扶持保护发展，形成"大而强、中而专、小而精"的会展格局。创新扶持政策，激发展馆在展会引进、创新服务方面的内在动力。鼓励支持会议承办企业和会议项目加入国际大会及会议协会等国际组织，加强与国际组织间的交流，争取承接更多国际会议。争取通关便利化政策、措施支持，畅通境外人员、展品来穗渠道，以最高效、便捷的服务支撑广州会展业提升国际化水平。

三是打造展览场馆新优势。充分发挥广交会展馆、保利世贸博览馆等展览场馆的特色优势，支持展览场馆加强合作，在档期信息共享、行业联合推广等方面建立合作机制。鼓励展览场馆大力推进智慧场馆建设，通过数字化手段整合资源，提高展会技术水平、服务功能和风险防范能力。进一步优化展览场馆布局，谋划建设现代化会展场馆，进一步提升展览场馆承接大型展会的能力。

四是完善展馆周边配套设施。加快琶洲地区道路建设，尽快打通琶洲大道（改造为全线双向四至六车道）、会展东路和凤浦中路等断头路，加快完善海洲路、芳园路等琶洲西区道路建设，进一步完善琶洲区域的路网结构，

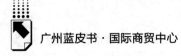

畅通道路交通微循环，提升道路通行效率。在新港东路、阅江中路等行人过街需求较大的路口、路段建设立体过街设施并加装电梯，减少平面过街需求，改善行人通行和横穿交通环境，改善行人交通秩序。对琶洲地区公共交通重点和难点进行梳理和排查，逐步优化提升琶洲地区公共交通服务水平，优化琶洲地区交通标识和指引，加强交通秩序整治，有效改善琶洲地区交通环境。增设周边商业配套设施，满足外地客商购物、休闲、娱乐、住宿等需求。

B.21
2023年广州餐饮业发展特点
及2024年展望

李国文 庄彦青 陈广嘉*

摘 要： 2023年餐饮消费需求集中释放，复苏态势明显，发展信心逐步恢复，发展活力持续释放。围绕培育建设国际消费中心城市，政府和市场携手擦亮"食在广州"城市名片。品牌餐饮加速门店布局，特色餐饮不断涌现，广州餐饮业加速拥抱连锁化、数字化、产业化和绿色化，为实现行业高质量发展增添新动能新优势。

关键词： 餐饮业 食在广州 美食之都

2023年，全市餐饮行业快速复苏，住宿和餐饮业零售额达944.7亿元，同比增长23.3%。线上消费持续活跃，住宿餐饮企业通过公共网络实现餐费收入增长27.3%，线上线下融合发展。行业发展政策供给不断完善，出台市一级连锁餐饮企业食品经营许可"告知承诺制"政策，协调出台餐车、快闪店等临时外摆经营报备流程。精准支持企业升规纳统、扩大经营规模，以及数字化运营、供应链建设等转型升级发展，全年共拨付专项扶持资金4440万元，惠及企业近500家次。创新举办首届中国（广州）餐饮产业招商大会暨投融资合作交流展、首届中国（广州）餐饮产业发展大会、首届精品美食周等活动，持续释放消费市场潜力。

---

* 李国文，广州市商务局特种商业处处长；庄彦青，广州市商务局特种商业处副处长；陈广嘉，广州市商务局特种商业处一级主任科员。

一 2023年广州餐饮市场特点和存在的问题

（一）广州餐饮市场特点

1. 餐饮消费持续回升

2023年，居民出游意愿明显增强，人员流动逐步复苏，商务交流、旅游休闲活动明显增多，餐饮业客流普遍提升。尤其是暑假以来，婚宴、年会等聚餐活动恢复，餐饮企业积极开展各类促销、新品发布活动，展会、演唱会、体育赛事层出不穷，持续带动餐饮消费。咖势咖啡文化节、国际美食节、广州精品美食周等各类行业活动进一步催热餐饮消费市场，餐饮消费在第四季度达到全年高峰。广州市全年住宿和餐饮业零售额达944.7亿元，同比增长23.3%，其中餐饮收入907.09亿元，同比增长23.7%，已全面恢复至疫情前水平，占社会消费品零售总额比例由2020年的7.3%上升至2023年的8.6%。增加值方面，住宿餐饮业同比增长10.5%，拉动全市GDP增长0.2个百分点。

2. 消费供给不断丰富

餐饮成为创业就业的主要行业之一，餐饮市场主体持续扩容，超23万家；咖啡门店数量全国第二，咖啡外卖复合增长率全国最高。据世邦魏理仕监测，2023年广州优质商业中餐饮业态的成交占比持续攀升，占全年成交数量的44.6%，同比上升5.6个百分点，5年来在数量占比上首次高于零售业态（37.1%）。全市餐饮消费市场加速细分发展，特色餐饮、小吃、茶饮等适应年轻人多样性、特色化需求的消费产品日新月异。九毛九、炳胜等大型餐饮集团推出一系列品牌，进一步丰富消费品类，形成品牌矩阵，覆盖不同层次、拥有不同喜好的消费群体。知名甜品Châteraisé、新加坡的鳗几等国际品牌，麻六记、邮局咖啡等国内品牌首店陆续落户。跃系列、岁集院子等本地新锐粤菜品牌，将传统粤菜与现代烹饪技艺相结合，为广州餐饮文化和消费体验增加新创意。

3. 品牌餐饮形成集聚规模

全市餐饮企业50强营业收入约占全市餐饮收入的35%，全年净增限额以上餐饮企业267家，行业集约度进一步提升。2023年，广州全市限额以上正餐服务企业营业额同比增长32.6%，拉动餐饮业营业额增长8.6个百分点；限额以上饮料及冷饮服务企业营业额同比增长31.4%，拉动餐饮业营业额增长1.6个百分点。头部企业中，百胜、麦当劳、瑞幸、萨莉亚、九毛九等连锁品牌全年新增数十家甚至上百家门店，广州酒家、南海渔村、向群等粤菜品牌也有新店开业。特别是头部品牌放开加盟、积极拓店，星巴克、喜茶、瑞幸、真功夫等连锁品牌进攻下沉市场，市场占有率有望进一步提升。

（二）当前广州餐饮业发展存在的问题

1. 人力人才支撑不足

餐饮作为劳动密集型行业，在消费复苏阶段，用工难问题日益突出。《中国统计年鉴2022》显示，住宿和餐饮业为平均工资最低的行业。员工薪酬低、工作时间长、招聘途径单一，行业招工缺乏吸引力，住宿和餐饮业用工持续紧缺。58同城就业大数据显示，广州是全国餐饮招聘需求最热门的城市之一，但广州餐饮的求职活跃关注度却未进入全国前五，人才吸引力有待提升。广州本地少有开设住宿餐饮及相关专业的大专院校，企业管理、品牌推广、数字化运营等专业人才和管理人才结构化短缺现象突出。

2. 美食地标集聚不足

从消费者特别是外地商务旅游人士角度看，广州餐饮遍布全城，但与休闲、娱乐、文旅等功能结合不足，有辨识度、有知名度、有记忆点的美食集聚区不足。广州现有的美食集聚区67%布局在商业功能区，重商业氛围轻文化气息，规划建设中缺乏对岭南文化、广府文化的挖掘和展示，与文化地标、珠江一江两岸文旅资源结合不够紧密，同质化现象突出，在形成吸引年轻消费者的网红效应方面做得不够，未形成明显成片的旅游餐饮集聚区。

二　2023年推动广州餐饮业高质量发展的举措

（一）着力推动投资交流

一是举办首届中国（广州）餐饮产业发展大会暨投融资合作交流展，吸引了超200家来自国内外的品牌连锁餐饮企业、50余家投资和金融机构、150个广州重点商业载体的负责人，会上广州市商务局主要负责人对广州餐饮行业发展环境进行主题推介，现场突出餐饮企业与商业载体对接、与投资机构对接、与金融机构对接，费大厨广州首店等一批餐饮投资项目现场与商业载体签约，广州市美食之都促进会与弘章资本、和智资本、千行资本、美味投资、龙柏资本等5家投资机构签订战略合作框架备忘录，合作推进广州餐饮行业资本化、连锁化发展。本次活动共有113家餐饮企业提出941个意向投资项目。二是举办"首届全国餐饮业50人论坛"，与中国烹饪协会合作，邀请全国50家头部连锁餐饮企业的负责人齐聚广州，共商行业发展大计，并以此为契机推介广州餐饮环境。三是支持行业协会、专业机构举办第三届中国餐饮品牌节、CRE·2023第14届广州酒店餐饮业博览会、2023中食展（广州）等餐饮上下游产业展会，推动行业交流合作。

（二）政策扶持促进企业发展

一是加快龙头企业培育，支持广州酒家、九毛九、遇见小面等品牌企业"走出去"，在全国乃至境外开设直营连锁门店；通过年营业额增长奖励、上市奖励等政策，鼓励企业做大做强。二是推动企业转型升级，支持南海渔村、豪苑、多满分等32家企业新设升级门店、数字化运营、供应链建设等基础设施软硬件投入。三是焕新老字号品牌。指导陶陶居等5家中华老字号品牌全力做好迎接商务部中华老字号复评准备工作，真金白银支持新兴饭店、点都德等市级老字号品牌提升工程。四是优化餐饮政务服务环境，推动出台市一级连锁餐饮企业食品经营许可"告知承诺制"政策，协调出台餐车、快闪店等临时外摆经营报备流程，降低企业成本、创新经营形态，优化营商环境。

（三）创新打造广州精品美食周

重磅推出首届广州精品美食周，在国内首次以"市场运作、政府支持"方式，举办精品化、年轻化、市场化餐饮行业活动。活动以米其林、黑珍珠、必吃榜及星级酒店等品牌为主体，选址广州新中轴线上的天河体育中心南广场，共设置108个展位，汇集来自北京、上海、成都、潮州、香港、澳门等城市的品牌，包括大董、甬府、潮跃、好酒好蔡、白天鹅酒店、广州酒家等80家米其林、黑珍珠获奖餐厅和老字号品牌，以及28家文创、食品、酒水品牌。活动由星厨技艺展示、精品美食展销、创新菜品首发、国际餐饮纪录片展播、抖音城市风味榜发榜典礼等环节组成，是国内品牌最集中、活动层次最高、参与城市最多的美食活动。新华社、《人民日报》等主流媒体刊发原创报道超150篇，抖音话题播放次数达5500万次，全网话题阅读量累计超7900万次。

（四）持续发力餐饮促消费活动

紧抓"假日经济""夜经济"等业态快速复苏回升契机，积极推动餐饮促销，不断为餐饮行业发展注入活力。一是围绕春节、五一、暑假、中秋、国庆等消费热点，发动金融机构、餐饮平台等市场资源为餐饮企业赋能，以优惠福利、消费券等撬动消费。二是在2023年"Young城Yeah市"夜间消费节期间，推动广东银联发放1万套"Young城Yeah市"美食卡，支持广州银行、工商银行等多家金融机构共同推出"赏味盛夏、食惠广州"活动，在全城派发超30万张羊城夜市美食消费券，联动抖音、美团、银联、饿了么等头部平台推出落日微醺市集、夏季清凉节、龙虾美食节、乐活街区等形式多样的餐饮促销活动。三是以"四海风味 烟火羊城"为主题举办2023年度广州国际美食节，本届美食节主会场设于长隆万博商务区万博中心，现场设置国际美食区、中华美食区、湾区美食区、广州味道区、潮创美食区等展区超 100 个展位，呈现中华美味与国际美食相结合、经典菜式与湾区美食相结合、传承与创新相结合的特色。主会场 6 天共接待市民游客约 80 万人次，营业额达 3000 万元。

（五）多维度宣传"食在广州"品牌

一是参加世界美食城市联盟年会，发表广州美食主题推介，与韩国釜山、法国里昂等 20 多个美食城市分享广州推动餐饮行业发展的特色做法，拓宽广州美食对外交流渠道。二是赴北京、厦门、福州、深圳等城市开展餐饮宣传活动，走访重点企业和行业协会，大力推介"食在广州"城市品牌优势。三是支持米其林、黑珍珠、携程美食林、大众点评必吃榜等平台发布广州美食榜单，为"食在广州"城市品牌和广州餐饮名店源源不断地注入流量。

三 广州餐饮业发展优势

（一）国际消费中心城市发展优势

2021 年 7 月，广州列入全国首批 5 个国际消费中心城市培育建设名单，相应的工作方案、发展规划、重点项目、保障措施等相继落地。广州锚定"国际"重要方向、"消费"核心功能、"中心"关键定位，构建"产业型""流量型""服务型"消费体系，优化消费空间品质和布局，提升中心辐射能级和消费国际化水平。在这个过程中，餐饮业既是重要推手，也从中获得巨大的发展机遇。随着国际消费中心城市建设的深入推进，餐饮发展所需的关联产业、基础建设、空间布局、消费流量、金融支撑、人才保障、政策扶持等将进一步优化，为餐饮商家深耕发展提供充分的沃土。

（二）"食在广州"品牌带动优势

广州商脉历经 2200 余年传承不断，自唐宋以后，广州经济得到强劲发展，尤其是清代以来，一口通商的外贸优势更使得广州富甲天下，广州餐饮业得到空前发展。民国以来，广州餐饮随粤人大规模"走出去"，粤菜馆精致典雅的布置、食不厌精的菜品、周到细致的服务，得到各地高度肯定，赢得"食在广州"好评，成为招待贵客宾朋的不二选择，其烹饪技艺、经营理念等也被其他地方菜系广泛学习借鉴。随着时代变迁，粤菜在全世界开枝散叶，"食在广州"成为品牌深入人心，并逐步被赋予新的时代内涵。如今，"食在广州"不仅仅代表餐厅所在地民众对粤菜的评价，更蕴含着来广州可吃遍世界的内涵，每年吸引数以亿计的国内外消费者到广州品尝美食，成为展示中国文化、广东魅力、广州风味的金字招牌和特色窗口。

（三）粤菜大本营资源集聚优势

广州汇集广府菜、潮汕菜和客家菜，以及其他广东地方特色风味菜，粤菜文化经久不衰，早茶文化更独具特色。在广州，粤菜师傅充分利用岭南丰富的海陆食材，在烹饪技术上"北菜南用、中菜西做"，兼容开放而能集大成，使得粤菜在中国众多菜系中脱颖而出并欣欣向荣。加之广州街坊受千年商都文化熏陶，对食物的口味与追求总是持开放态度，无论是天南地北的食材还是五湖四海的烹料，总能以汇聚天下的气概容纳，并有极高的美食品鉴能力，促进了粤菜不断守正创新，形成一大批特色品牌。

（四）关联产业纵深发展优势

广州拥有全国41个工业门类中的35个，是整个华南地区生产制造业最主要的产业链总部基地和供应链中心，加之周边城市如佛山烹饪设备、中山灯饰照明、潮州陶瓷卫浴等特色产业，为广州餐饮从门店硬装到软装提供了一站式服务。广州地处岭南，从陆地到海洋，山珍、野味、河鲜、海味等食材，供给十分丰富。全市有551家各种类型的专业市场，商户超80万户，其中有全国乃至国际影响力的市场300多个，黄沙水产市场、芳村茶叶市场、江南果菜批发市场等为细分领域"领军市场"，依托强大的产业配套和批发市场，为餐饮业提供全面支撑。广州是南方高校最密集的城市、华南科教中心，全市拥有80多所高等院校，为餐饮业提供源源不断的创业型和管理型人才。

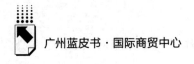

（五）规模庞大的城市流量优势

作为我国首批 24 个历史文化名城之一，广州是岭南文化中心地、近现代革命策源地，旅游景点众多，文娱体活动丰富。2023 年，全市共接待游客 2.3 亿人次，实现文旅消费总额 3309.5 亿元。广州素有"中国通往世界的南大门"之称，与世界 200 多个国家和地区保持经贸往来，是集公路、铁路、航空、水运等国家级枢纽于一体的国际性综合交通枢纽城市。2023年，广州铁路到发旅客 1.3 亿人次，广州南站旅客发送量位居全国第一；广州地铁日均客运量为 857 万人次，客流强度国内第一；白云机场 2023 年旅客吞吐量达 6317 万人次，居全国第一。此外，广州还是我国三大会展中心城市之一，2023 年全市重点场馆累计举办展览 373 场，合计展览面积达1089.5 万平方米，均居全国第二。"中国第一展"广交会，以及规模居行业世界第一的广州国际照明展览会、中国（广州）国际家具博览会、中国（广州）国际建筑装饰博览会、中国（广州）美容美发展览会等，连同其他众多行业展会，为广州餐饮业带来大量消费人流。

四　2024年广州餐饮业高质量发展对策建议

（一）加强规划引领

紧跟广州市国际消费中心城市发展战略，编制印发广州市"美食之都"发展规划，从发展现状、发展目标与方向、发展行动、空间布局等维度研究分析，为餐饮业衔接城市宏观发展，推动餐饮业转变发展思路、优化升级，为消费增长能级提升与整体经济高质量发展相互促进提供指引。

（二）提升载体能级

在北京路惠福美食花街片区、广州塔—珠江琶醍片区以及珠江新城东南核心区域打造三个中西美食集聚区，依托各片区历史底蕴、区域特色和产业优势错位规划设计，整合市区各部门政策资源提供政策体系支撑，联合第三方专业机构在商业策划、精准招商上发力，加快引入餐饮总部、品牌餐饮、特色餐饮，以餐饮为特色推出商文旅融合项目、特色精品线路和主题促销活动，加快打造"美食+"城市消费地标。

（三）培育市场主体

培育壮大市场主体，加强政策引导和财政支持，推动广州市餐饮企业数字化、连锁化、特色化发展，鼓励有条件的餐饮企业进行跨行业、跨地区的兼并重组，实现产业链整合、有序扩张，促进企业向规模化、连锁化、集团化发展。吸引海内外企业来穗投资设立品牌和首店，优化城市餐饮消费供给。引导企业培育著名商标和品牌，支持参加中华老字号、国家钻级酒家、米其林、黑珍珠、餐饮"百强"等行业评选。推动支付平台、金融机构、餐饮电商和其他专业机构对企业进行数字化赋能，为餐饮企业提供集收银、营销、运营分析、风险管理等于一体的数字化工具，转化为企业新质生产力。

（四）调动市场资源

按照政府营造环境、社会深入参与、市场高效运行的思路，加强政府资源、社会组织和企业主体的协同配合，充分调动金融机构、平台机构、新媒体、行业商协会、产业链上下游企业等市场资源，通过市场化运营模式，打造国际美食节、精品美食周、咖啡文化节等"美食+""+美食"活动矩阵，持续释放市场活力。

（五）创新消费场景

支持餐饮企业向下游延伸，加强与旅游、健康产业、音乐、赛事互动融合，打造复合消费场景，扩大流量效能。强化活动链接，加强与广交会、国际灯光节、广州国际马拉松等城市大型活动联动，同期举办餐饮主题活动。强化枢纽链接，推动餐饮老字号"上飞机、进高铁"，以特色店、手信专卖

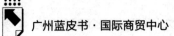

店形式覆盖机场、高铁、车站以及高速公路服务区，探索轻餐饮品牌与报刊亭、图书馆联动结合，扩大广州餐饮销售空间。

（六）宣传城市品牌

深入挖掘"食在广州"饮食文化底蕴，弘扬粤菜文化，推广饮茶文化，讲好"食在广州"故事。推动建设"粤菜博物馆"，培育餐饮文化消费产品，积极争取国内外行业活动落地广州，提升"食在广州"影响力。引导餐饮企业加强整体形象策划和企业文化建设，提升餐饮业的文化品位和产品的附加值。用好驻穗使领馆资源和世界美食城市联盟平台，面向欧美、中东、东南亚、日韩等开展"食在广州"宣传和推广活动。

附 录

2012~2023年广州商贸业发展指标

表1 2012~2023年广州国内贸易发展主要指标

单位：亿元

指标	2012年	2013年	2014年	2015年	2016年	2017年	2018年	2019年	2020年	2021年	2022年	2023年
社会消费品零售总额	5977	6883	7698	7933	8706	9402	9256	9976	9219	10122.56	10298.15	11012.62
批发和零售业零售额	5169	5986	6753	6929	7626	8259	8081	8705	—	9324.52	9532.19	10067.92
住宿和餐饮业零售额	809	897	945	1003	1081	1143	1175	1270	—	798.04	765.96	944.70

资料来源：2012~2023年广州市国民经济和社会发展统计公报。

表 2 2012～2023 年广州对外经贸发展主要指标

指标	2012 年	2013 年	2014 年	2015 年	2016 年	2017 年	2018 年	2019 年	2020 年	2021 年	2022 年	2023 年
商品进出口总值（亿美元）	1171.67	1188.96	1305.90	1338.68	1293.09	1432.50	1485.05	1450.19	1376.12	1674.52	1639.43	1553.04
商品进口总值（亿美元）	582.52	560.89	578.77	527.01	511.32	579.30	636.55	687.96	593.94	698.33	712.58	627.51
商品出口总值（亿美元）	589.15	628.07	727.13	811.67	781.77	853.20	848.50	762.23	782.18	976.19	926.85	925.53
商品进出口总值（亿元）			8022.80	8306.28	8541.02	9715.52	9811.59	10001.04	9531.92	10824.94	10948.18	10914.28
商品进口总值（亿元）			3555.15	3271.71	3382.26	3923.09	4204.09	4742.68	4108.57	4513.68	4752.76	4411.64
商品出口总值（亿元）			4467.65	5034.57	5158.76	5792.43	5607.50	5258.36	5423.35	6311.26	6195.42	6502.64
合同外资金额（亿美元）	68.02	71.14	80.40	83.63	99.01	133.91	399.59	395.29	222.34	224.78	189.57	256.66
实际使用外资金额（亿美元）	45.75	48.04	51.07	54.16	57.01	62.89	66.11	71.43	70.85	82.68	87.84	69.17

注：从 2014 年开始，海关总署全面公布以人民币计价的各类海关统计数据。

资料来源：2012～2023 年广州市国民经济和社会发展统计公报。

表 3 2012～2023 年广州会展业发展主要指标

指标	2012 年	2013 年	2014 年	2015 年	2016 年	2017 年	2018 年	2019 年	2020 年	2021 年	2022 年	2023 年
重点场馆展览面积（万平方米）	828.97	831.75	858.57	861.70	896.50	989.60	1019.96	1024.02	471.00	683.81	414.42	1089.50
10 万平方米以上大型展会（个）	13	16	16	16	16	15	15	17	8	13	9	13
广交会展馆举办展览面积（万平方米）	639.00			632.00	642.00	600.23		752.40	—	462.00	278.08	784.00

注：重点场馆展览面积为中国进出口商品交易会展馆、保利世贸博览馆、广州白云国际会议中心、东方宾馆等约 20 个场馆及宾馆酒店举办展览的面积，广交会展馆举办展览面积使用市统计局的统计口径。

资料来源：广州市商务局。

表 4　2012～2023 年广州物流业发展主要指标

指标	2012 年	2013 年	2014 年	2015 年	2016 年	2017 年	2018 年	2019 年	2020 年	2021 年	2022 年	2023 年
货运量（亿吨）	7.60	8.93	9.65	10.04	11.27	12.07	13.62	13.62	13.04	9.82	9.05	9.29
货运周转量（亿吨公里）	4938.39	6822.44	8633.55	9050.42	15386.42	21259.68	21487.17	21472.65	21619.75	21887.01	22181.60	22908.32
港口货物吞吐量（亿吨）	4.51	4.73	5.00	5.20	5.44	5.9	6.13	6.27	6.36	6.51	6.56	6.75
集装箱吞吐量（万标箱）	474.36	550.45	1661.00	1759.00	1884.97	2037.20	2192.21	2323.62	2350.53	2446.65	2485.76	2541.44

资料来源：2012～2023 年广州市国民经济和社会发展统计公报。

表 5　2012～2023 年广州旅游业发展主要指标

指标	2012 年	2013 年	2014 年	2015 年	2016 年	2017 年	2018 年	2019 年	2020 年	2021 年	2022 年	2023 年
旅游业总收入（亿元）	1911.09	2202.39	2521.82	2872.18	3217.05	3614.21	4008.19	4454.59	2679.07	2885.89	2246.03	3309.49
旅游外汇收入（亿美元）	51.45	51.69	54.75	56.96	62.72	63.14	64.82	65.30	14.59	10.77	10.68	26.79
接待过夜旅游者（万人次）	4809.57	5041.92	5330.00	5657.95	5940.56	6275.62	6532.55	6773.15	4182.59	4307.73	3824.17	5544.97
入境游旅游者（万人次）	792.21	768.20	783.30	803.58	861.87	900.48	900.63	899.43	209.73	164.77	154.12	377.41
境内旅游者（万人次）	4017.36	4273.72	4546.75	4854.37	5078.69	5375.14	5631.93	5873.72	3972.86	4142.96	3670.05	5167.55

资料来源：2012～2023 年广州市国民经济和社会发展统计公报。

皮 书
智库成果出版与传播平台

❖ 皮书定义 ❖

皮书是对中国与世界发展状况和热点问题进行年度监测，以专业的角度、专家的视野和实证研究方法，针对某一领域或区域现状与发展态势展开分析和预测，具备前沿性、原创性、实证性、连续性、时效性等特点的公开出版物，由一系列权威研究报告组成。

❖ 皮书作者 ❖

皮书系列报告作者以国内外一流研究机构、知名高校等重点智库的研究人员为主，多为相关领域一流专家学者，他们的观点代表了当下学界对中国与世界的现实和未来最高水平的解读与分析。

❖ 皮书荣誉 ❖

皮书作为中国社会科学院基础理论研究与应用对策研究融合发展的代表性成果，不仅是哲学社会科学工作者服务中国特色社会主义现代化建设的重要成果，更是助力中国特色新型智库建设、构建中国特色哲学社会科学"三大体系"的重要平台。皮书系列先后被列入"十二五""十三五""十四五"时期国家重点出版物出版专项规划项目；自2013年起，重点皮书被列入中国社会科学院国家哲学社会科学创新工程项目。

皮书网

（网址：www.pishu.cn）

发布皮书研创资讯，传播皮书精彩内容
引领皮书出版潮流，打造皮书服务平台

栏目设置

◆ **关于皮书**
何谓皮书、皮书分类、皮书大事记、
皮书荣誉、皮书出版第一人、皮书编辑部

◆ **最新资讯**
通知公告、新闻动态、媒体聚焦、
网站专题、视频直播、下载专区

◆ **皮书研创**
皮书规范、皮书出版、
皮书研究、研创团队

◆ **皮书评奖评价**
指标体系、皮书评价、皮书评奖

所获荣誉

◆ 2008 年、2011 年、2014 年，皮书网均
在全国新闻出版业网站荣誉评选中获得
"最具商业价值网站"称号；
◆ 2012 年，获得"出版业网站百强"称号。

网库合一

2014 年，皮书网与皮书数据库端口合
一，实现资源共享，搭建智库成果融合创
新平台。

皮书网

"皮书说"
微信公众号

基本子库
SUB DATABASE

中国社会发展数据库（下设 12 个专题子库）

紧扣人口、政治、外交、法律、教育、医疗卫生、资源环境等 12 个社会发展领域的前沿和热点，全面整合专业著作、智库报告、学术资讯、调研数据等类型资源，帮助用户追踪中国社会发展动态、研究社会发展战略与政策、了解社会热点问题、分析社会发展趋势。

中国经济发展数据库（下设 12 专题子库）

内容涵盖宏观经济、产业经济、工业经济、农业经济、财政金融、房地产经济、城市经济、商业贸易等 12 个重点经济领域，为把握经济运行态势、洞察经济发展规律、研判经济发展趋势、进行经济调控决策提供参考和依据。

中国行业发展数据库（下设 17 个专题子库）

以中国国民经济行业分类为依据，覆盖金融业、旅游业、交通运输业、能源矿产业、制造业等 100 多个行业，跟踪分析国民经济相关行业市场运行状况和政策导向，汇集行业发展前沿资讯，为投资、从业及各种经济决策提供理论支撑和实践指导。

中国区域发展数据库（下设 4 个专题子库）

对中国特定区域内的经济、社会、文化等领域现状与发展情况进行深度分析和预测，涉及省级行政区、城市群、城市、农村等不同维度，研究层级至县及县以下行政区，为学者研究地方经济社会宏观态势、经验模式、发展案例提供支撑，为地方政府决策提供参考。

中国文化传媒数据库（下设 18 个专题子库）

内容覆盖文化产业、新闻传播、电影娱乐、文学艺术、群众文化、图书情报等 18 个重点研究领域，聚焦文化传媒领域发展前沿、热点话题、行业实践，服务用户的教学科研、文化投资、企业规划等需要。

世界经济与国际关系数据库（下设 6 个专题子库）

整合世界经济、国际政治、世界文化与科技、全球性问题、国际组织与国际法、区域研究 6 大领域研究成果，对世界经济形势、国际形势进行连续性深度分析，对年度热点问题进行专题解读，为研判全球发展趋势提供事实和数据支持。

法律声明

"皮书系列"（含蓝皮书、绿皮书、黄皮书）之品牌由社会科学文献出版社最早使用并持续至今，现已被中国图书行业所熟知。"皮书系列"的相关商标已在国家商标管理部门商标局注册，包括但不限于LOGO（）、皮书、Pishu、经济蓝皮书、社会蓝皮书等。"皮书系列"图书的注册商标专用权及封面设计、版式设计的著作权均为社会科学文献出版社所有。未经社会科学文献出版社书面授权许可，任何使用与"皮书系列"图书注册商标、封面设计、版式设计相同或者近似的文字、图形或其组合的行为均系侵权行为。

经作者授权，本书的专有出版权及信息网络传播权等为社会科学文献出版社享有。未经社会科学文献出版社书面授权许可，任何就本书内容的复制、发行或以数字形式进行网络传播的行为均系侵权行为。

社会科学文献出版社将通过法律途径追究上述侵权行为的法律责任，维护自身合法权益。

欢迎社会各界人士对侵犯社会科学文献出版社上述权利的侵权行为进行举报。电话：010-59367121，电子邮箱：fawubu@ssap.cn。

社会科学文献出版社